उपनिषदों के संवाद

उपनिषदों के संवाद

शोभा निगम

लोकभारती प्रकाशन

लोकभारती प्रकाशन
पहली मंजिल, दरबारी बिल्डिंग, महात्मा गांधी मार्ग
प्रयागराज-211 001

वेबसाइट : www.lokbhartiprakashan.com
ईमेल : info@lokbhartiprakashan.com

शाखाएँ : 1-बी, नेताजी सुभाष मार्ग, दरियागंज
नई दिल्ली-110 002
अशोक राजपथ, साइंस कॉलेज के सामने
पटना-800 006

पहला संस्करण : 2021
पहली आवृत्ति : 2022

मूल्य : ₹695

बी.के. ऑफसेट
नवीन शाहदरा, दिल्ली-110 032
द्वारा मुद्रित

UPNISHDON KE SAMVAD
by Shobha Nigam

ISBN : 978-93-90625-87-1

प्राचीन आर्यावर्त के उन तपःपूत ऋषियों को जिन्होंने उपनिषदों के रूप में संसार को सर्वश्रेष्ठ ज्ञान की गंगा दी है। इसमें गोता लगाने वाला विद्वान **न पश्यो मृत्युं पश्यति न रोगं नोत दुखतां सर्व ह पश्यः पश्यति सर्वमाप्नोति सर्वश इति**। अर्थात् न मृत्यु को देखता है, न रोग को और न दुःख को देखता है। वह सबको आत्मरूप देखता है।

विषय-सूची

भूमिका

वेदों के अन्तिम भाग 'उपनिषद्' भारत के गौरव-ग्रन्थ हैं। ये वस्तुतः विश्वप्रसिद्ध ग्रन्थ हैं, किन्तु दुःख की बात है कि इनसे हम भारतीय ही बहुत कम परिचित हैं। अत्यन्त सरल किन्तु ओजस्वी भाषा में ये ग्रन्थ दार्शनिक समस्याओं पर विचार करते हैं। ये ऐसी दार्शनिक समस्याएँ हैं जो मानव-जीवन से जुड़ी हुई हैं। ये मानव को श्रेष्ठ मार्ग तो दिखाती ही हैं, उस पर चलने को प्रेरित भी करती हैं...साथ ही चेतावनी भी देती हैं कि यदि हमने इसे नहीं अपनाया तो जीवन में महान् हानि निश्चित है।

उपनिषदों के विचार किसी एक बुद्धि से नहीं निकले हैं। ये प्रायः गुरु-शिष्य के मध्य संवादों के माध्यम से प्रकट हुए हैं। इसीलिए आम व्यक्ति भी इन्हें सरलता से समझ सकता है। संवादों का लाभ यह है कि यहाँ शिष्य अपने मन की तमाम आशंकाएँ बिना किसी झिझक के गुरु के समक्ष प्रकट करते हैं और गुरु यथासाध्य उनका उत्तर देते जाते हैं। इन्हें पढ़ते हुए प्रबुद्ध पाठक के मन में निश्चित ही यह विचार उठता है मानो वह स्वयं ही शिष्य के रूप में गुरु के समक्ष, उससे नीचे आसन में बैठकर (जो कि उपनिषद् का शाब्दिक अर्थ है) इस कल्याणकारी शिक्षा को सुन रहा है और शिष्य के समान अपने मन में उठती जिज्ञासा गुरु के समक्ष रख रहा है।

सदियों से उपनिषदों की शिक्षा मानव पर उपकार करती आयी है। यह उसे परमसत्ता (परमात्मा) का, स्वयं उसकी आत्मा का, साथ ही उसके शरीर, इन्द्रिय, प्राण, मन तथा सारी सृष्टि के वास्तविक स्वरूप का ज्ञान कराती है। इसमें जीवात्मा के संसार में आने और संसार से जाने के बाद की स्थिति का दर्शन भी है। इस सबका उद्‌देश्य मनुष्य को वह मार्ग दिखाना है जो उसे मोक्ष की ओर ले जाता है। उसे **भूमा** (अनन्त, असीम, अद्वैत तत्त्व जो ब्रह्म है) का दर्शन कराना है। ऐसा व्यक्ति **स्वराट्** (स्वयं अपना स्वामी) होता है। छान्दोग्य उपनिषद् के अनुसार ऐसी स्थिति में भूमा का साक्षी विद्वान् **न पश्यो मृत्युं पश्यति न रोगं नोत दुखतां सर्वं ह पश्यः पश्यति सर्वमाप्नोति सर्वश इति**। अर्थात् न मृत्यु को देखता है, न रोग को और न दुःख को देखता है। वह विद्वान् सबको आत्मरूप देखता है। वह साक्षी सब प्रकार से सबको प्राप्त कर लेता है।

उपनिषदों के इन संवादों से तत्कालीन शिक्षण-पद्धति पर, गुरु की महत्ता पर, शिष्य की विनम्रता पर, सामाजिक व्यवस्था पर तथा तत्कालीन धर्म पर भी पर्याप्त प्रकाश पड़ता है। बृहदारण्यक उपनिषद् में जनक-जैसे राजागण विनम्रतापूर्वक गुरुओं से शिक्षा ग्रहण करते देखे जाते हैं तो आरुणि-जैसे ब्राह्मण ऋषि राजा प्रवाहण के पास दार्शनिक प्रश्नों के समाधान के लिए समिधा लेकर शिष्यत्व ग्रहण करने बिना किसी संकोच के जाते हैं। इस तरह अनेक संवादों में हम देखते हैं कि राजागण विनम्रतापूर्वक गुरुओं से शिक्षा लेने उत्सुक दिखते हैं तो वहीं अनेक तपस्वीगण भी राजाओं के पास शिक्षा लेने हेतु जाते हैं। प्रसिद्ध ग्रीक दार्शनिक प्लेटो का विचार था कि किसी देश का कल्याण तभी सम्भव है जब किसी दार्शनिक को वहाँ का राजा बनाया जाये अथवा राजा को ही दर्शन की शिक्षा दी जाये। यह विचार मानो उपनिषदों से प्रतिबिम्बत है जहाँ राजागण उच्चकोटि का दर्शन जानने के लिए उत्सुक रहते थे। यहाँ दार्शनिक ज्ञान की प्राप्ति हेतु वे स्वयं को और अपने सारे राज्य तक को गुरु के चरणों में समर्पित करने में संकोच नहीं करते थे।

एक और महत्त्वपूर्ण बात, शिष्य जब शिक्षा लेने गुरु के पास जाता था तो उसे समित्पाणि जाना होता था अर्थात् वह हाथ में समिधा (यज्ञ हेतु ईंधन की सामग्री) लिये जाता था। इसके बाद गुरु उससे इच्छानुसार तपस्या करने की शर्त रखता था। कभी-कभी यह तपस्या 100 वर्ष तक की होती थी। जैसे छान्दोग्य उपनिषद् की एक कथा में प्रजापति इन्द्र और विरोचन से पहले 32 वर्ष तपस्या करवाते हैं। फिर दो बार और 32-32 वर्ष तपस्या करवाने के बाद 5 वर्ष और, इस तरह 101 वर्ष तपस्या करवाने के बाद, आत्मज्ञान देते हैं (इस बीच वे परीक्षा भी लेते जाते हैं कि शिष्य अपनी ओर से ज्ञान का विश्लेषण कर रहा है या नहीं)। हाँ, यदि किसी राजा के पास कोई ब्राह्मण ज्ञान हेतु जाता था तो उसे न तपस्या करनी पड़ती थी न हाथ में समिधा लेकर जाना होता था। इससे समाज में ब्राह्मण का महत्त्व अवश्य दिखायी देता है पर किसी ब्राह्मण की शिक्षा को केवल ब्राह्मण होने के कारण कोई क्षत्रिय स्वीकार नहीं कर लेता था। छान्दोग्य उपनिषद् की एक कथा में राजा अजातशत्रु के पास बालाकि नामक ब्राह्मण राजा को ब्रह्मज्ञान देने जाता है किन्तु राजा अजातशत्रु बालाकि के मत को अपर्याप्त बताते हुए उसे क्रमशः सत्यज्ञान से परिचित कराते हैं।

उपनिषदों की शिक्षण-पद्धति में एक महत्त्वपूर्ण बात यह भी है कि यहाँ गुरु शिष्य को एकदम से शिक्षा देने नहीं लग जाता है, वह शिष्य के ज्ञान की थाह पाते हुए उसे स्वयं अपने अज्ञान से परिचित होने का अवसर देता है, फिर जहाँ उसकी शिक्षा में कमज़ोरी दिखती, उसे दूर करने के बाद ही वह आगे बढ़ता है। बृहदारण्यक उपनिषद् में राजा जनक और महर्षि याज्ञवल्क्य के मध्य हुए एक संवाद में महर्षि राजा जनक से पहले यही पूछते हैं कि तुम्हें जिन-जिन गुरुओं ने जो-जो शिक्षा दी है वह बताओ...तब राजा जनक क्रमशः छह गुरुओं का उल्लेख करते हैं और उनसे प्राप्त शिक्षा भी बताते जाते हैं, पर महर्षि याज्ञवल्क्य हर बार उनकी शिक्षा में कुछ जोड़ते जाते हैं...इस तरह वे यह नहीं कहते कि

तुम्हें गुरुओं ने गलत शिक्षा दी है, हाँ शिक्षा में जो कमी रह गयी थी, वह बताते हुए चलते हैं। इसी तरह छान्दोग्य उपनिषद् के एक संवाद में राजा अश्वपति अपने पास आत्मज्ञान की शिक्षा ग्रहण करने आये छह महाशाल ऋषियों से पहले उनका मत पूछते हैं। उनके मत को वे असत्य नहीं कहते पर अपर्याप्त अवश्य कहते हैं, उनका सीमित लाभ बताते हैं। फिर उन शिष्यों को सत्यज्ञान तक पहुँचाते हैं। तैत्तिरीय उपनिषद् में महर्षि वारुणि से उनका पुत्र भृगु जब पूछता है कि **अधीहि भगवो ब्रह्मेति** अर्थात् भगवन, मुझे ब्रह्म का उपदेश दीजिये, तब वारुणि केवल संकेत में कहते हैं कि जिससे ये सभी प्राणी उत्पन्न होते हैं, उत्पन्न होकर जिससे जीवित रहते हैं और अन्त में जिसमें जाकर लीन हो जाते हैं, वही ब्रह्म है। इस संकेत के साथ वे उसे तपस्या करने को कहते हैं किन्तु तपस्या करते हुए भृगु जब ब्रह्म के इस लक्षण पर चिन्तन करता है तो तत्काल निष्कर्ष पर नहीं पहुँच जाता। वह पहले अन्न को, फिर प्राण को, फिर मन को और फिर विज्ञान को ब्रह्म कहता है पर हर बार उसे निराशा होती है जब पिता उसकी किसी बात का अनुमोदन नहीं करते, उसे पुनः तपस्या करने को कहते हैं। अन्ततः 'ब्रह्म आनन्द है' यह बोध होने पर भृगु स्वयं समझ जाता है कि यही ब्रह्म का लक्षण है।

उपनिषदों की शिक्षण-पद्धति में शास्त्रार्थ एवं तर्क का भी महत्त्वपूर्ण स्थान रहा है। राजाओं के दरबार में भी शास्त्रार्थ द्वारा सत्यज्ञान तक पहुँचा जाता था। बृहदारण्यक उपनिषद् में राजा जनक के दरबार में याज्ञवल्क्य का अनेक ब्राह्मणों से शास्त्रार्थ बहुत लम्बा चलता है। इसमें एक महिला गार्गी भी भाग लेती है और याज्ञवल्क्य को टक्कर देते हुए उनसे शास्त्रार्थ करती है। याज्ञवल्क्य उसके हर प्रश्न का सही उत्तर देते जाते हैं। अन्त में वही याज्ञवल्क्य को सर्वश्रेष्ठ ब्रह्मवादी घोषित करती है।

राजा जनक के दरबार में गार्गी की उपस्थिति को उपनिषद्काल में बुद्धिमति महिलाओं की उपस्थिति माना जाता है किन्तु पुरुषों की तुलना में इनकी संख्या उँगलियों पर गिनने लायक भी नहीं है। एक मैत्रेयी को अवश्य हम बुद्धिमति कह सकते हैं किन्तु उसकी मुख्य विशेषता धन की तुलना में ज्ञान को महत्त्व देने में है। आत्मज्ञान प्राप्त करने की इच्छुक मैत्रेयी अपने पति की बातों को अवश्य ध्यान से सुनती है और सन्देह होने पर पति से मन की दुविधा भी दूर करने को कहते जाती है।

उपनिषदों की शिक्षा का लाभ यह भी है कि यह शिष्य के चेहरे पर चमक लाते हुए उसे अलग ही आभा प्रदान करती है। तभी तो यहाँ गुरु चेहरा देखकर समझ जाते हैं कि शिष्य को पर्याप्त ज्ञान मिला है या नहीं। छान्दोग्य उपनिषद् में गुरुकुल से शिक्षा प्राप्त कर लौटे अपने पुत्र श्वेतकेतु के चेहरे पर कुछ उद्दण्डता के लक्षण देखकर पिता ऋषि आरुणि कह उठते हैं कि क्या तुमने गुरु से पर्याप्त शिक्षा पायी है? यदि ऐसा है तो तुम्हारा चेहरा भासमान् क्यों नहीं है? दूसरी ओर छान्दोग्य उपनिषद् में सत्यकाम जाबाल, जो गुरु की आज्ञा से वन में उनकी गायों को चराने तथा उनकी संख्या में वृद्धि करने ले गया था, जब वर्षों बाद गायों को लेकर वन से लौटता है तो उसे देखकर गुरु हारिद्रुमद कह उठते

है, 'तुम्हारा चेहरा तो बहुत भासमान् दिखायी दे रहा है! क्या वन में किसी ने तुम्हें शिक्षा दी है?' तब सत्यकाम बताता है कि वन में उसे अग्नि, आदित्य आदि ने शिक्षा दी है. ..पर अब आप गुरुवर मुझे शिक्षा दीजिये।

उपनिषदों की सबसे बड़ी उपलब्धि मेरे विचार में प्रत्येक आत्मा में, प्रत्येक जीव में या कहें कि स्रष्टा के हर सृजन में सृजनकर्त्ता को देखना है। आगे-पीछे, नीचे-ऊपर, दायें-बायें, हर ओर उसे देखना ही सच्चा दर्शन है। कहाँ नहीं है वह? तुलसी ने अत्यन्त सरल शब्दों में इसे ही इन पंक्तियों में अभिव्यक्त किया है, **सीयराममय सब जग जानी, करउँ प्रनाम जोरि जुग पानी।** उपनिषदों में प्रथम उपनिषद् ईशावास्य का ऋषि प्रथम मन्त्र में ही कहता है कि **ईशावास्यमिदं सर्वं** अर्थात् यह सारा जगत्, जो कुछ भी इस जगत् में है, चाहे वह जड़ जगत् हो या चेतन जगत्, सब-कुछ ईश्वर से व्याप्त है, यहाँ कुछ भी तेरा नहीं है, किसी पर तेरा स्वामीत्व नहीं है, अतः त्यागपूर्वक उपभोग कर। परमात्मा सबके भीतर है इसका अर्थ है कि वह हमारे भीतर भी है। पर हम अहंकारवश या कहें कि अज्ञानवश शरीर, इन्द्रिय, मन आदि को ही स्वयं मान बैठते हैं और इनके सुख-दुःख से स्वयं को इतना लिप्त कर लेते हैं कि अपनी आनन्दस्वरूप आत्मा को न पहचानकर किसी दीन-हीन व्यक्ति के समान आचरण करते हैं। इसी तरह किसी अन्य के भीतर स्थित परमात्मा को न देखकर हम उसे केवल एक व्यक्ति मानते हैं जो हमारे लिये लाभदायक है तो मित्र है अन्यथा दुश्मन है। तब जहाँ लाभ न दिखे वहाँ दोस्त को दुश्मन बनाते देर नहीं करते। इससे कटुता बढ़ना स्वाभाविक है।

उपनिषदों के ये विचार हमें नैतिकमार्ग पर चलने के लिए भी प्रेरित करते हैं। उपनिषदों की अनेक कथाएँ हमारे लिये नैतिकता की राह रौशन करती हैं। केनोपनिषद् की एक कथा में बताया गया है कि घमण्ड चाहे देवताओं का ही क्यों न हो, परमात्मा को सह्य नहीं है। एक बार युद्ध में विजय मिलने पर जब देवतागण सोचते हैं कि हमने असुरों पर विजय प्राप्त की है तब परमात्मा उन्हें बोध देता है कि उनकी सारी शक्ति वस्तुतः उनकी नहीं है, परमात्मा की कृपा से उन्हें मिली हुई है। तभी तो अग्निदेव, जिन्हें घमण्ड था कि वे एक क्षण में पूरे संसार को खाक कर सकते हैं, एक छोटे-से तिनके को जलाने में समर्थ नहीं होते हैं। तो जब देवताओं का घमण्ड परमात्मा को सह्य नहीं है तो हम मनुष्यों का कैसे हो सकता है?

सत्यमेव जयते अर्थात् सत्य की ही जय होती है, हमारे देश के राजचिह्न पर लिखा यह वाक्य उपनिषद् से ही लिया गया है। उपनिषदों में अनेक स्थानों पर सत्य की महिमा गायी गयी है जिसकी अनुगूँज हमें परवर्ती ग्रन्थों में यत्र-तत्र दिखायी देती है। उपनिषदों में परमात्मा के दर्शन के लिए सत्याचरण आवश्यक बताया गया है। हम प्रायः देवालयों में मूर्ति के दर्शन कर सोचते हैं कि हमने परमात्मा के दर्शन कर लिये हैं किन्तु परमात्मा के दर्शन सरल नहीं है। इसके लिए सत्य और तप आवश्यक बताये गये हैं। **सत्येन एनं तपसा यः अनुपश्यति** अर्थात् जो सत्याचरण एवं तप के द्वारा उसे देखता है, वही इसे पा

सकता है। हमारे हृदय में रहनेवाले परमात्मा को देखने के लिए ध्यान भी आवश्यक बताया गया है पर यह ध्यान निर्मल हृदय और विशुद्ध मन द्वारा ही प्राप्य है। जो इसको जानते हैं, **अमृता ते भवन्ति** अर्थात् वे अमर हो जाते हैं।

एक बात और, उपनिषदों ने न केवल भारतीयों को अथवा हिन्दुओं को प्रभावित किया है वरन् (आगे प्रथम अध्याय 'उपनिषद्-परिचय' में हम विस्तार से देखेंगे) इसने अन्य धर्म के लोगों को भी प्रभावित किया है। न केवल हम भारतीय वरन् अनेक विदेशी विद्वान् भी इसके मुरीद हुए हैं। इससे न केवल परवर्ती आस्तिक दर्शन सिंचित हुए हैं वरन् नास्तिक दर्शन भी सिंचित हुए हैं।

उपनिषदों की एक बड़ी विशेषता यह भी रही है कि वेदों के कर्मकाण्ड की ओर बढ़ते क़दमों को रोककर यहाँ के तेजस्वी ऋषियों ने ज्ञानकाण्ड की गंगा बहाकर भारतीय दर्शन, भारतीय समाज और भारतीय धर्म को एक नयी दिशा की ओर मोड़ा है।

इस ग्रन्थ में हमने 11 प्रमुख उपनिषदों में आये संवादों को 31 अध्यायों में प्रस्तुत किया है। बृहदारण्यक एवं छान्दोग्य उपनिषद् से सर्वाधिक संवाद लिये गये हैं जो इन उपनिषदों का बृहत् आकार देखते हुए स्वाभाविक है।

आशा है जिज्ञासु पाठकों को **उपनिषदों के संवाद** के नाम से प्रकाशित मेरा यह छोटा-सा प्रयास पसन्द आयेगा तथा इससे वे लाभान्वित होंगे। पुस्तक के विषय में पाठकों की राय जानकर प्रसन्नता होगी।

लोकभारती के प्रकाशक परम आदरणीय श्री रमेश ग्रोवर के प्रति मैं कृतज्ञ हूँ जिन्होंने सहजता से इस किताब के प्रकाशन हेतु सहमति दी तथा अब यह आपके हाथ में है।

अपने पति प्रोफ़ेसर लक्ष्मीशंकर निगम के प्रति मैं आभारी हूँ जिनकी हर तरह से सहायता मुझे इस पुस्तक के लेखन में समय-समय पर मिलती रही है। मैं दैनिक समाचार-पत्र देशबन्धु के प्रधान सम्पादक स्व. श्री ललित सुरजन को भी धन्यवाद देती हूँ जिन्होंने देशबन्धु में वर्षों पूर्व मेरे द्वारा लिखित 'प्राच्य मंजरी' नामक धारावाहिक को स्थान दिया था। इस दौरान मैंने उपनिषदों पर भी कुछ धारावाहिक लिखे थे। तब मुझे उपनिषद् समझने का अच्छा अवसर मिला था।

रायपुर
दिनांक–20.10.2020

शोभा निगम

अध्याय 1

उपनिषद् : परिचय

भगवद्गीता, रामायण, महाभारत, विविध पुराण आदि हमारे देश के ऐसे ग्रन्थ हैं जिनसे हर भारतीय, चाहे वह गाँव का अनपढ़ किसान ही क्यों न हो, कुछ-न-कुछ परिचय अवश्य रखता है। किन्तु ये ग्रन्थ अपने दार्शनिक विचारों के लिए जहाँ से आधार ग्रहण करते हैं, उन उपनिषदों से वह प्रायः अनभिज्ञ ही रहता है। अच्छे पढ़े-लिखे लोग भी इसके केवल नाममात्र से ही परिचित होते हैं। उल्लेखनीय है कि अधिकांश भारतीय दर्शन एवं धर्म इन्हीं उपनिषदों से सिंचित हुए हैं।

उपनिषदें वस्तुतः अमित ज्ञान के भण्डार हैं, ऐसे ज्ञान के जो हमें असत् से सत् की ओर, अन्धकार से प्रकाश की ओर और मृत्यु से अमरता की ओर ले जानेवाला है। उपनिषदों के ऋषियों की प्रिय प्रार्थना है : **असतो मा सद्गमय तमसो मा ज्योतिर्गमय मृत्योर्मा अमृतं गमय**।[1] उपनिषदों में मुख्य रूप से ब्रह्म और आत्मा पर गहन चर्चा और चिन्तन हुआ है। निःसन्देह तपःपूत ऋषियों द्वारा साक्षात्कार किया गया उपनिषदों में प्रतिपादित आध्यात्मिक ज्ञान उत्कृष्टतम है।

उपनिषदें वेदों के अन्तिम भाग हैं।[2] अतः इन्हें वेदान्त (वेद का अन्त) भी कहा जाता है। वैसे 'वेदान्त दर्शन' का प्रयोग भारतीय दर्शन में उस दर्शन-विशेष के लिए होता है जो उपनिषदों, भगवद्गीता एवं ब्रह्मसूत्र पर आधारित है। यहाँ उल्लेखनीय है कि वेदान्त दर्शन के संस्थापक आचार्य महर्षि बादरायण व्यास द्वारा रचित **ब्रह्मसूत्र** उपनिषदों का ही सूत्ररूप में वर्णित दार्शनिक ग्रन्थ है। यह वेदान्त दर्शन का आधार है। इसी तरह **भगवद्गीता**, जो साक्षात् परमेश्वर की वाणी मानी जाती है, इन्हीं उपनिषदों का निचोड़ कही जाती है। एक प्रसिद्ध श्लोक में कहा भी गया है कि समस्त उपनिषदें गाएँ हैं और कृष्ण ग्वाले हैं जो इनका दूध अर्जुन रूपी बछड़े को पिला रहे हैं।[3] इन तीनों अर्थात् उपनिषद्, ब्रह्मसूत्र और भगवद्गीता को **प्रस्थानत्रयी** कहा जाता है, वह इसलिए कि वेदान्त के सभी प्रमुख आचार्यों, शंकराचार्य, रामानुजाचार्य, मध्वाचार्य, निम्बार्काचार्य एवं वल्लभाचार्य[4] ने इन तीनों के आधार पर ही अर्थात् यहाँ से प्रस्थान करते हुए ही, अपने-अपने दर्शनों को प्रस्तुत किया है।

उपनिषद् शब्द का अर्थ : उपनिषदों में क्या है अर्थात् इसकी विषयवस्तु क्या है, यह उपनिषद् शब्द के अर्थ से भी प्रकट होता है। यह शब्द 'सद्' धातु में 'उप' तथा 'नि' उपसर्ग लगने से बना है। 'उप' का अर्थ होता है 'निकट' अथवा 'निश्चयपूर्वक।' 'नि' का अर्थ है 'नीचे'। 'सद्' के अनेक अर्थ हैं, जैसे, एक अर्थ है 'बैठना'। इस दृष्टि से उपनिषद् का अर्थ हुआ 'नीचे समीप बैठना'। यहाँ नीचे समीप बैठने का अर्थ है, **शिष्य का गुरु के समीप, उससे निम्न आसन पर बैठकर शिक्षा ग्रहण करना।** गुरु द्वारा दिया गया ज्ञान शिष्य तक तभी सरलता से पहुँच सकता है जब वह उससे निम्न आसन पर बैठा हो। वह इसलिए कि एक तो इससे शिष्य के मन में गुरु के प्रति आदर का भाव आता है, दूसरे, गुरु के मुख से निकला ज्ञान उच्च से निम्न की ओर सरलता से आता है, जैसे जल उच्च से निम्न की ओर आसानी से आता है।'[5]

'सद्' का एक अर्थ 'मुक्त करना' या 'पहुँचना' भी है। इसलिए उपनिषद् का एक अर्थ **मुक्ति दिलानेवाली विद्या** भी किया जाता है जो आत्मा को परमात्मा तक पहुँचाती है।

उपनिषदों की शिक्षा मुख्य रूप से जीव, जगत्, आत्मा, आत्मा की अमरता, ब्रह्म, ईश्वर, ईश्वर का वासस्थान, मृत्यु, मृत्यु के बाद की स्थिति, पुनर्जन्म, मुक्ति आदि गूढ़ दार्शनिक प्रश्नों को लेकर है जिनका उत्तर हर जिज्ञासु-मन ढूँढ़ता है। श्री अरविन्द के शब्दों में उपनिषदें आत्मज्ञान, विश्वज्ञान और ईश्वरज्ञान के काव्यमय स्रोत हैं।[6]

उल्लेखनीय है कि उपनिषदें ऐसे काल की रचनाएं हैं जब शिष्य जंगल में जाकर गुरु के समीप रहकर उनसे शिक्षा ग्रहण करते थे। उपनिषदों के विचार मुख्य रूप से इसी प्रकार की शिक्षा द्वारा अर्थात् गुरु-शिष्य के मध्य वार्त्तालाप अथवा संवाद द्वारा प्रकट हुए हैं।

परम्परा से उपनिषदों की संख्या 108[7] मानी जाती है किन्तु इनमें से 11 उपनिषद् ही प्रमुख हैं। इनके नाम हैं, ईश, केन, कठ, प्रश्न, मुण्डक, माण्डूक्य, तैत्तिरीय, ऐतरेय, श्वेताश्वतर, छान्दोग्य और बृहदारण्यक उपनिषद्। इनमें से बृहदारण्यक सबसे बृहत् (बड़ा) है, इसीलिए इसे यह नाम दिया गया है। शंकराचार्य ने प्रसिद्ध दस उपनिषदों पर भाष्य लिखे हैं। कहते हैं कि शंकर के पूर्व भी इन पर भाष्य लिखे गये थे किन्तु अब वे अनुपलब्ध हैं। हाँ, शंकर के बाद वेदान्त के अन्य आचार्यों, रामानुज आदि ने भी इन पर भाष्य लिखे हैं।

आधुनिक युग में सर्वश्री अरविन्द घोष, सर्वपल्ली राधाकृष्णन्, आर. डी. रानाडे, राजा राममोहन राय, विनोबा भावे, नारायण स्वामी, सत्यव्रत सिद्धान्तालंकार, एस. एन. दासगुप्ता तथा अनेक विदेशी विद्वानों ने भी उपनिषदों पर विद्वत्तापूर्ण ग्रन्थ अथवा अध्याय लिखे हैं।

उपनिषदों का रचनाकाल एवं रचयिता : वैसे तो उपनिषदों की रचना लम्बे काल तक होती रही है पर प्रायः सभी प्राचीन उपनिषदें 300 ई.पू. तक तैयार हो गये थे, ऐसा विद्वानों का अनुमान है। डॉ. राधाकृष्णन् के अनुसार 1000 ई.पू. से 300 ई.पू. तक इनका

निर्माणकाल माना जाता है।[8] किन्तु सभी उपनिषदें इतने प्राचीन काल की रचना नहीं हैं। आधुनिक काल में भी उपनिषद् रचे गये हैं। वस्तुतः प्राचीन 11 उपनिषदों को छोड़कर शेष उपनिषदें बहुत बाद के काल के हैं। अकबर के समय (1516 ई.) में **अल्लोपनिषद्**[9] रचा गया था। भक्तिकाल(14वीं से 17वीं शती) में रामतापनीय उपनिषद्, सीतोपनिषद्, राधोपनिषद् आदि भक्तिपरक उपनिषद् रचे गये।

उपनिषदों के रचयिता कौन थे, यह कहना कठिन है क्योंकि उन्होंने अपने नाम का उल्लेख बहुत कम किया है। वस्तुतः वे आत्मप्रचार से दूर रहना चाहते थे। वैसे हिन्दू परम्परा में कहा जाता है कि वेद पुरुष-प्रयत्न के बिना प्रकट हुए हैं। इसीलिए इन्हें 'अपौरुषेय' कहा जाता है। ये परमात्मा के श्वास माने जाते हैं। चूँकि उपनिषदें वेदों के अन्तिम भाग हैं, अतः इन्हें भी अपौरुषेय कहा जाता है। वेदों के अन्य भागों के समान इन्हें भी 'श्रुति' कहा जाता है। श्रुति का अर्थ है ईश्वरीय वाणी, जो महान् ऋषियों द्वारा ध्यान की अवस्था में सुनी गयी थी।

वैसे उपनिषदों में अनेक मन्त्रों के साथ कुछ ऋषियों और राजाओं के नाम भी मिलते हैं जिन्हें हम उन मन्त्रों का रचयिता मान सकते हैं। जैसे, ऐतरेय, याज्ञवल्क्य, सत्यकाम जाबाल, श्वेताश्वतर, कौषीतकी, सनत्कुमार, रैक्व, दध्यङ, उषस्ति, राजा अजातशत्रु, राजा अश्वपति, राजा प्रवाहण, राजा प्रतर्दन आदि।

उपनिषदों का प्रभाव : उल्लेखनीय है उपनिषदों ने प्राचीन काल के विद्वानों को तो प्रभावित किया ही, आधुनिक काल के अनेक भारतीय तथा पाश्चात्य विद्वानों को भी प्रभावित किया है। अनेक विद्वानों ने मुक्तकण्ठ से इनकी प्रशंसा की है।

स्वामी विवेकानन्द कहते थे, 'जब मैं उपनिषदें पढ़ता हूँ तो मेरे आँसू बहने लगते हैं। यह कितने महान् ग्रन्थ हैं! हमारे लिये यह आवश्यक है कि हम उपनिषदों में निहित तेजस्विता को अपने जीवन में विशेषरूप से धारण करें। ये शक्ति की खानें हैं। उपनिषदों का प्रत्येक पृष्ठ मुझे शक्ति का सन्देश देता है। दैहिक, मानसिक तथा आध्यात्मिक स्वाधीनता, यही उपनिषदों का मूलमन्त्र है।'

श्री विनोबा भावे का कथन है, 'मेरे जीवन में गीता ने माँ का स्थान लिया है, वह तो उसी का है, लेकिन मैं जानता हूँ कि उपनिषदें माँ की माँ हैं।'

कविवर रवीन्द्र नाथ टैगोर का विश्वास था कि उपनिषदों में व्यक्त भारत का ब्रह्मज्ञान सम्पूर्ण पृथिवी का धर्म बननेवाला है। इस ज्ञान से समस्त भूमण्डल दीप्तिमय हो उठेगा।

डॉ. राधाकृष्णन् कहते हैं, 'हम भारतीय यदि अपने राष्ट्रीय अस्तित्व और स्वरूप को कायम रखना चाहते हैं तो हमारे लिये उपनिषदों का अध्ययन आवश्यक है।' अन्य स्थान पर वे लिखते हैं, 'उपनिषदों को जो भी मूल में पढ़ता है वह मानव आत्मा और परमसत्य के गुह्य और पवित्र सम्बन्धों को उजागर करनेवाले उनके बहुत-से उद्गारों के उत्कर्ष काव्य और प्रबल सम्मोहन से मुग्ध हो जाता है और उसमें बहने लगता है।'

श्री अरविन्द घोष के अनुसार, 'उपनिषदें भारतीय मन की सर्वोच्च कृति हैं और यह

चीज़ बहुत महत्त्वपूर्ण है। यह एक अनुपम मनोवृत्ति तथा आत्मा की असाधारण प्रवृत्ति का प्रमाण है कि भारत की प्रतिभा की सर्वोच्च आत्म-अभिव्यक्ति, उसका उदात्ततम काव्य, साधारण ढंग की साहित्यिक या काव्यात्मक श्रेष्ठ कृति न होकर इस प्रकार के साक्षात् और गम्भीर आध्यात्मिक सत्यदर्शन का विशाल प्रवाह है। उपनिषदें अनेकानेक गहन दर्शनों और धर्म का सर्वसम्मत मूल स्रोत रही हैं। जिस प्रकार भारत की बड़ी-बड़ी नदियाँ हिमालय की गोद से प्रभावित हुई हैं उसी प्रकार समस्त भारतीय दर्शन और धर्म भी इस उपनिषद् रूपी स्रोत से प्रवाहित हुए हैं और यहाँ के निवासियों का मन और जीवन उर्वर बनाते रहे हैं।

श्री अरविन्द न केवल भारतीय दर्शनों पर वरन् पाश्चात्य दर्शनों पर भी उपनषिदों का प्रभाव मानते हैं। उनके शब्दों में, 'पाइथागोरस और प्लेटो की चिन्तनधारा के अधिकतर भाग में उपनिषद् विचार ढूँढ़े जा सकते हैं। नवप्लेटोवाद तथा ज्ञेयवाद पर भी इनका बहुत प्रभाव पड़ा है। सूफीमत भी इन्हीं को एक अन्य धार्मिक भाषा में दुहराता है। जर्मन दर्शनशास्त्र का अधिकतर भाग अपने सारतत्त्व में उन महान सत्यों के बौद्धिक विकास से अधिक कुछ नहीं है। आधुनिक विचारधारा भी इन्हें आत्मसात् कर रही है।' अरविन्द यहाँ तक कहते हैं कि ऐसा कोई प्रधान दार्शनिक विचार शायद ही हो जिसका प्रमाण या बीज या संकेत इन प्राचीन ग्रन्थों में न मिल सके।[10]

स्वामी अभिनव सच्चिदानन्द तीर्थ इसीलिए मानते हैं कि उपनिषदों में प्रतिपादित ज्ञान ही सबसे उत्कृष्ट है। उपनिषदों में जिस तत्त्वज्ञान का विवेचन हुआ है, उससे आगे एक पग भी कोई भी तत्त्वज्ञानी नहीं बढ़ा है।

उल्लेखनीय है कि वैदिक साहित्य से पाश्चात्य जगत् का प्रथम परिचय उपनिषदों के द्वारा ही हुआ था। विदेशी भाषा में उपनिषदों का पहला अनुवाद फारसी भाषा में सन् 1656-57 में हुआ था। यह अनुवाद करवानेवाले प्रसिद्ध मुग़ल सम्राट् अकबर के प्रपौत्र, शाहजहाँ के बेटे, **दाराशिकोह11** थे। इस जिज्ञासु एवं धर्मप्राण राजपुत्र ने उपनिषदों की कीर्त्ति सुनकर कश्मीर-प्रवास के दौरान ऐसे सैकड़ों वेदान्तियों एवं सूफी सन्तों को आमन्त्रित किया जो संस्कृत तथा फारसी दोनों के जानकार थे। पहले छह माह तक उन्होंने निरन्तर उपनिषदों का श्रवण किया फिर बड़ी धनराशि व्यय कर इनका फारसी में अनुवाद करवाया। उल्लेखनीय है कि इसका सम्पादन उसने स्वयं किया था तथा इसका नाम रखा था **सिर्रे-अकबर** अर्थात् 'महान् रहस्य'। वह इन्हें दैवी रहस्यों का भण्डार कहते थे। इसकी भूमिका में उन्होंने लिखा है कि कुरान का अध्ययन करते समय इसमें मुझे अनेक अनुघटित रहस्यमय तथ्यों का परिचय मिला है जिनके उद्घाटन के निमित्त मैंने बाइबिल, इन्जिल आदि अनेक धार्मिक ग्रन्थों का अध्ययन किया किन्तु मेरी जिज्ञासा शान्त नहीं हुई। तब मैंने हिन्दूधर्म का अध्ययन किया...और यहीं पर, विशेषकर उपनिषदों के अद्वैत दर्शन से मेरी जिज्ञासा शान्त हुई। उल्लेखनीय है कि दारा ने हिन्दू और मुस्लिम धर्म के समन्वय के लिए विशेष चेष्टा की थी। फारसी भाषा में उन्होंने **मजमा-उल-बहरैन** (हिन्दी

अनुवाद, **दो समुद्रों का संगम**) नामक एक ग्रन्थ की रचना भी की थी जिसे 'एशियाटिक सोसाइटी, बंगाल' द्वारा 1929 में प्रकाशित किया गया था।

दाराशिकोह द्वारा सम्पादित उपनिषदों का फारसी अनुवाद प्रसिद्ध फ्रेंच यात्री डुपेरों द्वारा लैटिन भाषा में किया गया जो **औपनिखत** के नाम से सन् 1801-2 में प्रकाशित हुआ। किन्तु अनुवाद का अनुवाद होने के कारण यह कुछ दुर्बोध एवं अस्पष्ट-सा था। फिर भी जब यह यूरोप पहुँचा तो यूरोपीय विद्वत् समाज चमत्कृत रह गया। फिर तो इसके अनेक भाषाओं में अनेक अनुवाद हुए। अनेक प्रसिद्ध विद्वानों, जैसे, मैक्समूलर, कीथ, पॉल डूयसेन, डेविड ह्यूम आदि ने अंग्रेज़ी में इनका अनुवाद किया। अनेक भारतीय विद्वानों ने भी इनका अंग्रेज़ी में अनुवाद किया है। राजा राममोहन राय ने इसका 1816-1819 में अंग्रेज़ी में अनुवाद किया था। अनेक विद्वानों ने तो उपनिषदों को मूलरूप में पढ़ने के लिए संस्कृत का अध्ययन किया। वैसे सत्य तो यह है कि उपनिषद्-साहित्य पर जितना काम विदेशों में हुआ है उसकी तुलना में हमारे देश में काम कम हुआ है। वैदिक साहित्य में विदेशियों द्वारा सर्वाधिक प्रशंसित उपनिषद् ही हुए हैं।

महान् जर्मन विचारक **शॉपेनहावर** ने इसका लैटिन में अनुवाद किया था। वे कहते हैं, 'मैं समझता हूँ कि उपनिषदों के द्वारा वैदिक साहित्य के साथ परिचय होना वर्तमान शताब्दी (सन् 1818) का सबसे परमलाभ है। और यह ऐसा लाभ है जो इसके पहले किसी शताब्दी को नहीं मिला। मेरी आत्मा को इस जीवन में उपनिषदों से ही शान्ति मिली है और मैं आशा करता हूँ कि मृत्यु के बाद भी मुझे इन्हीं से शान्ति मिलेगी।' उल्लेखनीय है कि शॉपेनहावर अपने तकिये के नीचे उपनिषदों का लेटिन अनुवाद रखकर सोते थे और उन्हें तब तक नींद नहीं आती थी जब तक वह उसे पलट कर देख नहीं लेते थे। शॉपेनहावर मानते थे कि उपनिषदों के सिद्धान्त एक प्रकार से अपौरुषेय (जो किसी पुरुष द्वारा रचित न हो) ही है। ये जिनके मस्तिष्क की उपज हैं उन्हें केवल मनुष्य समझना भूल होगी। **समस्त संसार में उपनिषदों जैसा कल्याणकारी और आत्मा को उन्नत बनानेवाला और कोई ग्रन्थ नहीं है**। ये सर्वोच्च प्रतिभा के प्रसून हैं। देर सबेर ये लोगों की आस्था का आधार बनकर रहेंगे।

प्राच्यविद्या के मूर्द्धन्य विद्वान् **मैक्समूलर** लिखते हैं, 'शॉपेनहावर के इन शब्दों के लिए यदि किसी के समर्थन की आवश्यकता हो तो मैं अपने जीवन-भर के अध्ययन के आधार पर उनका प्रसन्नतापूर्वक समर्थन करूँगा।'

डेविड ह्यूम नामक अनुभववादी विचारक कहते हैं, 'जैसी शान्तिमयी विद्या मैंने उपनिषदों में पायी है वैसी अन्यत्र देखने को नहीं मिली।'[12] तभी तो **एनी बेसेण्ट** ने उपनिषदों को मानव चेतना का सर्वोच्च फल कहा था।

उपनिषदों की शैली : उपनिषदें गद्य और पद्य दोनों में लिखे गये हैं। कुछ केवल गद्य में हैं तो कुछ केवल पद्य में हैं जबकि कुछ गद्य और पद्य दोनो में हैं। पर किसी भी तरह रचे गये हों, इनमें से अनेक उपनिषदों के गहन विचार भी कथाओं के माध्यम से

व्यक्त हुए हैं। ये कथाएँ प्रायः गुरु-शिष्य के मध्य हुए संवादों के रूप में लिखे गये हैं, इस कारण ये काफी रोचक तो हैं ही, कठिन विषय को भी सरलता से समझा देते हैं। संवाद ज्ञान-प्राप्ति की अच्छी शैली है। गुरु उपदेशक के रूप में केवल ज्ञान का वितरक नहीं है, वह केवल एकतरफा शिक्षा (व्याख्यान) नहीं चलाता, वरन् शिष्य भी उनसे प्रश्न पूछते जाते हैं या अपनी ओर से जिज्ञासा प्रकट करते हैं। वस्तुतः तभी शिक्षा पूर्ण होती है। इस सन्दर्भ में डॉ. रानाडे का कथन उल्लेखनीय है कि संवाद-पद्धति उपनिषदीय मीमांसाओं की सबसे अधिक प्रचलित पद्धति है। उपनिषद्-दर्शन के विकास पथ पर पद-पद पर इसका प्रयोग मिलता है।

आगे हम उपनिषदों के ऐसे ही संवादों और कथाओं के माध्यम से अभिव्यक्त उपनिषद्-दर्शन को समझने का प्रयास करेंगे।

यहाँ उल्लेखनीय है कि सुकरात और प्लेटो का दर्शन भी संवाद शैली में ही रचा गया है। प्लेटो का अधिकांश दर्शन संवाद (डॉयलागुस) के रूप में ही है। इसमें सुकरात (प्लेटो तथा एथेन्स के अन्य युवकों के गुरु) शिष्यों को कोई उपदेश नहीं देते हैं वरन् उनके भीतर जो ज्ञान छिपा है, उसे संवाद के माध्यम से बाहर निकालते हैं।

सन्दर्भ

1. बृहदारण्यक उपनिषद्, 1.3.28
2. वेद चार हैं और चारों के चार-चार भाग है 1. **संहिता**–संहिता का अर्थ है संग्रह। यह संग्रह वैदिक मन्त्रों का है जिसे वैदिक ऋषियों ने प्रार्थनाओं और स्वस्तिवाचन के रूप में पद्य में गाया था। 2. **ब्राह्मण**–यह गद्यलेख हैं। इनमें मुख्यतः यज्ञों और अनुष्ठानों की विधियाँ और उनका महत्त्व बताया गया है। 3. **आरण्यक**–इनका यह नाम मुख्यतः अरण्य में निवास करनेवाले वानप्रस्थ मुनियों के द्वारा रचे जाने के कारण पड़ा था। 4. यह अन्तिम **उपनिषद्**।
3. **सर्वोपनिषदो गावो दोग्धा गोपालनन्दनः।**
   पार्थो वत्सः सुधीर्भोक्ता दुग्धं गीतामृतं महत्॥
4. वल्लभाचार्य ने इनमें भागवतपुराण को भी सम्मिलित करते हुए उस पर भी भाष्य लिखा है। इसीलिये उनके दर्शन का आधार **प्रस्थानचतुष्टय** कहा जाता है।
5. जातक कथाओं में **छवजातक** नामक एक कथा में बताया गया है कि एक राजा एक वृक्ष के नीचे किसी ब्राह्मण से ऊँचे आसन में बैठकर शिक्षा ग्रहण कर रहा था। वृक्ष पर पहले से ही छिपकर बैठा एक चाण्डाल चुपचाप यह देख रहा था। किन्तु यह उल्टी गंगा बहते देख वह अधिक देर चुप नहीं रह सका और वृक्ष से नीचे उतरकर, मानो मौत को निमन्त्रण देते हुए, बोल पड़ा, 'कैसे हैं आप लोग? क्या आप यह नहीं जानते कि नीचे आसन पर बैठकर मन्त्र सिखाना और ऊँचे आसन पर बैठकर सीखना, यह दोनों ही अधर्म है।' पुरोहित यह जानता था अतः शर्मिन्दा होकर उसने कहा, 'मैं इस राजा का दिया सुस्वादु भोजन ग्रहण करता हूँ अतः पहले ही मैं ऋषियों के धर्म का पालन नहीं कर रहा हूँ। 'इस पर चाण्डाल कहता है, **संसार विस्तृत है। दूसरे भी प्राणी भोजन पकाते हैं। ऐसा न हो कि तुम्हारा आचरण तुम्हें वैसे ही फोड़ दे जैसे कि पत्थर घड़े को। उस सम्पत्ति और यश को धिक्कार है जो अधर्माचरण से**

प्राप्त होता है। तुम कहीं और जा सकते थे। यह सुनकर पुरोहित तो उसकी ओर आँखें फाड़कर देखता रह गया किन्तु राजा की आँखें खुल गयीं और उसने चाण्डाल से क्षमा माँगते हुए उसे पुरस्कृत किया। दरअसल यह चाण्डाल पूर्वजन्म के बुद्ध थे, बोधिसत्व। **शोभा निगम, श्रेष्ठ जातक कथाएँ, पृ. 182, मूलग्रन्थ, अट्ठ जातक कथा, क्र. 309-** भारतीय धार्मिक कर्मकाण्ड में यज्ञ के समय उपदेश देते समय ब्राह्मण का आसन सदैव क्षत्रियों से ऊँचा रखने की परम्परा रही है किन्तु एक यज्ञ ऐसा भी था जहाँ ब्राह्मण का आसन सदैव क्षत्रिय से नीचे रहता था। राजा द्वारा किया जानेवाला यह यज्ञ था, राजसूय यज्ञ। किन्तु यज्ञ के समाप्त होने पर क्षत्रिय यजमान ब्राह्मण को प्रणाम करता था।–उद्धृत, उपनिषद् अंक, पृ.173.

6. भारतीय संस्कृति के आधार, पृ. 303.
7. मुक्तिकोपनिषद् में इन सभी 108 उपनिषदों के नाम की सूची दी गयी है।
8. भारतीय दर्शन, भाग 1, पृ. 114.
9. अल्लाहोपनिषद् एक छोटी-सी रचना। इसके केन्द्र में अल्लाह है। इसमें अरबी और संस्कृत के शब्द मिले-जुले रूप में हैं।
10. अरविन्द घोष, भारतीय संस्कृति के आधार, पृ. 301-302.
11. दाराशिकोह शाहजहाँ और मुमताज़बेग़म के ज्येष्ठ पुत्र थे। शाहजहाँ इन्हें ही अपना राज्य सौंपना चाहते थे किन्तु उनके दूसरे बेटे औरंगजेब ने सिंहासन के लोभ में इनका कत्ल करवा दिया था। इतना ही नहीं उस निर्दय औरंगजेब ने दारा का कत्ल करवाकर उसका सर शाहजहाँ के पास थाल में सजाकर भिजवाया था। निश्चय ही यदि यह दानिश शहजादा दिल्ली का बादशाह बनता तो भारत का इतिहास और कुछ होता। दारा को सूफ़ी सन्तों और सूफ़ी दर्शन से भी बड़ा प्रेम था। उसने कुछ सूफ़ी सन्तों की जीवनियाँ तथा सूफ़ी दर्शन पर भी ग्रन्थ लिखे हैं।
12. आर. डी. रानाडे ने अपने ग्रन्थ **उपनिषद्-दर्शन का रचनात्मक सर्वेक्षण** के अन्त में उपनिषदीय साहित्य की ग्रन्थसूची में उपनषिदों के प्रकाशन, उनके अनुवाद और उन पर लिखे लेख का अत्यन्त विस्तार से ब्योरा दिया है। इनमें विदेशी विद्वानों की लम्बी सूची है। इससे समझ में आता है कि केवल भारतीयों को ही नहीं, वरन् विदेशियों को भी ये ग्रन्थ अत्यन्त आकृष्ट करते रहे हैं।

2. केनोपनिषद् से

इन्द्रादि देवों का यक्ष से संवाद : सर्वोच्च सत्ता ब्रह्म

प्रकृति के सम्पर्क में रहनेवाले हमारे वैदिक आर्यों ने प्रकृति के तत्त्वों, यथा, सूर्य, अग्नि, वायु, जल आदि को देवत्व की पदवी दी थी। इनकी शक्ति, भव्यता एवं मनुष्यों पर इनके द्वारा किये जानेवाले उपकारों से वे बखूबी परिचित थे। वेदों की हज़ारों ऋचाएँ इन देवताओं की स्तुति में समर्पित हैं। इन देवताओं से ये ऋषिगण इतने अभिभूत थे कि जिस देव की ये स्तुति करते थे उसे सर्वश्रेष्ठ देव कहते थे। किन्तु शीघ्र ही हमारे ऋषियों ने जान लिया कि इन देवताओं के ऊपर भी एक शक्ति है जो इनका भी नियमन करती है...और वे बोल पड़े, **एकं सत् विप्रा बहुधा वदन्ति** अर्थात् सत् एक ही है, विद्वज्जन इसे अनेक प्रकार से कहते हैं।

इस एक सत् की खोज वैसे तो संहिताओं [1] में ही प्रारम्भ हो गयी थी किन्तु उपनिषदों में आकर ही वैदिक ऋषियों ने उस अद्वैत सत् के, उसकी सर्वोच्चता और महत्ता के, स्पष्ट दर्शन किये। केनोपनिषद्[2] में एक बड़ी सुन्दर कथा के माध्यम से बताया गया है कि यह परमसत् देवों का भी देव है। वस्तुतः इसी की शक्ति से सभी देवता शक्ति प्राप्त करते हैं। कथा में यक्ष तथा इन्द्रादि देवों में संवाद के माध्यम से इसे समझाया गया है। कथा इस प्रकार है :

एक बार देवों और असुरों में संग्राम हुआ। इसमें देवता विजयी हुए। इस विजय ने उन्हें घमण्ड से भर दिया। वे सोचने लगे कि हम बड़े शक्तिशाली हैं, हमने अपने सामर्थ्य से यह विजय हासिल की है...जबकि यह विजय उन्हें परमेश्वर की शक्ति से, उसकी कृपा से मिली थी। तब परमेश्वर ने उनका घमण्ड तोड़ने का निश्चय किया। इस हेतु वे एक अत्यन्त दिव्य तेजस्वी यक्ष के रूप में उनसे थोड़ी दूर आकर खड़े हो गये (केन. उप. 3.1-2)।

अपने से भी अधिक दिव्य एवं तेजस्वी रूपाकार को देखकर देवगण चमत्कृत रह गये। भला कौन हो सकता है यह? शायद अपने अज्ञान पर खिन्न भी हुए हों कि सब-कुछ जाननेवाले हम देवगण इस यक्ष को कैसे नहीं जानते? अन्ततः उत्सुकतावश उन्होंने अग्निदेव से कहा, **जातवेद एतद् विजानीहि किमिदं यक्षं इति** अर्थात् हे जातवेद (समस्त पदार्थों के ज्ञाता) अग्नि, आप जाकर पता लगाइये कि यह यक्ष कौन है (वही, 3.3)?

तब अग्निदेव 'बहुत अच्छा' कहते हुए दौड़कर उस यक्ष के समीप पहुँचे। उन्हें इस तरह दौड़ते हुए आया देखकर उस यक्ष ने पूछा, **कः असि**? अर्थात् तुम कौन हो? इस पर अग्निदेव ने घमण्ड से उत्तर दिया, **अहं वै अग्नि अस्मि इति**। यह सुन यक्ष ने पूछा कि तुम अग्नि में कौन-सा सामर्थ्य है बतलाओ तो सही? तत्क्षण अग्नि ने उत्तर दिया, 'पृथ्वी भर में जितनी वस्तुएँ हैं, मैं अग्नि उन सबको क्षणभर में जलाकर राख कर सकता हूँ।' यह सुन यक्ष ने एक छोटा-सा तृण उनके सामने रखते हुए कहा, 'अच्छा! तो जरा इसे जलाकर दिखाओ?' अग्निदेव के लिए एक छोटे-से तिनके को जलाकर दिखाना बड़ा अपमानजनक था, पर उन्हें अपना परिचय भी तो देना था, अतः वे तिनके की ओर बढ़े। किन्तु आश्चर्य, अपनी सारी शक्ति लगाने के बाद भी वे उस नन्हें तिनके में एक चिन्गारी भी नहीं लगा पाये! तब अग्निदेव अपना-सा मुख लिये देवताओं के पास लौट गये। आकर देवताओं से कहा, 'पता नहीं यह यक्ष कौन है! मैं इसे ठीक से नहीं जान पाया (वही, 3.3-6)।

फिर देवताओं ने वायुदेव को यक्ष का पता लगाने भेजा। वायुदेव को यक्ष के पास पहुँचने में भला कितना समय लगता। वे तो तत्क्षण यक्ष के समक्ष जा पहुँचे। उन्हें देखकर यक्ष ने उनसे भी वही प्रश्न किया, **कः असि**? इस पर वायुदेव ने पर्याप्त गर्व से उत्तर दिया, **वायुर्वा अहस्मि। अहं वै मातरिश्वा अस्मिः इति**। अर्थात् मैं मातरिश्वा के नाम से प्रसिद्ध वायुदेव हूँ। '**तस्मिन् त्वयि किं वीर्यं इति**' तो आपका सामर्थ्य क्या है वायुदेव? यक्ष ने मुस्कराते हुए पूछा। इस पर वायुदेव ने बड़े घमण्ड से उत्तर दिया, 'मैं चाहूँ तो क्षणभर में इस पृथ्वी पर जो कुछ भी है, उसे आकाश में उड़ा सकता हूँ।' तब यक्ष ने वही छोटा सा तिनका वायुदेव के समक्ष रखते हुए कहा, 'जरा इसे उड़ाकर दिखाइये तो वायुदेव।'

अग्निदेव के समान वायुदेव को भी एक छोटे-से तिनके को उड़ाने में अपनी हेठी लगी पर सम्भवतः यक्ष के दिव्यरूप से पराभूत वायुदेव उस तिनके को उड़ाने के लिए उसकी ओर आगे बढ़े, किन्तु वे भी असफल रहे! अपना सारा सामर्थ्य लगाने के बाद भी वे उस छोटे-से तिनके को थोड़ा भी हिलाने में समर्थ नहीं हुए। तब अपमानित-से वे देवताओं के पास लौट गये और बोले, 'पता नहीं यह यक्ष कौन है! मैं तो उसे नहीं जान पाया (वही, 3.6-10)।'

तब देवताओं ने इन्द्र से कहा कि जब अग्नि और वायुदेव उस यक्ष को नहीं जान पाये तो हममें से कोई भी उसे नहीं जान पायेगा। हम सबमें आप ही श्रेष्ठतम है...अतः आप ही यह काम कीजिये।

इस पर इन्द्रदेव उस यक्ष के समीप पहुँचे। किन्तु देवराज अभी उसे ठीक से देख भी नहीं पाये थे कि वह उनकी दृष्टि से ओझल हो गया (वही 3.6-11)! क्षण-भर में आख़िर वह ग़ायब कहाँ हो गया? इन्द्र सोच में पड़ गये। ...क्या वे इतने सामर्थ्यहीन हैं कि कोई उन्हें इस तरह धोखा दे सकता है? उनके सामने से अदृश्य हो सकता है?

इन्द्र अभी यह सोच ही रहे थे कि उन्होंने एक दूसरा आश्चर्य देखा। उन्होंने देखा कि यक्ष के स्थान पर एक दिव्य सुन्दरी प्रकट हो गयी! इन्द्र ने इसे पहचान लिया। यह

थी हिमाचल-नन्दिनी उमादेवी। तब उनके सामने नतमस्तक हो इन्द्र ने उनसे यक्ष के विषय में पूछा (वही 3.6-12)। (शंकराचार्य ने अपने भाष्य में इस उमा को विद्या की देवी कहा है।)

उमादेवी यही बताने तो वहाँ प्रकट हुई थीं। उन्होंने कहा, **ब्रह्मेति,** अर्थात् यह ब्रह्म ही है।...इस साक्षात् परब्रह्म की सहायता से ही तुम देवताओं ने असुरों पर विजय प्राप्त की है। अतः यह विजय तुम्हारी नहीं, उनकी है। किन्तु तुम देवताओं ने उनकी विजय को अपनी मान लिया और उनकी महिमा को अपनी समझने लगे। पर यह तुम्हारा मिथ्याभिमान था (वही, 4.1)। इसे नष्ट करने ही परमात्मा ने यक्ष[3] के रूप में प्रगट होकर पहले अग्नि, फिर वायु और फिर इन्द्र ने तुम्हारा गर्व चूर्ण किया है...और फिर उसी ने मुझे प्रेरित किया कि मैं तुम्हें उसका वास्तविक ज्ञान दूँ।

उमादेवी की इस प्रेरणा से इन्द्र को ब्रह्म की महिमा का तथा अपनी मूर्खता का भी बोध हुआ। तब वहाँ से लौटकर उन्होंने देवताओं को भी इसका बोध कराया।

प्रो. सत्यव्रत सिद्धान्तालंकार इस सन्दर्भ में लिखते हैं कि अग्नि और वायु दोनों जड़-जगत् के प्रतिनिधि हैं। वायु नहीं दिखता अतः अदृश्य जड़-जगत् का प्रतिनिधि है और अग्नि दिखता है अतः दृश्य जड़-जगत् का प्रतिनिधि है। इन्द्र जीवात्मा का नाम है अतः वह चेतन-जगत् का प्रतिनिधि है। जड़-चेतन शक्ति ब्रह्म के कारण है। सबसे पहले अग्नि तथा वायु की शक्तियाँ हमें ब्रह्म का बोध कराती हैं। अगर अग्नि और वायु की शक्ति इनकी अपनी नहीं है, किसी दूसरे की है, तो कितना महान् होगा वह! [4]

अस्तु, केनोपनिषद् की इस कथा से हमें ब्रह्म की सर्वोच्चता का बोध तो होता ही है, यह बोध भी होता है कि जब देवताओं को अपनी शक्ति पर घमण्ड करने का अधिकार नहीं है तो हम अल्पज्ञ, अल्पशक्तिवाले मानव किस बात पर घमण्ड कर सकते हैं? जब देवताओं का गर्व परमेश्वर को सह्य नहीं है तब हमारा भला कैसे हो सकता है? देवता तो अजर-अमर हैं, काल से परे हैं, जबकि हमारी नियति तो काल के प्रवाह में बहना ही है। अतः हम मानवों को घमण्ड से बचना चाहिए।

इस उपनिषद् का **शान्तिपाठ** है :

ॐ आप्यायन्तु ममाङ्गनि वाक् प्राणश्चक्षुः श्रोत्रमथो बलमिन्द्रियाणि च सर्वाणि। सर्वं ब्रह्मौपनिषदं माहं ब्रह्म निराकुर्यां मा मा ब्रह्म निराकरोत्, अनिराकरणमास्त्वनिराकरणं मेऽस्तु। तदात्मनि निरते य उपनिषत्सु धर्मास्ते मयि सन्तु ते मयि सन्तु॥

ॐ शान्तिः! शान्तिः!! शान्तिः!!!

अर्थात् ॐ यानी परमात्मा से निवेदन है कि मेरे सभी अंग सब प्रकार से पुष्ट हों। वाणी, प्राण, नेत्र और कान पुष्ट हों तथा सम्पूर्ण इन्द्रियाँ बल प्राप्त करें। उपनिषद् में प्रतिपादित ब्रह्म ही सब-कुछ है। मैं ब्रह्म का निराकरण (त्याग) न करूँ। ब्रह्म मेरा

निराकरण न करें। इस प्रकार हमारा परस्पर अनिराकरण हो, अनिराकरण हो, अर्थात् हम दोनों एक-दूसरे का त्याग न करें। उपनिषदों में जो धर्म कहे गये हैं वे ब्रह्मस्वरूप मेरी आत्मा में निरन्तर रमण करनेवाले हों, मुझमें सदा बने रहें, वे मुझमें सदा बने रहें।

ॐ त्रिविध तापों की शान्ति हो।

ताप (दुःख) तीन प्रकार के होते हैं, आधिभौतिक, आधिदैविक और आध्यात्मिक। **आधिभौतिक** अर्थात् संसार के अन्य प्राणियों या वस्तुओं से प्राप्त कष्ट, **आधिदैविक** अर्थात् दैव या भाग्यकृत दुःख, **आध्यात्मिक** अर्थात् आत्मा या मन से उत्पन्न पीड़ा। इनसे मुक्ति के लिए तीन बार शान्ति का पाठ किया जाता है।

यह शान्तिपाठ उपनिषद् के प्रारम्भ और अन्त दोनों स्थानों पर है। वस्तुतः सभी उपनिषद् के प्रारम्भ और अन्त दोनों में शान्तिपाठ हैं। यह वस्ताव में शिक्षा प्रारम्भ होने के पूर्व और अन्त में की गयी प्रार्थना है जिसका उच्चारण गुरु और शिष्य दोनों करते हैं।

यही शान्तिपाठ **छान्दोग्य उपनिषद्** में भी है।

सन्दर्भ

1. प्रत्येक वेद के चार भाग है; संहिता, ब्राह्मण, अरण्यक और उपनिषद्। इस तरह संहिता वेदों के प्रथम भाग हैं। ये वैदिक मन्त्रों का संग्रह हैं।
2. केन शब्द से प्रारम्भ होने के कारण इसका नाम केनोपनिषद् रखा गया। विस्तार से संवाद क्र. 9 में देखिये।
3. उपर्युक्त कथा में यक्ष के रूप में ब्रह्म का वर्णन सम्भवतः उपनिषदों का एकमात्र वर्णन है। पर हमारे प्राचीन साहित्य में यक्षों का अनेक स्थानों पर वर्णन मिलता है। **वाल्मीकीय रामायण, महाभारत, जातक कथाएँ, भागवतपुराण** आदि में अलग-अलग रूप में इनका चित्रण हुआ है किन्तु ब्रह्म के रूप में कहीं इसका चित्रण नहीं दिखता है।-विस्तार के लिए देखिये, लेखिका द्वारा लिखित, श्रेष्ठ जातक कथाएँ, पृ. 300-301
4. एकादशोपनिषद्, पृ. 18

3. छान्दोग्य उपनिषद् से

प्राण का विभिन्न इन्द्रियों से संवाद : सर्वश्रेष्ठ कौन?

प्राणों का महत्त्व बतानेवाली छान्दोग्य उपनिषद्[1] की एक सुन्दर कथा यहाँ उल्लेखनीय है। कथा इस प्रकार है :

एक बार मानव शरीर की विभिन्न इन्द्रियों में बड़ा विवाद हुआ कि उनमें कौन सर्वश्रेष्ठ है। पर इन्द्रियों में हुए इस विवाद से हमें क्या मतलब? उपनिषद्कार यहाँ कहते हैं कि मतलब है। सर्वश्रेष्ठ को जानना इसलिए आवश्यक है क्योंकि **यो ह वै ज्येष्ठं च श्रेष्ठं च वेद ज्येष्ठश्च ह वै श्रेष्ठश्च भवति** अर्थात् जो ज्येष्ठ और श्रेष्ठ को जानता है, वह ज्येष्ठ और श्रेष्ठ हो जाता है।

अस्तु, सभी इन्द्रियाँ 'मैं सर्वश्रेष्ठ हूँ' 'मैं सर्वश्रेष्ठ हूँ' कहते हुए लड़ने लगीं। किन्तु कौन सर्वश्रेष्ठ है यह कहना कठिन था। इन्द्रियों की इस लड़ाई को देख प्राण ने सबसे कहा कि चलो हम सब अपने स्रष्टा प्रजापति के पास चलें। उनसे ही पूछते हैं कि **को नः श्रेष्ठः** अर्थात् हममें श्रेष्ठतम कौन है (छां. उप. 5.1.7)? समस्त इन्द्रियाँ प्राण के इस प्रस्ताव से सहमत हो गयीं और देखते-ही-देखते सब प्रजापति के पास पहुँच भी गयीं। उनका विवाद सुन प्रजापति ने कहा कि ऐसा करो, तुम सब बारी-बारी से शरीर का त्याग कर बाहर विचरण करो। जिसके निकलने पर शरीर विकल हो उठे, महापापी (निकम्मा-सा) दिखे, वही सर्वश्रेष्ठ हुई।

प्रजापति का यह प्रस्ताव सबको पसन्द आया और सबने यह प्रयोग कर देखने पर सहमति प्रकट की। सबसे पहले **वाक् इन्द्रिय** ने शरीर से उत्क्रमण किया। एक वर्ष इधर-उधर घूमने के बाद वह वापस लौटी। यह देखकर वह आश्चर्यचकित रह गयी कि उसकी अनुपस्थिति में शरीर का काम मज़े से चल रहा है। उसमें कहीं भी विकलता के लक्षण नहीं हैं। आख़िर उसने पूछ ही लिया, 'मेरे बिना तुम कैसे जीवित रहे?' इस पर शरीर ने कहा, 'जिस तरह गूँगे व्यक्ति प्राणों से प्रणन् क्रिया करते हैं, नेत्रों से देखते हैं, कानों से सुनते हैं और मन से मनन करते हुए जीवित रहते हैं, वैसे ही हम भी जीवित रहे।' यह सुन वाक् इन्द्रिय दुःखी हो गयी...किन्तु क्या करती, किसी को कुछ कहे बिना उसने चुपचाप शरीर में प्रवेश किया (वही, 5.1.8)।

अब पारी **चक्षु इन्द्रिय** की थी। शरीर से निकलकर वह भी एक वर्ष तक घूम-फिरकर लौटी। उसे भी यह देखकर धक्का लगा कि उसके बिना शरीर तो पूर्णतः जीवित है...

न वह अधमरा हुआ है न मूर्च्छित! मजे से इधर-उधर डोल रहा है। आख़िर उसने पूछ ही लिया, 'मेरे बिना तुम कैसे जीवित रहे?' इस पर शरीर ने कहा, 'जिस तरह अन्धे व्यक्ति प्राणों से प्रणन् क्रिया करते हैं, वाणी से बोलते हैं, कानों से सुनते हैं और मन से मनन करते हुए जीवित रहते हैं, वैसे ही हम भी जीवित रहे।' यह सुन चक्षु इन्द्रिय ने भी चुपचाप शरीर में प्रवेश कर लिया (वही, 5.1.9)।

इसके बाद **श्रोत्र इन्द्रिय** (श्रवणेन्द्रिय) ने उत्क्रमण किया। एक वर्ष के प्रवास के बाद वह लौटी तो देखा, शरीर तो मज़े से क्रियाशील है! आश्चर्य से उसने पूछा, 'मेरे बिना तुम कैसे जीवित रहे?' इस पर शरीर ने कहा, 'जिस तरह बहरे व्यक्ति बिना सुने प्राणों से प्रणन् क्रिया करते हैं, नेत्रों से देखते हैं, वाणी से बोलते हैं और मन से मनन करते हुए जीवित रहते हैं, वैसे ही हम भी जीवित रहे।' यह सुन श्रोत्र क्या करती? उसने भी चुपचाप शरीर में प्रवेश किया (वही, 5.1.9)।

फिर **मन** ने शरीर से उत्क्रमण किया। एक वर्ष तक उसने भी इधर-उधर डोलते हुए समय बिताया। 'मेरे बिना शरीर का काम किसी तरह नहीं चला होगा, 'यह सोचते हुए तथा अपनी सर्वश्रेष्ठता की कल्पना करते हुए वह लौटा तो उसे भी दुःखद आश्चर्य हुआ ...यह देखकर कि उसके बिना शरीर में तो विकलता के कोई लक्षण नहीं है! वह तो मज़े से क्रियाशील है! खिन्न हो उसने शरीर से पूछा, 'मेरे बिना आख़िर तुम्हारा काम कैसे चला?' इस पर शरीर ने कहा, 'जिस तरह बच्चे, जिनका मन विकसित नहीं होता, प्राणों से प्रणन् क्रिया करते हैं, नेत्रों से देखते हैं, कानों से सुनते हैं और वाणी से बोलते हुए जीवित रहते हैं, वैसे ही हम भी जीवित रहें।' यह सुन मन के पास भी चुपचाप शरीर में प्रवेश करने के सिवा कोई चारा नहीं था। मन मार कर वह भी शरीर में घुस गया (वही, 5.1.11)।

श्रेष्ठता की दौड़ में अब केवल प्राण बचा था। उसने भी उत्क्रमण की इच्छा की किन्तु जैसे ही वह शरीर का त्याग कर जाने लगा, अन्य इन्द्रियाँ भी अपने को शरीर में सँभाल कर नही रख सकी। जिस प्रकार एक अच्छा घोड़ा (सिन्धुदेशीय) अपने को बाँधनेवाली कीलों को उखाड़ डालता है उसी प्रकार प्राण के निकलते ही सब इन्द्रियाँ निकलने लगीं। तब उन सबने विकल होकर प्राण के समक्ष विनीत हो उसकी सर्वश्रेष्ठता स्वीकार करते हुए उससे निवेदन किया, 'आप मत जायें, बने रहें, **त्वं नः श्रेष्ठोऽसि** अर्थात् आप ही हम सबमें श्रेष्ठतम हैं, आप ही हमारे स्वामी हैं।'

फिर वाणी ने प्राण से कहा, 'यदि मैं श्रीमती हूँ तो आप ही श्रीमान् हैं।' चक्षु इन्द्रिय ने कहा, 'यदि मैं प्रतिष्ठा हूँ तो आप ही प्रतिष्ठावान् हैं।' कर्णेन्द्रिय ने कहा, 'यदि मैं सम्पत्ति हूँ तो आप ही सम्पत्तिवान हैं। ' मन ने कहा, 'यदि मैं चरम अधिष्ठान हूँ तो आप ही चरम अधिष्ठान हैं।' (वही, 5.1.12)।...और तब प्राण ने इन्द्रियों की प्रार्थना स्वीकार करते हुए पुनः शरीर में प्रवेश किया।

उल्लेखनीय है कि यहाँ इस प्राणदर्शन को इतना महत्त्वपूर्ण माना गया है कि उपनिषद्कार कहते हैं, 'यदि इसे सूखे ठूँठ के प्रति कहा जाये तो उसमें से शाखा उत्पन्न हो जायेगी और पत्ते फूट पड़ेंगे (वही, 5.2.3)।'

उपर्युक्त कथा को लेकर शंकराचार्य एक शंका प्रकट करते हैं कि यह कैसे सम्भव है कि वागादि इन्द्रियों ने चेतनायुक्त पुरुषों के समान अपनी श्रेष्ठता के लिए विवाद करते हुए एक-दूसरे से स्पर्द्धा की होगी? वाक् के सिवा अन्य इन्द्रियों के लिए तो बोलना भी सम्भव नहीं है और न ही उनका देह से चला जाना, उसमें पुनः प्रवेश करना, ब्रह्मा के पास जाना अथवा प्राण की स्तुति करना ही सम्भव है। आगे शंकर स्वयं ही शंका का समाधान इन शब्दों में करते हैं, 'अग्नि आदि चेतन देवताओं से अधिष्ठित होने के कारण वागादि इन्द्रियों की चेतनता तो शास्त्र से सिद्ध है अर्थात् शास्त्र मानते हैं कि हमारी इन्द्रियाँ चेतन देवताओं से अधिष्ठित हैं, अतः ऐसा सम्भव है (शांकरभाष्य 5.1.15)।'

अस्तु, ऐसी ही कथा **बृहदारण्यक उपनिषद्** में भी है (बृह. उप. 6.1.1)। यहाँ उपर्युक्त कथा के बाद इसी क्रम में एक और लघुकथा है। यहाँ प्राण ने इन्द्रियों की प्रार्थना स्वीकार करते हुए शरीर में वापस आना स्वीकार तो किया किन्तु एक शर्त रखी कि सारी इन्द्रियाँ उसे कुछ भेंट देंगी (वही, 6.1.13)। इस पर इन्द्रियों ने **तथेति** अर्थात् 'ऐसा ही होगा' कहा, और तब प्राण ने शरीर में प्रत्यागमन (पुनः प्रवेश) किया।

पर क्या भेंट दी इन्द्रियों ने प्राण को? वस्तुतः इन्द्रियाँ अपनी जिन-जिन योग्यताओं के कारण महिमामय थीं, उन सबको उन्होंने प्राण को भेंट कर दिया। पर प्राण ने आगे एक और माँग की, वह यह कि उसके लिए अन्न और वस्त्र भी इन्द्रियाँ ही तय करें। **तस्यो किमन्नं किं वास इति** अर्थात् मेरा अन्न और वस्त्र क्या होगा? इस पर इन्द्रियों ने जो कहा वह कुछ विचित्र-सा है। इन्द्रियों ने कहा कि तुम सर्वभक्षी होगे। समस्त जीव-जन्तुओं (जिसमें कीट-पतिंगे भी शामिल हैं) का तुम भक्षण करोगे, इस तरह समस्त जन्तु तुम्हारा अन्न होंगे (वही, 6.1.14)। सम्भवतः प्राण की रक्षा के लिए मनुष्य सर्वभक्षी देखा जाता है, इसलिए यहाँ ऐसा कहा गया हो।[2] वस्त्र के रूप में इन्द्रियाँ कहती हैं, 'जल ही तुम्हारा वस्त्र होगा।' ऐसा उन्होंने इसलिए कहा क्योंकि वस्त्र से जिस प्रकार शरीर की रक्षा होती है उसी प्रकार प्राण की रक्षा जल से होती है। अन्न की अपेक्षा भी जल जीवन की रक्षा के लिए अधिक आवश्यक है। आचमन करना मानो प्राण को वस्त्र देना है। इसीलिए मनुष्य भोजन के पूर्व जल से आचमन करते हैं और भोजन के पश्चात् भी आचमन करते हैं।

उल्लेखनीय है कि ऐसी ही कथा **प्रश्नोपनिषद्** में भी है। यहाँ किसी शिष्य के द्वारा पूछने पर कि शरीर में स्थित देवों में सर्वश्रेष्ठ कौन-सा देव है, महर्षि पिप्पलाद यह रोचक कथा कहते हैं। एक बार देह को प्रकाशित करनेवाले इन्द्रियदेवों में अभिमान आ गया। सब स्वयं को श्रेष्ठ बताते हुए कहने लगे कि उनके कारण ही यह प्रजा (जीव) शरीर को धारण किये हुए है। उनकी बातें सुन प्राण ने कहा कि तुम लोग व्यर्थ ही झगड़ रहे हो।

वस्तुतः मैंने ही अपने को पाँच भागों[3] में विभक्त करके शरीर को आश्रय देते हुए धारण कर रखा है और मुझसे ही यह सुरक्षित है।

प्राण की यह बात सुनकर शरीरस्थ सारे देवता मौन हो गये पर उन्हें प्राण की बातों पर विश्वास नहीं हो रहा था। उन्हें इस तरह अविश्वासी देखकर प्राण के अभिमान को ठेस लगना स्वाभाविक था। इसीलिए उनसे रूठकर वह उन सबका त्याग कर शरीर छोड़कर जाने लगा। फिर तो सभी इन्द्रियाँ विवश-सी हो गयीं...भला बिना प्राण के कौन जीवित रह पाता? सो उनके पास प्राण के पीछे-पीछे जाने के सिवाय कोई चारा नहीं था। उन्हें इस तरह अपने पीछे-पीछे आते देख प्राण अपने स्थान पर वापस आया, तब वे सब भी अपने-अपने स्थान पर वापस आ गयीं। महर्षि यहाँ सुन्दर तुलना करते हैं, 'जैसे मधुमक्खियों का राजा जब अपने स्थान से उड़ता है तब सब मधुमक्खियाँ उसके पीछे-पीछे उड़ने लगती हैं और जब वह बैठ जाता है तो अन्य सब भी बैठ जाती हैं, उसी तरह अन्य इन्द्रियों का प्राण के पीछे जाना और वापस आना था (प्र.उप. 2.4)।'

अस्तु, फिर सभी इन्द्रियाँ प्राण की स्तुति करते हुए कहती हैं, 'यह प्राण ही अग्निरूप धारण कर तपता है और यही सूर्य है, यही मेघ, इन्द्र और वायु है। यही देव पृथ्वी और रयि (भूतसमुदाय) है तथा सत् और असत् एवं उससे भी श्रेष्ठ जो अमृतस्वरूप परमात्मा है, वह भी यह प्राण है। जिस प्रकार अरे रथ के पहिये की नाभि पर आश्रित रहते हैं उसी तरह ऋग्वेद की सम्पूर्ण ऋचाएँ, सामवेद एवं यजुर्वेद के सारे मन्त्र, यज्ञ और यज्ञ करानेवाले ब्राह्मण आदि प्राण में ही प्रतिष्ठित रहते हैं।'

इस प्रकार इन्द्रियाँ प्राण को न केवल अपना राजा मानती हैं वरन् विश्व के समस्त देवताओं का भी राजा मानती हैं। अन्त में यहाँ भी वे प्राण से शरीर न त्यागने की विनती करती हैं और प्रार्थना करती हैं कि जिस प्रकार माता पुत्र की रक्षा करती है वैसे ही तू हमारी रक्षा कर, हमें कान्ति और बुद्धि प्रदान कर, **मातेव पुत्रान् रक्षस्व श्रीश्च प्रज्ञां च विधेहि न इति** (प्र.उप. 2.13)।

एक अन्य उपनिषद्, **कौषीतकी उपनिषद्** में भी ऐसी ही कथा है पर कथा में यहाँ भी थोड़ी भिन्नता है। यहाँ विवाद होने पर इन्द्रियाँ एक साथ बाहर निकलती हैं और उनके साथ प्राण भी निकल जाता है। पर प्राण के निकलने पर ज़ाहिर है, शरीर बिलकुल निष्क्रिय हो जायेगा। कथा में ऐसा ही होता है। शरीर एकदम काठ के समान निश्चेष्ट हो जाता है। कुछ समय बाद एक के बाद एक इन्द्रियाँ शरीर में प्रवेश करना प्रारम्भ करती हैं।

सबसे पहले वाक् ने प्रवेश किया। वाक् के आते ही मनुष्य की वाणी सक्रिय हो गयी किन्तु जीव उठकर बैठ न सका, पूर्ववत् पड़ा ही रहा। फिर चक्षु-इन्द्रिय ने उसमें प्रवेश किया। अब जीव बोलने के साथ-साथ देखने भी लगा किन्तु उठ नहीं पाया। फिर श्रवण-इन्द्रिय ने प्रवेश किया। अब वह बोलने और देखने के साथ-साथ सुनने भी लगा... पर शरीर की स्थिति अभी भी वही थी, काठ के समान निश्चेष्ट! फिर मन ने प्रवेश किया। मन के प्रवेश करते

ही जीव अन्य क्रियाओं के साथ-साथ मनन भी करने लगा किन्तु अब भी वह उठकर बैठ नहीं सका!

अन्त में प्राण ने प्रवेश किया...प्राण के प्रवेश करते ही शरीर उठ कर बैठ गया और सारी क्रियाएँ करने लगा। यह देख सारी इन्द्रियों ने प्राण की सर्वश्रेष्ठता स्वीकार की (कौ.उप. 2.14)।

अस्तु, विभिन्न उपनिषदों की उपर्युक्त कथाएँ प्राण को महत्त्वपूर्ण बताते हुए मानो सन्देश देती हैं कि हमें प्राणों के प्रति सजग रहना चाहिए। इसे नष्ट नहीं करना चाहिए। प्राण के इस महत्त्व के कारण कुछ अन्य उपनिषदों ने भी प्राण को ही आत्मा या ब्रह्म भी कहा है।

एक और बात, चार उपनिषद् में आयी प्राण की श्रेष्ठता बतानेवाली इन कथाओं के सन्दर्भ में डॉ रानाडे लिखते हैं कि इनमें सम्भवतः छान्दोग्य उपनिषद् का अवतरण सबसे अधिक प्राचीन तथा प्रामाणिक है।[4]

इस उपनिषद् का शान्तिपाठ वही है जो केनोपनिषद् का है। इसका उल्लेख हम संवाद क्र. 2 में कर चुके हैं।

सन्दर्भ

1. छान्दोग्य उपनिषद् सामवेद से सम्बन्धित है। बृहदारण्यक उपनिषद् के बाद आकार की दृष्टि से इसका क्रम आता है। इसकी अनेक आख्यायिकाएँ प्रसिद्ध हैं जिनका उल्लेख पाठकगण इसी ग्रन्थ में स्थान-स्थान पर देख सकते हैं।
2. प्राण की रक्षा के लिए हम छान्दोग्य उपनिषद् में ऋषि उषस्ति को महावत के जूठे उड़द खाते देखते हैं।–देखिये संवाद क्र. 8।
3. पंच प्राण इस प्रकार कहे गये हैं; अपान, समान, प्राण, उदान और व्यान। ये पाँचों शरीर के अलग-अलग भागों पर नियन्त्रण रखते हैं।
4. उपनिषद्-दर्शन का रचनात्मक सर्वेक्षण, पृ. 64.

4. बृहदराण्यक उपनिषद् से

महर्षि याज्ञवल्क्य का गार्गी से संवाद : सर्वश्रेष्ठ ब्रह्मवादी कौन?

बृहदारण्यक उपनिषद् का यह प्रसंग मिथिला[1] के राजा जनक[2] की यज्ञशाला का है जो कुरु और पांचाल[3] देश से आये अनेकानेक ब्राह्मणों से खचाखच भरी हुई थी। किन्तु इससे भी बढ़कर सबके लिए आकर्षण का केन्द्र वे हजार गाएँ थीं जो यज्ञशाला के बाहर गौशाला में बंधी हुई थीं। ये गाएँ ऐसी-वैसी नहीं थीं। सबके सींगों में दस-दस सोने के सिक्के बंधे हुए थे। यह सब गौएँ उस ऋषि का पारितोषक थीं जो सर्वश्रेष्ठ ब्रह्मवादी होगा। किन्तु कोई भी ब्राह्मण अपनेआपको सर्वश्रेष्ठ ब्रह्मवादी सिद्ध कर इन्हें ले जाने की हिम्मत नहीं कर पा रहा था। अचानक महर्षि याज्ञवल्क्य आगे बढ़े, अपने शिष्य को आदेश दिया कि वे इन गायों को आश्रम ले चलें। महर्षि का आदेश सुन शिष्य गौओं को हाँकने लगा। यह देख सारे ब्राह्मण व्याकुल हो गये। आख़िर नहीं रहा गया तो अश्वल नामक एक ब्राह्मण ने पूछ ही लिया, 'महर्षि याज्ञवल्क्य! क्या आप इस सारी सभा में सर्वश्रेष्ठ ब्रह्मवादी हैं?'

'कौन कहता है कि हम ब्रह्मवादी हैं? ब्रह्मनिष्ठ को तो हम दूर से प्रणाम करते हैं। हमें तो गौएँ प्रिय है इसलिए हम इन्हें ले जा रहे हैं।'...याज्ञवल्क्य का यह उत्तर व्यंग्यात्मक था।

याज्ञवल्क्य के इस उत्तर से सभी ब्राह्मण उत्तेजित हो उठे। भला अपने को सर्वश्रेष्ठ ब्रह्मवादी सिद्ध किये बिना याज्ञवल्क्य इतनी सारी गौएँ कैसे ले जा सकते हैं? तब सभी ने एक-एक कर उनसे प्रश्न करना प्रारम्भ किया (बृह.उप. 3.1.1-2)।

वहाँ उपस्थित अश्वल, आर्त्तभाग, उषस्ति, कोटल, गार्गी, शाकल्य आदि सभी एक से बढ़कर एक विद्वान् थे। उनके प्रश्न भी एक से बढ़कर एक थे। कोई पूछता, मृत्यु को भी भोजन कौन बनाता है? किसी का प्रश्न होता, काल से अतिमुक्ति का साधन क्या है? कोई पूछता, वैदिक ऋचाओं और अतिग्रह का क्या फल होता है? तो कोई ग्रह और अतिग्रह की संख्या पर प्रश्न करता। कोई आत्मा और अन्तर्यामी के विषय में पूछता तो कोई अक्षर और उसके स्वरूप के विषय में प्रश्न करता। किसी का प्रश्न देवता और उनकी संख्या के विषय में होता तो किसी का पुरुष के विषय में। याज्ञवल्क्य बराबर सबका उत्तर

देते गये (वही, 3.1-7)। हाँ, कभी-कभी वे क्रोधित हो उठते थे। अब यदि कोई केवल तंग करने के लिए प्रश्न-प्रतिप्रश्न करता जाये तो क्रोध आना स्वाभाविक ही है। जैसे, गार्गी[4] के ही प्रश्न देखिये। पहले तो वह पूछती है, 'यह जो कुछ भी है वह किसमें ओत-प्रोत है?' याज्ञवल्क्य द्वारा 'जल में' कहे जाने पर वह प्रश्न करती है, 'जल किसमें ओत-प्रोत है?' 'जल वायु में ओत-प्रोत है', याज्ञवल्क्य उत्तर देते हैं। 'वायु किसमें ओत-प्रोत है?' 'वायु अन्तरिक्ष में', ऋषि की ओर से उत्तर आता है। 'और अन्तरिक्ष?' 'अन्तरिक्ष गन्धर्वलोक में।'

फिर गन्धर्वलोक के विषय में वही प्रश्न करने पर याज्ञवल्क्य उसे आदित्यलोक में ओत-प्रोत बताते हैं। आदित्यलोक को वे चन्द्रलोक में, चन्द्रलोक को नक्षत्रलोक में, नक्षत्रलोक को देवलोक में, देवलोक को इन्द्रलोक में, इन्द्रलोक को प्रजापतिलोक में, प्रजापतिलोक को ब्रह्मलोक में ओत-प्रोत बताते हैं। यहाँ तक याज्ञवल्क्य शान्ति से ही उत्तर देते हैं किन्तु जब गार्गी अगला प्रश्न पूछती हैं कि ब्रह्मलोक किसमें ओत-प्रोत है तो याज्ञवल्क्य कुछ चिढ़कर उत्तर देते हैं, 'हे गार्गी! अतिप्रश्न मत कर। कहीं ऐसा न हो कि तेरा मस्तक कटकर गिर पड़े!'

याज्ञवल्क्य की खीज देखकर गार्गी उस समय शान्त हो जाती है किन्तु उसके तरकश में अभी कुछ और तीर बाकी थे। इसलिए एक अन्य ऋषि द्वारा प्रश्न पूछने के बाद वह फिर वीरांगना के समान याज्ञवल्क्य के सामने जा खड़ी हुई। इस बार उसने याज्ञवल्क्य से नम्रतापूर्वक केवल दो और प्रश्न पूछने की आज्ञा माँगी...साथ ही यह भी कहा कि यदि ऋषि उसके प्रश्नों का ठीक-ठीक उत्तर दे देंगे तो उसकी तरफ से याज्ञवल्क्य सभा के सर्वश्रेष्ठ ब्रह्मवादी कहलायेंगे।

गार्गी का पहला प्रश्न था, 'जो द्युलोक के ऊपर है, जो पृथ्वी के नीचे है और जो स्वयं द्युलोक और पृथ्वीलोक है तथा जिन्हें भूत, भविष्य और वर्तमान कहते हैं, वह किसमें ओत-प्रोत है?' इस पर याज्ञवल्क्य का उत्तर था, 'आकाश में।'

मुनि के उत्तर से सन्तुष्ट होकर गार्गी ने दूसरा प्रश्न किया, 'यह आकाश किसमें ओत-प्रोत है?' याज्ञवल्क्य ने उत्तर दिया, 'ब्रह्म में, जो निर्गुण और निराकार है। इसके प्रशासन में ही सूर्य, चन्द्र, द्युलोक एवं पृथ्वी आदि सभी अपने-अपने स्थानों में स्थिर हैं। इसी के प्रशासन में निमेष, मुहूर्त्त, रात्रि, अर्द्धमास, मास, ऋतु, संवत्सर ठहरे हुए हैं। इसी के शासनसूत्र में बँधी हुई नदियाँ पर्वतों से निकलकर पूर्व को, पश्चिम को और भिन्न-भिन्न दिशाओं में बह रही हैं। यही अक्षर है। हे गार्गी! जो इस लोक से इस अक्षर को जाने बिना प्रयाण करता है, वह कृपण है। जो इस अक्षर को जानकर इस लोक से प्रयाण करता है, वह ब्राह्मण है, ब्रह्म का वेत्ता है।'

याज्ञवल्क्य के इस उत्तर से सन्तुष्ट हो गार्गी ने उन्हें प्रणाम किया और यह कहते हुए अपने स्थान पर बैठ गयी, 'हे ब्राह्मणों! यही बहुत समझो कि इस ब्रह्मवेत्ता को नमस्कार करके छूट जाओ। तुममें से कोई कभी इस ब्रह्मवेत्ता को नहीं जीत सकेगा।'

इस तरह महर्षि गार्गी की ओर से सर्वश्रेष्ठ ब्रह्मवादी सिद्ध हुए (वही, 3.8)।

किन्तु गार्गी द्वारा याज्ञवल्क्य को सर्वश्रेष्ठ ब्रह्मविद् घोषित करने का मतलब यह नहीं कि सारी सभा ने गार्गी की बात को स्वीकार कर लिया। अभी भी कुछ लोग ऐसे थे जो इस घोषणा से कसमसा रहे थे, जिन्हें यह बात स्वीकार नहीं थी। तभी शाकल्य नामक एक ब्राह्मण ने खड़े होकर गार्गी की बात पर आपत्ति करते हुए याज्ञवल्क्य से प्रश्न करना प्रारम्भ किया। उसने एक के बाद एक अनेक प्रश्न महर्षि से पूछे। अन्त में उसके इन प्रश्नों से चिढ़कर याज्ञवल्क्य ने कहा, 'शाकल्य! अब मैं तुझसे एक प्रश्न पूछता हूँ। यदि तूने इसका ठीक उत्तर नहीं दिया तो तेरा मस्तक धड़ से कट कर गिर पड़ेगा।'

फिर सचमुच ऐसा ही हुआ। प्रश्न कठिन था। प्रश्न 'औपनिषद् पुरुष' (मूलतत्त्व)[5] को लेकर था। शाकल्य इसका उत्तर नहीं दे पाया और नतीजा सबके सामने था (वही, 3.9.26)!

पर क्या सचमुच शाकल्य का सिर कटकर गिर गया था? बृहदारण्यक उपनिषद् के इस प्रकरण से तो ऐसा ही लगता है। यहाँ आगे यह भी कहा गया कि चोर उसकी हड्डियों को कुछ और समझकर चुराकर ले गये। शंकराचार्य ने अपने भाष्य में इसे ऐसा ही कहा है। इस सन्दर्भ में शंकर लिखते हैं कि शाकल्य के शिष्यगण, जो उसकी अस्थियों को संस्कार के लिए ले जा रहे थे, उन्हें लुटेरों ने छीन लिया।

अधिकांश भाष्यकारों ने इसी अर्थ में यह प्रसंग स्वीकार किया है किन्तु 'उपनिषद् रहस्य' में नारायण स्वामी इस प्रसंग में सिर कटकर गिरने का अर्थ अपमानित होने से लेते हैं। यह अर्थ उचित प्रतीत होता है। इसे लज्जा से सिर का नीचे हो जाना कह सकते हैं। शिष्य द्वारा अस्थियों को ले जाने के विषय में नारायण स्वामी इसे अत्युक्ति कथनमात्र कहते हैं।[6]

सिर कटने की ऐसी घटनाएँ उपनिषदों में अन्य स्थानों पर भी है, वहाँ भी उसका अर्थ इसी प्रकार लिया जा सकता है। शंकराचार्य ने यहाँ अवश्य सिर कटने का अर्थ सचमुच सिर कटने से लिया है किन्तु छान्दोग्य उपनिषद् में एक स्थान पर वे 'तेरा मस्तक गिर जायेगा', का अर्थ 'पतित हो जायेगा' से लेते हैं, **मूर्धा शिरस्ते विपतिष्यति विस्पष्टं पतिष्यतीति** (छां. उप. 1.8.7)।'

प्रो सत्यव्रत सिद्धान्तालंकार यहाँ लिखते हैं कि इस पराजय से उस अभिमानी विदग्ध शाकल्य को इतना धक्का लगा कि वह वहीं गिर पड़ा और उसका प्राणान्त हो गया।[7]

अस्तु, याज्ञवल्क्य के ज्ञान और तेज को देख सारी सभा चकित रह गयी। इसके बाद याज्ञवल्क्य ने अन्य ब्राह्मणों को प्रश्न करने आमन्त्रित किया पर किसी में अब याज्ञवल्क्य से किसी प्रकार का प्रश्न करने का साहस नहीं रह गया था, अतः सब मौन रहे (वही, 3.9)।

इस तरह जनक की इस सभा में महर्षि याज्ञवल्क्य सर्वश्रेष्ठ ब्रह्मवादी घोषित हुए और स्वाभाविक है कि स्वर्णमुद्राओं से बंधी सींगोंवाली हजार गायों के हक़दार भी हुए।

अन्त में इस उपनिषद् का सुन्दर शान्तिपाठ, जो प्रारम्भ में भी है :

ॐ पूर्णमदः पूर्णमिदं पूर्णात् पूर्णमुदच्यते।
पूर्णस्य पूर्णमादाय पूर्णमेवावशिष्यते॥

अर्थात् यह सच्चिदानन्द परमात्मा (ॐ) सब प्रकार से पूर्ण है। यह जगत् भी पूर्ण है अर्थात् यह जगत् उस परब्रह्म से ही पूर्ण है। उस पूर्ण (ब्रह्म) से ही यह पूर्ण (जगत्) निकला है। पूर्ण से पूर्ण निकाल लेने पर पूर्ण ही बच रहता है।

यह शान्तिपाठ ईशावास्योपनिषद् में भी है।

सन्दर्भ

1. बिहार के मुजफ्फरपुर, दरभंगा, सीतामढ़ी और समस्तीपुर नामक जिलों के आस-पास का क्षेत्र प्राचीन मिथिला के अन्तर्गत आता था।
2. रामायण में मिथिला-नरेश जनक सीता के पिता कहे गये हैं। किन्तु उपनिषदों में यहाँ तथा अन्य स्थानों पर जिन मिथिलानरेश जनक का उल्लेख हुआ है उनका रामायण की सीता से कोई सम्बन्ध नहीं बताया गया है हालाँकि यहाँ उन्हें विदेह भी कहा गया है। जातक कथाओं में भी मिथिलानरेश जनक का उल्लेख है किन्तु यहाँ भी वे सीता के पिता नहीं कहे गये हैं। हाँ, उनमें शरीर के प्रति निःस्पृहता का गुण सब जगह समान है जो उन्हें विदेह की पदवी देता है।
3. महाभारत काल में कौरवों का देश कुरु देश कहलाता था। यह क्षेत्र वर्तमान में देहली और हस्तिनापुर के आस-पास का क्षेत्र कहा जाता है। पांचाल महाभारत में द्रौपदी (पांचाली) का मायका था जहाँ द्रौपदी के पिता राजा द्रुपद शासक थे। वर्तमान में यह कन्नौज के आस-पास का इलाका है।
4. गार्गी को यहाँ किसी वचक्तनु की बेटी होने के कारण 'गार्गी वाचक्तनी' भी कहा गया है। यहाँ गार्गी एक विदुषी महिला के रूप में चित्रित हुई है। उल्लेखनीय है कि उपनिषदों में कुल दो ही विदुषी महिलाओं का उल्लेख है, वह भी केवल बृहदारण्यक उपनिषद में है। एक यह गार्गी और दूसरी मैत्रेयी। मैत्रेयी याज्ञवल्क्य की दो पत्नियों में से एक थी। याज्ञवल्क्य की दूसरी पत्नी का नाम कात्यायनी था किन्तु इसका केवल नाममात्र का उल्लेख है। इसे कोई तात्त्विक जिज्ञासा नहीं थी। वह अपने हिस्से के धन से सन्तुष्ट प्रतीत होती है क्योंकि याज्ञवल्क्य जब संन्यास लेते समय अपनी सम्पत्ति का बँटवारा, अपनी दोनों पत्नियों के मध्य करना चाहते हैं तो केवल मैत्रेयी ही उनसे कुछ प्रश्न करती है जो उसकी जिज्ञासु प्रवृत्ति को बताता है। यहाँ वह महर्षि से उस तत्त्व की जिज्ञासा करती है जो उसे अमरता दिला सके। (विस्तार से देखिये संवाद क्र. 22 में) इससे मैत्रेयी की बुद्धि की प्रखरता ज्ञात होती है। प्रायः गार्गी और मैत्रेयी का उदाहरण देते हुए कहा जाता है कि हमारे देश में प्राचीन काल में स्त्रियाँ बुद्धिमति होती थीं तथा विद्वानों से शास्त्रार्थ करती थीं। किन्तु उपनिषदों के सैकड़ों विद्वान् पुरुषों के बीच आधी आबादी की केवल दो महिला विदुषी महिलाओं का उल्लेख मेरी समझ में तत्कालीन समाज में महिलाओं की विद्वता का परिचायक नहीं कहा जा सकता। एक अन्य

महिला जबाला का उल्लेख छान्दोग्य उपनिषद् में है। यह महिला यद्यपि दूसरों की परिचर्या का कार्य करती थी पर सत्यवादिनी थी। पुत्र द्वारा अपना गोत्र पूछे जाने पर वह कुछ नहीं छिपाती, बल्कि पुत्र को अपना नाम देते हुए कहती है कि गुरु द्वारा नाम और गोत्र पूछे जाने पर तुम उन्हें कहना, 'सत्यकाम जाबाल।' उसने अपने पुत्र का नाम ही सत्यकाम रखा हुआ था, जो आगे चलकर स्वयं एक प्रसिद्ध गुरु बना। (विस्तार से देखिये संवाद क्र. 17 में)

5. एन. के. देवराज, भारतीय दर्शन, पृ. 67
6. उपनिषद् रहस्य, पृ. 1063
7. एकादशोपनिषद्, पृ. 512

5. छान्दोग्य उपनिषद् से

प्रजापति ब्रह्मा का देवों और असुरों से संवाद : आत्मा क्या है?

छान्दोग्य उपनिषद् में प्रजापति ब्रह्मा का देवों और असुरों से एक सुन्दर संवाद है। यह संवाद आत्मा के स्वरूप पर एक कथा के माध्यम से प्रकाश डालता है। पूरी कथा और संवाद इस प्रकार है :

एक बार देवताओं और असुरों ने प्रजापति ब्रह्मा (सृष्टि के अधिष्ठाता देवता, सम्पूर्ण प्रजा के स्वामी) के पास ज्ञान-प्राप्ति हेतु जाने का विचार किया। वे उस तत्त्व को जानना चाहते थे जिसे जानने पर व्यक्ति समस्त लोकों और भोगों को प्राप्त कर लेता है। दरअसल उन्हें किसी शिष्टजन ने प्रजापति का यह कथन सुनाया था कि आत्मा की विशेष रूप से जिज्ञासा करनी चाहिए क्योंकि **आत्मा पापशून्य, जरारहित, क्षुधारहित, पिपासारहित, मृत्युरहित तथा शोकरहित है। साथ ही यह सत्यकाम और सत्यसंकल्प है** (यह आठ आत्मा के स्वरूपभूत लक्षण हैं)।[1] जो कोई इसे शास्त्र या गुरु के उपदेशानुसार खोजकर जान लेता है वह सम्पूर्ण लोक तथा समस्त कामनाओं को प्राप्त कर लेता है (छां. उप. 8.7.1-2)।

(यहाँ समस्त कामनाओं को प्राप्त कर लेने का मतलब अवश्य ही भौतिक कामनाओं की प्राप्ति से नहीं है। कामनाएँ प्रायः शरीर और मन की इच्छाओं से उत्पन्न होती हैं। आत्मज्ञानी के लिए चूँकि शरीर और मन गौण हो जाते हैं अतः भौतिक कामनाएँ तो उसकी वैसे भी समाप्त हो जाती हैं। अब जब व्यक्ति की कोई कामना नहीं है तो स्वाभाविक है कि उसने सारी कामनाओं को प्राप्त कर लिया है। वस्तुतः ऐसा व्यक्ति कामनारहित हो जाता है।)

सम्पूर्ण लोक तथा समस्त कामनाओं की प्राप्ति! कितना आकर्षक था यह वाक्य! देव और असुर दोनों ही चमत्कृत रह गये ब्रह्मा के इस वचन को सुनकर।

और फिर देवताओं ने अपने प्रतिनिधि के रूप में इन्द्र को तथा असुरों ने अपने प्रतिनिधि के रूप में विरोचन[2] को प्रजापति के पास आत्मतत्त्व का ज्ञान प्राप्त करने भेजा।

तब हाथ में समिधा (यज्ञ में प्रयुक्त लकड़ी आदि ईंधन सामग्री) लिये दोनों ही शिष्य के रूप में प्रजापति के शरणागत हुए।

दोनों को साथ आया देख प्रजापति अत्यन्त प्रसन्न हुए। आख़िर थे तो दोनों ही उनकी ही सन्तान! आत्मतत्त्व की जिज्ञासा से हाथ में समिधा लिये दोनों को अपने शरणागत देख प्रजापति और भी प्रसन्न हुए। उन्होंने उन दोनों को सहर्ष शिष्य के रूप में स्वीकार कर लिया पर आत्मज्ञान देने के पूर्व उनके सामने तपस्या करने की शर्त रखी। तपस्या की अवधि भी निश्चित की...पूरे बत्तीस वर्ष! वैसे तो बत्तीस वर्ष बहुत होते हैं पर चीज़ भी तो वे उतनी ही बड़ी प्राप्त करने जा रहे थे! अतः दोनों ने ही प्रजापति की बात स्वीकारते हुए मन लगाकर पूरे बत्तीस वर्ष तपस्या की। तत्पश्चात् दोनों फिर बद्धांजलि हो प्रजापति के पास आत्मतत्त्व के ज्ञान की लालसा में पहुँचे। प्रजापति ने दोनों से कहा, **'य एषः अक्षिणि पुरुषो दृश्यत एष आत्मेति...एतद् अमृतमभयमेतद् ब्रह्म।** अर्थात् यह जो पुरुष नेत्रों में दिखायी देता है, यही आत्मा है, यह अमृत है, यह अभय है, यही ब्रह्म है (छां. उप. 8.7.4)।' इस पर इन्द्र और विरोचन दोनों ने जिज्ञासा की कि जो नेत्रों में दिखायी देता है, क्या यह वही है जो दर्पण या जल में दिखायी देता है?

यद्यपि प्रजापति का आशय यह नहीं था, दोनों ही अज्ञानी के समान बोल रहे थे, पर एक अच्छे गुरु के समान प्रजापति ने शिष्य को उनकी भूल स्वयं ही समझने का मौक़ा देते हुए कहा, 'तुम दोनों अब जाओ। अच्छी तरह से अपने को अलंकृत करो, अच्छे वस्त्र पहनो, दामी आभूषण धारण करो और फिर जल के किसी साफ कुण्ड में झाँककर देखो...और स्वयं समझो कि आत्मा क्या है? और हाँ, आकर मुझे बताना कि आत्मा को तुमने क्या समझा है।'

(यहाँ प्रजापति के कहने का कि यह जो पुरुष नेत्रों में दिखायी देता है वह आत्मा है, क्या तात्पर्य था? शंकराचार्य के अनुसार प्रजापति का तात्पर्य था कि वह आत्मा सभी के भीतर है। श्रुति भी कहती है कि **सर्वेषां चाभ्यन्तरः** अर्थात् आत्मा सबके भीतर है– शांकरभाष्य।)

अस्तु, दोनों ने गुरु की आज्ञा शिरोधार्य करते हुए वैसा ही किया...और फिर दोनों ही प्रजापति के पास आये, कहा, 'आत्मा तो बहुत सुन्दर है!' यह सुन उनकी मूर्खता पर हंसते हुए प्रजापति ने कहा, 'बहुत अच्छे, हाँ आत्मा ऐसी ही है। यही आत्मा है, यह अमृत है, यह अभय है, यही ब्रह्म है (छां. उप. 8.8.3)।'

तब इन्द्र और विरोचन दोनों शान्तचित्त हो अपने-अपने आवास की ओर लौट चले। दोनों को इस तरह प्रसन्नवदन जाते देख प्रजापति प्रसन्न नहीं हुए क्योंकि वे जानते थे कि इन दोनों ने तो सत्य आत्मा का साक्षात्कार किया ही नहीं है। पर वे क्या कर सकते थे? मन में सोचा, देवता हो या असुर, जो कोई ऐसे निश्चयवाले होंगे उनका पराभव निश्चित है।

अस्तु, अपने भवन पहुँचकर असुरराज विरोचन ने अपने साथियों से ख़ुशी-ख़ुशी कहा कि यह शरीर ही आत्मा है। इसे सजाना-सँवारना ही जीवन की उपलब्धि है, बस अब तुम सब खाओ, पियो और मौज़ करते हुए शरीर को सुन्दर बनाओ (छां. उप. 8.8.4)।

(नारायण स्वामी यहाँ असुरों के लिए कहते हैं कि वस्तुतः यह कोई जाति-विशेष नहीं है। जो लोग आत्मा की उपेक्षा करके केवल शरीर की परवाह करते हुए खाने, पीने और चैन से रहने को ही अपना सिद्धान्त मानते हैं, उन्हीं का नाम यहाँ असुर है।) [3]

पर इन्द्र ने अपने साथियों से ऐसा कुछ नहीं कहा। वस्तुतः वह अपने आवास पहुँचा ही नहीं। वह तो रास्ते में ही रुक गया था। दरअसल वह प्रजापति की बातों पर चिन्तन-मनन करते हुए चल रहा था। अचानक उसे लगा कि प्रजापति की बातों में कहीं कुछ कमज़ोरी है, इसलिए वह रास्ते से ही वापस लौटकर प्रजापति के पास पहुँचा।

प्रजापति ने तनिक आश्चर्य प्रकट करते हुए कहा, 'इन्द्र! तुम तो शान्त चित्त से वापस गये थे, लौट कैसे आये?' इस पर दोनों हाथ जोड़कर उसने कहा, 'भगवन्! मुझे आपके कथन में शंका है। आपने कहा कि जो जल में दिखायी देता है वही आत्मा है किन्तु यदि आत्मा ऐसी ही है तब तो वह मेरे अलंकृत होने पर अलंकृत दिखेगी, मेरे सुन्दर दिखने पर सुन्दर दिखेगी। पर यदि मेरा शरीर अलंकृत न हो तो क्या वह असुन्दर हो जायेगी? और यदि मेरा अंग भंग हो जावे तब क्या आत्मा का भी अंग भंग हो जायेगा? तब तो मेरे शरीर के नष्ट हो जाने पर आत्मा का भी नाश हो जायेगा, फिर तो आत्मा अमर नहीं रहेगी। पर ऐसी आत्मा के ज्ञान में मुझे कोई लाभ नहीं दिखायी देता (छां.उप. 8.9.1-2)।'

इन्द्र के ये वचन सुन प्रजापति अत्यन्त प्रसन्न हुए। कहा, 'हाँ, वत्स ऐसा ही है। मैं तुम्हारे प्रति पुनः इसकी व्याख्या करूँगा।...पर पहले तुम बत्तीस वर्ष और तपस्या करो।'

इन्द्र ने वैसा ही किया। बत्तीस वर्ष बाद इन्द्र पुनः समित्पाणि (समिधा हाथ में लिये) हो प्रजापति के पास पहुँचा। इस बार प्रजापति ने कहा, 'हे इन्द्र! स्वप्न में जो अनेक भोगों को भोगता हुआ विचरण करता है, वही आत्मा है। यह अमृत है, यह अभय है, यही ब्रह्म है।'

प्रजापति के वचन सुन इन्द्र फिर चुपचाप शान्तचित्त से लौट गया। पर इस बार भी वह अपने महल नहीं पहुँचा। वस्तुतः रास्ते में वह प्रजापति की बातों पर मनन करते हुए चल रहा था। अचानक वह ठिठक गया। उसे लगा कि कहीं तो कुछ गड़बड़ है। भला जो स्वप्न में विचरण करता है वह आत्मा कैसे हो सकता है? यद्यपि स्वप्न में शरीर के अंग भंग होने पर वास्तविक शरीर पर कोई प्रभाव नहीं पड़ेगा किन्तु दुःखद घटनाओं को स्वप्न में देखने पर कई बार हम रोते हैं, शोक करते हैं। निश्चय ही

स्वप्न में हम दुख भी उठाते हैं...तब स्वप्न में भोग करनेवाली आत्मा वास्तविक आत्मा कैसे हो सकती है? वह तो अभय कही गयी है, वह स्वप्न देखनेवाली आत्मा नहीं हो सकती।

अपनी जिज्ञासा लिये इन्द्र पुनः प्रजापति के पास पहुँचा और अपने मन की दुविधा उनके सामने व्यक्त की। इस पर प्रजापति ने पूर्ववत् कहा, 'इन्द्र, बात कुछ ऐसी ही है। मैं तुमसे पुनः आत्मतत्त्व की व्याख्या करूँगा। पर पहले तुम्हें और बत्तीस वर्ष तपस्या करनी होगी (वही, 8.9.3)।'

इन्द्र ने प्रजापति के आदेश को चुपचाप स्वीकार किया। बत्तीस वर्ष बाद वह पुनः हाथ में समिधा लिये प्रजापति के पास जा पहुँचा। इस बार प्रजापति ने कहा, 'निद्रा की ऐसी अवस्था, जिसमें व्यक्ति कोई स्वप्न नहीं देखता और शान्तचित्त से शयन करता है, ही आत्मा है। यह अमृत है, यह अभय है, यही ब्रह्म है। यही सुषुप्ति की अवस्था कही गयी है।'

इन्द्र ने प्रजापति की बात को मन में धारण किया फिर चुपचाप लौट गया। किन्तु रास्ते में उसे फिर शंका हुई कि ऐसी निद्रा की अवस्था में व्यक्ति को यह ज्ञान भी तो नहीं रहता है कि यह मैं हूँ...न ही अन्य लोगों को वह जानता है। उस समय वह मानो विनाश को प्राप्त हो जाता है। इसमें तो मुझे कोई इष्टफल नहीं दिखायी देता (वही, 8.11.2)!

यह विचार मन में आते ही इन्द्र पुनः प्रजापति के पास लौट गया। आकर अपने मन की शंका बतलायी। इन्द्र की बात सुन प्रजापति प्रसन्न हुए। समझ गये कि इन्द्र अब अपनी सूक्ष्म दृष्टि के द्वारा आत्मज्ञान का अधिकारी हो गया है, किन्तु इन्द्र की तपस्या अभी पूरी नहीं हुई थी। प्रजापति ने पुनः उसे तपस्या करने को कहा...पर इस बार तपस्या की अवधि बहुत कम कर दी...केवल पाँच वर्ष। पाँच वर्ष बाद इन्द्र फिर समित्पाणि हो प्रजापति के पास पहुँचा।

इस तरह कुल 101 वर्ष की तपस्या के बाद प्रजापति ने इन्द्र को वह आत्मज्ञान दिया जिसे सुनकर इन्द्र पूरी तरह सन्तुष्ट हो शान्तचित्त से देवताओं के पास लौट गया।

पर प्रजापति ने इन्द्र को आत्मा के विषय में इस बार क्या ज्ञान दिया था जिससे इन्द्र को थोड़ी भी दुविधा, थोड़ी भी आशंका नहीं हुई, वह रास्ते से नहीं लौटा, बल्कि प्रसन्नमन से प्रजापति से प्राप्त ज्ञान को अपने साथी देवताओं को बताने चला गया?

वस्तुतः इस बार प्रजापति ने आत्मा के विषय में कहा था, 'यह जो शरीर मरणधर्मा है, वह अमृत, अशरीरी आत्मा का अधिष्ठान (वासस्थान) है। इसका अर्थ है कि आत्मा शरीर से पृथक् है पर इसकी प्रतीति हमें शरीर में ही होती है। किन्तु जब तक हम इसे सशरीर महसूस करते हैं तब तक इसके प्रिय-अप्रिय का नाश नहीं हो सकता। शरीर से मुक्त होने पर ही यह सम्भव है। यहाँ शरीर से मुक्त होने का अर्थ मर जाना नहीं है।

इसका अर्थ है अपने आपको शरीर से पृथक् महसूस करना। तभी यह सुख-दुःख से मुक्त हो सकती है। जिस प्रकार वायु, विद्युत्, मेघगर्जन इनकी कोई देह नहीं होती, वे स्वर्गीय आकाश में उठते हैं, सूर्य की परमज्योति को प्राप्त कर अपने स्वरूप में परिणत हो जाते हैं, उसी प्रकार आत्मा नश्वर शरीर में प्रकट होती है...परमज्योति में पहुँचती है और तब अपने रूप में प्रकट होती है। वह आनन्दमयी आत्मा, जो अपने स्वरूप में प्रकट होती है, परम पुरुष है (छां. उप. 8.12.2)।'

आगे प्रजापति ने कहा, 'इस अवस्था में वह हँसता हुआ, क्रीड़ा करता हुआ, रमण करता हुआ, अपने साथ उत्पन्न इस शरीर का स्मरण न करता हुआ सब ओर विचरण करता है।' इसका मतलब यह कि आत्मा शरीर में रहते हुए भी उसको भूलकर नित्य आनन्द की अवस्था में रह सकती है। ऐसे आत्मस्थ पुरुष के शरीर की गति के विषय में प्रजापति कहते हैं, 'जिस प्रकार घोड़ा या बैल, गाड़ी से जुता हुआ होता है, उसी प्रकार यह प्राण इस शरीर से जुता हुआ होता है (वही, 8.12.3)।'

(वस्तुतः अपने कर्मफलों को भोगने के लिए शरीर का होना आवश्यक है। आत्मस्थ पुरुष को भी अपने संचित कर्मफलों के भोग के लिए शरीर में बने रहना आवश्यक है। इसीलिए उक्त उपमा दी गयी है। शंकराचार्य अपने भाष्य में इस उपमा, 'अश्व का गाड़ी (रथ) से जुता होना', पर टिप्पणी करते हैं कि जिस प्रकार रथ को खींचने के लिए अश्व जुता होता है उसी प्रकार शरीर में पंचप्राण, इन्द्रिय, मन और बुद्धि से युक्त प्रज्ञात्मा, विज्ञानशक्ति और क्रियाशक्ति से संयुक्त रहती है।)

अन्त में उपनिषद्कार कहते हैं कि ऐसी आत्मा की ही देवगण उपासना करते हैं। इसी से उन्हें सम्पूर्ण लोक और समस्त भोग प्राप्त है। जो उस आत्मा को शास्त्र और आचार्य के उपदेशानुसार जानकर साक्षात् रूप से अनुभव करता है वह सम्पूर्ण लोक और भोगों को प्राप्त कर लेता है। ऐसा प्रजापति ने कहा (छां.उप. 8.12.6)।

प्रस्तुत कथा छान्दोग्य उपनिषद् के आठवें अध्याय में है। इस कथा में यह महान् भाव छिपा है कि सामान्य बुद्धि के लोग आत्मा को केवल शरीर तक ही सीमित मानते हैं किन्तु यह आसुरी प्रवृत्ति है। चार्वाक दर्शन (भौतिकवादी दर्शन) इसे ही सत्य कहता है।[4] किन्तु ऐसे लोग अन्त में विनाश को प्राप्त होते हैं। हम आधुनिक मनुष्यों को, जो सुख का मतलब केवल शारीरिक और मानसिक सुख से लेते है, यह कथा एक बड़ी सीख देती है। शारीरिक और मानसिक सुख की लालसा से कर्म करनेवाले व्यक्ति के लिए शरीर और मन की थोड़ी भी विपत्ति दुःख और कष्ट का कारण बनती हैं। अतः बुद्धिमानी इससे ऊपर उठना है और क्रमशः स्वप्नगत् चेतना तथा सुषुप्तिगत् चेतना से भी परे आत्मा की अनुभूति करना है जो स्वयंप्रकाश है, सुख-दुःख से परे आनन्दघन है। इसकी उपलब्धि ही मनुष्य को अमर बनाती है। यही ब्रह्म है।

डॉ आर. डी. रानाडे इस सन्दर्भ में लिखते हैं, 'जो आत्मा को शारीरिक चेतना से

एकरूप मानते हैं वे भौतिकवादी हैं, जो इसे स्वप्नगत चेतना से एक रूप मानते हैं वे भौतिकवादियों से कुछ ऊँचे अवश्य हैं किन्तु वे भ्रान्तिवश आत्मा को, जैसा कि कुछ आधुनिक थियोसोफिस्ट का मत है, तेजःपुरुष मानते हैं। दूसरी ओर आत्मा को सुषुप्तिगत चेतना से जो एक रूप समझते हैं, वे भी इसकी प्रकृति को समझने में भूल करते हैं क्योंकि वस्तुतः इस अवस्था में हमें न वस्तु की चेतना रहती है और न बाह्य जगत् की। वास्तविक आत्मा स्वसंवेद्य, स्वयं प्रकाशी, केवल आत्मचिन्तनशील, अरिस्टोटल की 'परम कल्पना पुरुष' तथा 'स्वयं चिरसाक्षी' है।[5]

डॉ. राधाकृष्णन् इसे आत्मा या अहं की परिभाषा के रूप में चार श्रेणियों में विभक्त प्रगतिशील विकास कहते हैं। ये चार श्रेणियाँ हैं, 1. शारीरिक आत्मा 2. आनुभविक आत्मा 3. सर्वातिशायी प्रच्छन्न आत्मा 4. परम आत्मा।[6] अन्य स्थान पर वे इन्हें 'वैश्वानर आत्मा', जो स्थूल वस्तुओं का अनुभव करती है, 'तैजस' जो सूक्ष्म को अनुभव करती है, 'प्राज्ञ' जो अव्यक्त वास्तविकता को अनुभव करती है और 'तुरीय' अर्थात् जो परमतत्त्व है, कहते हैं।[7]

अन्त में हम कह सकते हैं कि यह कथा केवल देवों और असुरों की प्राचीन या मिथकीय कथा नहीं है। यह हर मनुष्य में स्थित देव और असुर प्रवृत्ति को भी इंगित करती है। निश्चय ही आधुनिक युग में अधिकांश मनुष्य शरीर को ही आत्मा माननेवाले हैं इसलिए कि भौतिकवादी प्रवृत्ति का आज अधिक बोलबाला है, पर यह भौतिकवादी आसुरिक प्रवृत्ति अन्ततः व्यक्ति को और पूरे समाज के नाश का कारण बनती है। इसीलिए तमाम सुख-सुविधा के बाद भी आज का मनुष्य इतना ज्यादा दुःखी और परेशान है। बेहतर है कि हम अपने में स्थित दैवीय प्रवृत्ति के अनुसार चलते हुए आत्मतत्त्व के सच्चे स्वरूप को समझें ताकि यह हमें उच्चजीवन की ओर चलने को प्रेरित करे तथा इस हेतु मार्गदर्शक बने।

इस कथा से गुरु-शिष्य सम्बन्धों पर भी सुन्दर प्रकाश पड़ता है। प्रजापति चाहते तो प्रारम्भ में ही इन्द्र और विरोचन को आत्मा का सही स्वरूप बता सकते थे किन्तु उन्होंने ऐसा नहीं किया क्योंकि वे मानते थे कि शिष्य स्वयं चिन्तन-मनन कर योग्य शिष्य बने और सत्य की उपलब्धि करें। हमने देखा, इन्द्र ने ऐसा ही किया।

इस कथा से एक बात और स्पष्ट होती है कि योग्य शिष्य को ही गुरु आत्मविद्या देते थे।

यहाँ यह भी उल्लेख है कि यह कथा महर्षि सत्यकाम जाबाल ने व्याघ्रपद के वंशज गोश्रुति को सुनाकर कहा था कि यदि यह उपदेश सूखे पेड़ को भी दिया जाये तो उसमें से शाखाएँ निकल आयें और पत्ते फूट निकले। वैसे मन्त्रों के प्रभाव से वृक्ष में बेमौसम फल भी लग आते हैं इसका उल्लेख जातक कथाओं में भी है। यहाँ एक व्यक्ति ऐसी मन्त्रविद्या जानता था जिससे कि आम का मौसम न होने पर भी वृक्ष में आम लग आते

थे।[8] आज वैज्ञानिकों ने प्रयोग करके पाया है कि फसलों को यदि प्यार किया जाये या प्यार से संगीत सुनाया जाये तो उनमें अधिक पैदावार होती है।

सन्दर्भ

1. उपनिषद्-अंक, कल्याण, पृ. 472.
2. परवर्ती साहित्य में विरोचन को असुरराज प्रह्लाद का पुत्र माना गया है।
3. उपनिषद् रहस्य, पृ. 816.
4. एन. के. देवराज मानते हैं कि चार्वाक दर्शन का भौतिकवाद उपनिषद् के दार्शनिक विरोचन का दर्शन है।—भारतीय दर्शन, पृ. 65.
5. उपनिषद्-दर्शन का रचनात्मक सर्वेक्षण, पृ. 179.
6. भारतीय दर्शन, भाग 1, पृ. 123.
7. उपनिषदों का सन्देश, पृ. 78.
8. शोभा निगम, श्रेष्ठ जातक कथाएँ, पृ. 180, मूलग्रन्थ, अट्ठ जातक कथा, क्र. 180.

महर्षि याज्ञवल्क्य का राजा जनक से संवाद : पुरुष की ज्योति

बृहदारण्यक उपनिषद् में याज्ञवल्क्य का गार्गी तथा अन्य ब्राह्मणों से जिस संवाद का वर्णन पूर्व अध्याय (क्र. 5) में है, वह संवाद हुआ तो था राजा जनक के दरबार में, किन्तु राजा जनक यहाँ केवल श्रोता-दर्शक के रूप में बैठे थे। स्वयं तत्त्वज्ञानी होते हुए भी वे अपनी ओर से कुछ नहीं कहते हैं, केवल मौन भाव से अपने ही दरबार में होनेवाली गरमागरम बहस को सुनते हैं। याज्ञवल्क्य के शाप से शाकल्य की मौत (जिसका उल्लेख संवाद क्र. 4 में है) पर भी वे निर्लिप्त बने रहते हैं।

(वैसे इस अवसर पर राजा जनक के वहाँ होने या नहीं होने का कोई उल्लेख तो नहीं है, किन्तु हम कल्पना से कह सकते हैं कि वे अवश्य वहाँ उपस्थित रहे होंगे...और मौन भाव से सब देख-सुन रहे होंगे। कल्पना का कारण यह है कि एक तो यह सब उनके दरबार में हो रहा था, दूसरे उन्हें स्वयं इस तरह के संवादों में रुचि थी।)

बृहदारण्यक उपनिषद् में उपर्युक्त घटना के बाद याज्ञवल्क्य को हम एक बार फिर राजा जनक के दरबार में देखते हैं। किन्तु इस बार उनका केवल राजा से वार्त्तालाप होता है। दरबार में दोनों के अतिरिक्त और कोई नहीं था। इस वार्त्तालाप से मानव के अन्धकारमय पथ को रौशन करनेवाला एक सुन्दर दर्शन निकलकर आता है। राजा और महर्षि के बीच संवाद कैसा है, आइये देखते हैं।

अपने दरबार में आये महर्षि का राजा जनक पहले यथोचित सत्कार करते हैं। राजा जनक के मन में आत्मतत्त्व को लेकर बड़ी जिज्ञासा थी अतः इसे जानने के लिए ही वे महर्षि से यह संवाद करते हैं। सबसे पहले वे पूछते हैं, **महर्षे किं ज्योतिरयं पुरुष इति** हे महर्षि! पुरुष किस ज्योतिवाला होता है? दूसरे शब्दों में, पुरुष को ज्योति या प्रकाश कहाँ से प्राप्त होता है? महर्षि उत्तर देते हैं, 'वह आदित्य (सूर्य) की ज्योतिवाला होता है। आदित्य की ज्योति से ही वह उठता है, सब काम करता है, सब ओर जाता है और लौट आता है।' जनक याज्ञवल्क्य से सहमत होते हुए कहते हैं, **एवमैव एतद्** अर्थात् यह बात ऐसी ही है (बृ. उप. 4.3.2)।

किन्तु आदित्य तो हर समय आकाश में नहीं रहता, अतः जनक पुनः मन की जिज्ञासा ऋषि के समक्ष रखते हैं, 'और जब आदित्य नहीं होता तब वह किस ज्योतिवाला होता है?'

'तब पुरुष चन्द्रमा की ज्योतिवाला होता है। चन्द्रमा की ज्योति के द्वारा वह बैठता है, इधर-उधर जाता है, कर्म करता है और लौट आता है।' जनक याज्ञवल्क्य से सहमत होते हुए कहते हैं, **एवमैव एतद** अर्थात् यह बात ऐसी ही है।

किन्तु फिर जनक के मन में सन्देह होता है। वे पूछते हैं, 'और जब चन्द्रमा भी नहीं होता तब?'

तब पुरुष अग्नि की ज्योतिवाला होता है। अग्नि-रूप ज्योति के द्वारा वह बैठता है, इधर-उधर जाता है, कर्म करता है और लौट आता है।' जनक याज्ञवल्क्य की बात पर सिर हिलाते हुए पुनः सहमति प्रकट करते हैं, **एवमैव एतद्**।

पर अग्नि भी तो हमेशा उपलब्ध नहीं होती, अतः जनक पूछते हैं, 'जब अग्नि भी नहीं होती तब?'

'तब पुरुष की ज्योति वाक् होती है। इसीलिए एकदम अन्धकार में भी, जब पुरुष को अपना हाथ भी दिखायी नहीं देता, वह आवाज के सहारे वहाँ पहुँच जाता है जहाँ से आवाज आ रही होती है।' जनक इस बार भी महर्षि को **'एवमैव एतद्'** कहते हैं, पर फिर पूर्ववत् प्रश्न करते हैं।

'किन्तु जब सूर्य भी अस्त हो जाता है, चन्द्रमा भी नहीं रहता, अग्नि भी बुझ जाती है और वाणी भी शान्त हो जाती है, तब पुरुष किस ज्योतिवाला होता है?'

इस प्रश्न का याज्ञवल्क्य द्वारा दिया गया उत्तर न केवल राजा जनक की जिज्ञासा को शान्त करता है वरन् सदियों बाद आज आधुनिक युग के तत्त्वज्ञान के इच्छुक हम मानवों को भी नयी रौशनी देता है। यह उत्तर सचमुच प्रत्येक के लिए मनन करने योग्य है।

महर्षि कहते हैं, 'जब कुछ भी नहीं रहता तब पुरुष आत्मा की ज्योतिवाला होता है। **आत्मैवास्य ज्योतिर्भवति** अर्थात् आत्मा ही इसकी ज्योति होती है।'[1] यह आत्मा ही वस्तुतः मूलरूप से ब्रह्म है। जो ब्रह्म को अभय मानते हैं वह अभय हो जाते हैं। इसीलिए जो आत्मज्योति के सहारे आगे बढ़ते हैं उनके लिए सांसारिक ज्योति अनावश्यक हो जाती है और वे संसार के भारी-से-भारी अन्धकार में भी अभय हो विचरण करते हैं (वही, 4.3.6)।

उपनिषदों में ब्रह्म को **अभयज्योति** भी कहा गया है। इसका भी तात्पर्य है कि जो ईश्वर के प्रकाश के सहारे आगे बढ़ता है वह हमेशा निर्भय हो सत्य के पथ पर चलता है। उसकी मंज़िल भी सत्य ही होती है। (न्यू टेस्टामेण्ट में इसी तरह ईसा कहते हैं, 'संसार की ज्योति मैं हूँ। जो मेरा अनुकरण करता है वह संसार में नहीं भटकता। उसे जीवन

की ज्योति प्राप्त होगी।)

अस्तु, जनक की जिज्ञासा अभी शान्त नहीं हुई थी। वे आगे पूछते हैं, **कतं आत्मा इति** अर्थात् यह आत्मा कौन है (वही, 4.3.7)? इस पर महर्षि बताते हैं कि आत्मा का स्वरूप विज्ञानमय है। जो प्राणों के मध्य हृदय में निवास करनेवाला ज्योतिर्मय पुरुष है, वह समान रूप से दोनों लोकों में विचरता है, मानो ध्यान करता या चेष्टा या अभिलाषा करता है, यही आत्मा है।

(आर. डी. रानाडे इस सन्दर्भ में लिखते हैं कि याज्ञवल्क्य यहाँ पर उसी का समर्थन कर रहे हैं जिसे अरिस्टोटिल ने 'थियोरिया' अर्थात् आत्मचिन्तन की प्रकिया कहा है, जिसमें रहस्यमय रूप से आत्मा ही ज्ञाता और ज्ञेय दोनों है।[2])

इस कथा में गुरु-शिष्य के मध्य सम्बन्ध का एक सुन्दर रूप सामने आता है। यहाँ शिष्य जनक, गुरु याज्ञवल्क्य की बात को काटते नहीं किन्तु अपनी जिज्ञासा से संवाद को आगे बढ़ाते जाते हैं...और गुरु भी शिष्य की जिज्ञासा परखकर उसके प्रश्नों का उत्तर देते जाते हैं...ताकि सत्य को खोजते हुए शिष्य को वे उस तक पहुँचा सकें।

सन्दर्भ

1. तुलनीय : **अप्प दीपो भव** अर्थात् अपना दीपक स्वयं बनो।–गौतम बुद्ध
2. उपनिषद्-दर्शनं का रचनात्मक सर्वेक्षण, पृ. 184.

7. छान्दोग्य उपनिषद् से

महर्षि आरुणि का पुत्र श्वेतकेतु से संवाद : वह ब्रह्म तू ही है (तत्त्वमसि)

उपनिषद् काल में 'अरुण' एक प्रसिद्ध ऋषि हुए हैं। इनके पुत्र थे उद्दालक। अरुण के पुत्र होने के कारण इन्हें आरुणि[1] भी कहा गया है। इन्होंने पिता के चरणचिह्नों पर चलते हुए पिता से भी अधिक नाम कमाया। इनके पुत्र का नाम श्वेतकेतु था। बालक श्वेतकेतु को पिता ने गुरु के पास बारह वर्ष तक ब्रह्मचर्यावास करते हुए विद्याध्ययन करने भेजा। किन्तु इतने वर्षों के अध्ययन के बाद भी श्वेतकेतु वह तत्त्वज्ञान नहीं प्राप्त कर पाये जो सच्चे तत्त्वज्ञानी के चेहरे पर अलग ही चमक पैदा कर देता है, जो उसके सम्पूर्ण व्यक्तित्त्व को गरिमामय बना देता है। ऐसी गरिमा से हीन कुछ उद्दण्ड-से दिखते पुत्र[2] को अपने सामने खड़े देखकर पिता ने उसे स्वयं ही शिक्षा देने का निश्चय किया। छान्दोग्य उपनिषद् का प्रस्तुत प्रसंग वास्तव में पिता आरुणि द्वारा पुत्र श्वेतकेतु को दी गयी ब्रह्मज्ञान की शिक्षा है जो दोनों के मध्य संवाद के रूप में प्रकट हुई है। कथा इस प्रकार है :

बारह वर्ष तक सम्पूर्ण वेदों का अध्ययन कर घर लौटे चौबीस वर्षीय पुत्र का चेहरा देखकर पिता समझ गये कि पुत्र अपने को बड़ा बुद्धिमान् समझ रहा है। हमारे कुल में उत्पन्न कोई भी ऐसा ब्रह्मबन्धु[3] नहीं होता। तब उन्होंने पुत्र से कहा, 'सौम्य! तुम तो उदण्ड-से दिख रहे हो और अपने को महामना पण्डित समझ रहे हो! क्या तुमने अपने गुरु से वह आदेश पूछा है **येन अश्रुतं श्रुतं भवति अमतं मतं अविज्ञातं विज्ञातमीति।** अर्थात् जिसके द्वारा अनसुना सुना हुआ हो जाता है, अमत मत हो जाता है और अविज्ञात विशेष रूप से ज्ञात हो जाता है (छां.उप. 6.1.3)? यह सुनकर श्वेतकेतु ने आश्चर्य से पूछा, **कथं नु भगवः स आदेशो भवति इति।** अर्थात् भगवन्! वह आदेश कैसा है? इस पर महर्षि ने समझाया, **'यथा सोम्यैकेन मृतपिण्डेन सर्व मृण्मयं विज्ञातं स्यात् वाचारम्भणं विकारो नामधेयं मृतिका इति एव सत्यम्** (वही, 6.1.4) अर्थात् हे सौम्य! जिस प्रकार मिट्टी के एक पिण्ड को जान लेने पर मिट्टी से बने सम्पूर्ण पदार्थों का ज्ञान हो जाता है, (क्योंकि कार्य अपने कारण से अभिन्न होता है), विकार (मिट्टी से बने पात्र) तो केवल वाणी का विस्तार और नाममात्र है, सत्य वस्तु तो एकमात्र मिट्टी है।

महर्षि आरुणि इसी बात को समझाने के लिए आगे सुवर्णपिण्ड तथा लोहपिण्ड का उदाहरण देते हुए कहते हैं कि वास्तव में सत्य तो ये पिण्ड ही हैं। इनसे बने पदार्थ, जैसे, सुवर्ण से बने आभूषण आदि तो वाणी पर अवलम्बित विकार मात्र हैं। वह आदेश, जिससे अनसुना सुना हुआ हो जाता है, अमत मत हो जाता है और अविज्ञात विशेष रूप से ज्ञात हो जाता है, ऐसा ही है (यही मूलतत्त्व है)।

पिता के वचन सुन श्वेतकेतु आश्चर्य से कहता है, 'निश्चय ही वे मेरे पूज्य गुरुदेव यह नहीं जानते थे। यदि जानते होते तो मुझसे क्यों न कहते? अब आप ही मुझे यह बताइये।'

इस पर महर्षि ने कहा, 'अच्छा सौम्य, बताता हूँ...सुनो। प्रारम्भ में यह एकमात्र अद्वितीय सत् ही था। किन्तु कुछ लोग कहते हैं कि प्रारम्भ में असत् था। पर एक असत् से सत् कैसे उत्पन्न हो सकता है? इसलिए मानना होगा कि पहले एक अद्वितीय सत् ही था। उसने इच्छा की कि मैं अनेक हो जाऊँ। उसने तेज को उत्पन्न किया। तेज ने भी अनेक होने की इच्छा की तो उसने जल को रचा और जल ने पृथ्वी की रचना की...और वही इस नाना रूपात्मक जगत् के रूप में प्रकट हुआ।' महर्षि आगे कहते हैं, 'विश्व के मूल में स्थित वह तत्त्व (परमेश्वर) तू ही है, **तत्त्वमसि।'**

उल्लेखनीय है कि आरुणि द्वारा श्वेतकेतु को दिया गया यह **तत्त्वमसि** का उपदेश अत्यन्त प्रसिद्ध है। यह उपनिषदों के चार महावाक्यों में एक है। यहाँ तत् का अर्थ 'वह ब्रह्म' और त्वम् का अर्थ 'आत्मा' से है।[4] किन्तु आरुणि द्वारा दिया गया यह उपदेश पुत्र के समझ में नहीं आया। अतः उसने सविनय पिता से पूछा, **भूय एव मा भगवान् विज्ञापयित्वा इति** अर्थात् भगवन् मुझे फिर से समझाइये। इस पर आरुणि ने कहा, 'हे सौम्य! जिस प्रकार मधुमक्खियाँ अनेक फूलों के रसों को ग्रहण कर उन्हें मधु में परिणत कर देती हैं, तब वे रस यह ज्ञान नहीं रखते कि हम इस फूल के रस हैं या उस फूल के रस हैं, उसी प्रकार सम्पूर्ण प्राणी समुदाय सुषुप्तावस्था में सत् को प्राप्त होता है, तब वह यह ज्ञान नहीं रखता कि वह सत् में मिल गया है। सुषुप्तावस्था से जागरण के बाद वह अपने पूर्व शरीर, यथा, बाघ, सिंह, कीट आदि को प्राप्त होता है। इसी तरह सभी मनुष्य ब्रह्म को प्राप्त करके नहीं जानते कि हम ब्रह्म में वर्तमान है।' आगे आरुणि कहते हैं, 'यह जो अणिमा (सूक्ष्मतत्त्व) है एतद् रुप ही कि यह सब है अर्थात् यह सब स्थूल जगत् उसी का शरीर है। जो सूक्ष्म सत् तत्त्व है, वही आत्मा है...और हे श्वेतकेतु, **तत्त्वमसि** अर्थात् वह (ब्रह्म) तू ही है (वही, 6.9.1-4)।'

(प्रो सत्यव्रत सिद्धान्तालंकार के अनुसार तत्त्वमसि से आरुणि का अभिप्राय यह है कि तू वह है अर्थात् तेरा आत्मा तत्त्व है, याने सत् है, असत् नहीं। तेरा शरीर सत् नहीं है।)

किन्तु इतने से श्वेतकेतु की जिज्ञासा शान्त नहीं हुई। अतः उसने पूछा, **भूय एव मा भगवान् विज्ञापयित्वा इति** अर्थात् भगवन् मुझे फिर से समझाइये। इस पर आरुणि

ने एक दूसरा उदाहरण देते हुए समझाया कि जिस प्रकार समुद्र से निकलकर (समुद्र के जल से बने बादलों द्वारा पुष्ट होकर) नदियाँ कुछ पूर्व की ओर बहती हुई पूर्ववाहिनी और कुछ पश्चिम की ओर बहती हुई पश्चिमवाहिनी कहलाती हैं पर अन्त में समुद्र में ही मिल जाती हैं, तब वे यह नहीं जानती कि 'यह मैं हूँ' 'यह मैं हूँ,' यह मैं गंगा हूँ, यह मैं यमुना हूँ, उसी प्रकार समस्त प्राणी सत् परमेश्वर से निकलकर पुनः उसी में लीन हो जाते हैं। अब वे अपने पूर्व स्वरूप को नहीं जानते। यह जो अणिमा (सूक्ष्मतत्त्व) है एतद् रूप ही यह सब है अर्थात् यह सब स्थूल जगत् उसी का शरीर है। जो सूक्ष्म सत् तत्त्व है, वही आत्मा है और हे श्वेतकेतु, **तत्त्वमसि** अर्थात् वह (ब्रह्म) तू ही है (वही, 6.10.1-3)। पर अभी भी श्वेतकेतु की जिज्ञासा शान्त नहीं हुई। अतः उसने पुनः पूछा, 'भगवन् मुझे फिर से समझाइये।'

इस पर आरुणि दूसरा दृष्टान्त देते हुए कहते हैं, 'हे सौम्य! यह शरीर ही मृत्यु को प्राप्त होता है, आत्मा नहीं। जैसे एक विशाल वटवृक्ष पर कहीं से भी आघात करो, रस टपकता है, क्योंकि उसमें जो जीवात्मा रहता है वह मूल से रस ग्रहण करते हुए आनन्द से रहता है। जब इस वृक्ष की शाखाएँ तोड़ डाली जाती हैं तो वे सूख जाती हैं। इसी तरह सारा वृक्ष जब उखाड़ लिया जाता है तो वह सूख जाता है। ठीक इसी प्रकार जीव के रहित होने पर शरीर मृत हो जाता है, आत्मा नहीं। यह जो अणिमा (सूक्ष्मतत्त्व) है एतद् रुप ही यह सब है अर्थात् यह सब स्थूल जगत उसी का शरीर है। जो सूक्ष्म सत् तत्त्व है, वही आत्मा है और हे श्वेतकेतु, **तत्त्वमसि** अर्थात् वह (ब्रह्म) तू ही है (वही, 6.11.1-3)।' किन्तु अभी भी श्वेतकेतु की जिज्ञासा शान्त नहीं हुई। अतः उसने पुनः पूछा, 'भगवन् मुझे फिर से समझाइये।'

इस पर महर्षि ने पुत्र से कहा, 'हे सौम्य, सामने लगे वटवृक्ष का एक फल लेकर आओ।' पुत्र तत्काल फल ले आया।

महर्षि ने कहा, 'इसे तोड़ो।'

तोड़ने पर पूछा, 'इसमें क्या दिखता है?'

'इसमें तो असंख्य छोटे-छोटे बीज दिख रहे हैं।'

'अब एक बीज को हाथ में लेकर उसे तोड़ो।'

नन्हें-से बीज को तोड़ना कठिन था। पर श्वेतकेतु ने आज्ञा का पालन किया। पिता ने फिर प्रश्न किया, 'इसमें क्या दिख रहा है सौम्य?' सौम्य ने आश्चर्य से कहा, 'इसमें तो कुछ दिखायी नहीं दे रहा है पिताश्री!' इस पर पिता ने कहा, 'पुत्र श्रद्धा करो। जिसे तुम कुछ नहीं कह रहे हो उसी से यह विशाल वटवृक्ष उत्पन्न हुआ है। उसी तरह इस विशाल जगत् का मूल भी अत्यन्त सूक्ष्म और अदृश्य है। यही सत् है। यह जो अणिमा (सूक्ष्मतत्त्व) है एतद् रूप ही यह सब है अर्थात् यह सब स्थूल जगत् उसी का शरीर है। जो सूक्ष्म सत् तत्त्व है, वही आत्मा है और हे श्वेतकेतु, **तत्त्वमसि** अर्थात् वह तू ही है (वही, 6.12.1-3)।'

किन्तु श्वेतकेतु की जिज्ञासा शान्त होने का नाम ही नहीं ले रही थी। अतः उसने पुनः पूछा, **भूय एव मा भगवान् विज्ञापयित्वा इति**।

इस पर महर्षि ने परमेश्वर की अदृश्यता और सर्वव्यापकता को बतलाने के लिए श्वेतकेतु को आज्ञा दी कि वह एक लोटे में जल तथा थोड़ा-सा नमक लेकर आये। श्वेतकेतु के वैसा कर लेने पर महर्षि ने कहा कि वह नमक को जल में डाले और दूसरे दिन सुबह जल लेकर आये। दूसरे दिन श्वेतकेतु जब जल लेकर पहुँचा तो महर्षि ने श्वेतकेतु से कहा कि मुझे वह नमक दिखाओ जिसे तुमने जल में डाला था...किन्तु कहाँ था वह नमक? श्वेतकेतु हैरान था। वह नमक तो जल में कब का घुल चुका था! आश्चर्यचकित श्वेतकेतु ने नमक को जल से निकालने में असमर्थता दिखायी। तब आरुणि ने उससे जल चखने को कहा।...जल तो ऊपर नीचे सब तरफ से खारा है, कहने पर आरुणि बोले कि जैसे नेत्रों से दिखायी न देने पर भी नमक सम्पूर्ण जल में विद्यमान है, वैसे ही परमेश्वर अदृश्य रहते हुए भी सम्पूर्ण विश्व में विद्यमान है...यह जो अणिमा (सूक्ष्मतत्त्व) है, एतद् रूप ही यह सब है अर्थात् यह सब स्थूल जगत् उसी का शरीर है। जो सूक्ष्म सत् तत्त्व है, वही आत्मा है और हे श्वेतकेतु **तत्त्वमसि** अर्थात् वह (ब्रह्म) तू ही है (वही, 6.13.1-3)।

किन्तु अभी भी श्वेतकेतु की जिज्ञासा शान्त नहीं हुई। अतः उसने पिता से पुनः समझाने का अनुरोध किया।

इस पर आरुणि ने पुत्र से कहा, 'हे सौम्य, मान लो गान्धार देश से लाकर कोई दुष्ट किसी मनुष्य को आँख में पट्टी बाँधकर दूर जंगल में छोड़ देता है। उसका जंगल से निकलना कठिन था। तब वह मनुष्य अपनी दुर्दशा पर चीख-चीखकर रोने लगता है। उसकी चीख सुन कोई दयालु व्यक्ति वहाँ पहुँचता है और उसकी आँख की पट्टी खोल देता है। अब यदि वह उसे बताये कि तेरा देश इस दिशा में है, तू इस दिशा से सीधा चलते जा, तो चलते-चलते अन्ततः वह अपने देश पहुँच जायेगा। इसी तरह काम, क्रोध, लोभादि प्रवृत्तियाँ मनुष्य को इस संसार रूपी जंगल में छोड़ देती हैं जहाँ से बाहर निकलने का रास्ता न जानकर मनुष्य परेशान होता है, अनेक कष्ट उठाता है, रोता है। किन्तु जब कोई सद्गुरु उसे सदुपदेश देकर, परमेश्वर तक पहुँचने का मार्ग बताता है, तब वह इस संसाररूपी जंगल से आराम से पार हो जाता है और इस तरह सत्सम्पन्न ब्रह्म को प्राप्त हो जाता है। आरुणि पुनः पूर्ववत् श्वेतकेतु को कहते हैं 'यह जो अणिमा (सूक्ष्मतत्त्व) है, एतद् रूप ही यह सब है अर्थात् यह सब स्थूल जगत् उसी का शरीर है। यह जो सूक्ष्म सत् तत्त्व है, वही आत्मा है और हे श्वेतकेतु **तत्त्वमसि** (वही, 6.14.1-3)।

पिता की बातों को ध्यान से सुन रहे श्वेतकेतु ने एक बार फिर पिता से पुनः समझाने का अनुरोध किया। इस पर पिता ने मृत्युपथगामी रोगी का उदाहरण दिया। जब कोई रोगी मरनेवाला होता है तो उसके सम्बन्धी उसे घेर कर एक-एक से पूछते हैं कि क्या मुझे

पहचानते हो? रोगी में जब तक जीव रहता है तब तक तो वह पहचानता है किन्तु जीव के ब्रह्म में लीन हो जाने पर वह किसी को नहीं पहचानता। वह परमदेव जिसमें वह लीन हो जाता है यह अणिमा है, यह स्थूल जगत् उसी का शरीर है और हे श्वेतकेतु **तत्त्वमसि** (वही, 6.15.1-3)।

इस बार भी श्वेतकेतु ने पिता से पुनः समझाने का अनुरोध किया। इस पर आरुणि एक ऐसे व्यक्ति का उदाहरण देते हैं जो चोरी के सन्देह में पकड़ा गया था। जब वह चोरी का अपराध अस्वीकार करता है तो राज्य के कर्मचारी उसे एक तप्त परशु पकड़ने को कहते हैं। उसे कहा जाता है कि यदि वह दोषी होगा तो उसके हाथ तुरन्त जल जायेंगे और निर्दोष होगा तो उसे कुछ नहीं होगा। वह व्यक्ति निर्दोष था अतः तप्त परशु को पकड़ने पर भी उसके हाथ नहीं जले। इस प्रकार सत्य बोलने के कारण सत्यवक्ता बच जाता है, इससे सिद्ध होता है कि वह सत् है, वही आत्मा है (वही, 6.15.1-3)।

(इस सन्दर्भ में अर्थात् तप्त परशु पकड़ने के सन्दर्भ में हनुमान प्रसाद पोद्दार लिखते हैं, 'इस वर्णन से पता चलता है कि प्राचीन काल में सत्य पर कितना विश्वास था। सत्य के प्रताप से उस सत्यमय वातावरण में जलती हुई कुल्हाड़ी भी सत्य वक्ता के हाथ नहीं जला सकती थी और असत्य का आश्रयी उसी से जलकर दण्डित होता था।)'[5]

आगे आरुणि पुनः श्वेतकेतु से वही बात कहते हैं कि 'यह जो अणिमा (सूक्ष्मतत्त्व) है, एतद् रूप ही यह सब है अर्थात् यह सब स्थूल जगत् उसी का शरीर है। यह जो सूक्ष्म सत् तत्त्व है, वही आत्मा है और हे श्वेतकेतु **तत्त्वमसि**।'

इस बार श्वेतकेतु ने पिता से पुनः समझाने को नहीं कहा क्योंकि अब वह इस सत्य को जान गया था कि वह परमात्मा आत्मा ही है। इसे ही महर्षि आरुणि बार-बार **तत्त्वमसि** कहकर समझा रहे थे। यह सूक्ष्म तत्त्व है और यह स्थूल जगत् उसी का शरीर है।

सन्दर्भ

1. आर. डी. रानाडे के अनुसार याज्ञवल्क्य को छोड़कर आरुणि उपनिषदीय तत्त्वज्ञानियों में सर्वश्रेष्ठ हैं यद्यपि उन्हें याज्ञवल्क्य का ज्ञानगुरु माना गया हैं। -उपनिषद-दर्शन का रचनात्मक सर्वेक्षण, पृ. 184 अन्य स्थान पर रानाडे लिखते हैं–**बृहदारण्यक उपनिषद्** के जिस प्रकार याज्ञवल्क्य अत्यन्त श्रेष्ठ तत्त्वज्ञानी हैं उसी प्रकार **छान्दोग्योपनिषद्** के आरुणि। शतपथ ब्राह्मण के अनुसार आरुणि प्राचीन काल के एक प्रख्यात ऋषि थे और याज्ञवल्क्य उनके शिष्य थे। छान्दोग्योपनिषद् के छठवें अध्याय में प्रतिपादित आरुणि का तत्त्वज्ञान उनके इस पद के योग्य होने का समर्थन करता है किन्तु लगता है कि अन्य परवर्ती उपनिषदों ने अपने सिद्धान्त के प्रतिपादन में उनका सहयोग नहीं लिया। कौषीतकि जैसे परवर्ती उप. में हम उन्हें एक साधारण पात्र की तरह पाते हैं। एक महापुरुष की स्मृति को पुनर्जीवित करके उसका दुरुपयोग करना लेखकों के लिए दुर्भाग्य की बात है। यही दृशा आरुणि की भी है (वही, पृ. 17)। वैसे **बृहदारण्यक उपनिषद्** के राजा प्रवाहण एवं श्वेतकेतु के मध्य संवाद में भी आरुणि

को सामान्य जिज्ञासुओं के समान राजा प्रवाहण का शिष्यत्व ग्रहण करते बताया गया है। किन्तु परवर्ती उपनिषदों में एक उपनिषद् इन्हीं ऋषि के नाम पर है **आरुणिकोपनिषद्।** यहाँ इन्हें प्रजापति के उपासक अरुण का पुत्र आरुणि कहा गया है। यहाँ कथा है कि एक बार ये ब्रह्मलोक गये। वहां उन्होंने ब्रह्मा से प्रश्न किया कि किस प्रकार वे समस्त कर्मों का त्याग कर सकते हैं।...केवल दण्ड, कौपीन और वस्त्र को छोड़ मैं सबका त्याग करना चाहता हूँ... यज्ञोपवीत का भी। अन्नग्रहण मैं औषध की भाँति करूँगा। इस पर प्रजापति कहते हैं कि सन्ध्याकाल में परमात्मा का अनुसन्धान करो। इसके साथ ही एक महत्त्वपूर्ण शिक्षा भी देते हैं कि बुद्धिमान् को चाहिए कि ग्रन्थ का अभ्यास करके उसके ज्ञानविज्ञानरूप तत्त्व को प्राप्त कर ले फिर उस ग्रन्थ का वैसे ही त्याग कर दे जैसे धान चाहनेवाला धान को लेकर पुआल को खेत में छोड़ देता है।

2. श्वेतकेतु का उल्लेख **बृहदारण्यक उपनिषद्** के राजा प्रवाहण एवं श्वेतकेतु के मध्य संवाद में भी मिलता है। यहाँ भी इसे कुछ उद्दण्ड स्वभाव का बताया गया है। एक बार वह राजा प्रवाहण के पास उसे शिक्षा देने जाता है किन्तु राजा द्वारा पूछे गये कुछ प्रश्नों में से एक का भी उत्तर नहीं दे पाता। तब दुखी होकर अपने आश्रम लौटकर वह पिता से शिकायत करता है कि उन्होंने उसे पूर्ण शिक्षा नहीं दी जिससे उसे अपमानित होना पड़ा (देखिये संवाद क्रमांक 25)। कुछ ऐसी ही कथा **कौषीतकी उपनिषद्** में भी है।

3. जो ब्राह्मणों को अपना बन्धु बतायें पर स्वयं ब्राह्मणों का-सा आचरण न करें।—शांकरभाष्य, छान्दोग्य उपनिषद्।

4. ये चार महावाक्य चार वेदों से सम्बन्धित हैं : **तत्त्वमसि** यह सामवेद से सम्बन्धित है। **अयमात्मा ब्रह्म** अर्थात् यह आत्मा ब्रह्म है (बृह. उप.2.5.19) यह अथर्ववेद से सम्बन्धित है। **अहं ब्रह्मास्मि** अर्थात् मैं ब्रह्म हूँ (बृह.उप. 1.4.10) यह यजुर्वेद से सम्बन्धित है। **प्रज्ञानं ब्रह्म** अर्थात् ब्रह्म चैतन्यस्वरूप है (ऐत. उप. 3.1.3) यह ऋग्वेद से सम्बन्धित है।

5. उपनिषदों के चौदह रत्न, पृ. 61.

8. छान्दोग्य उपनिषद् से

ऋषि उषस्ति एवं अन्य ब्राह्मणों में संवाद : प्राण का महत्त्व

प्राण के महत्त्व से हम सभी परिचित हैं। हम सभी जानते हैं कि इस संसार में जब तक हम जीवित रहते हैं, प्राण की रक्षा में ही लगे रहते हैं। किन्तु हमारे उपनिषद्कारों ने प्राण की महिमा का जो बखान किया है वह निश्चय ही हम आधुनिक लोगों की कल्पना से कहीं ऊपर है। हमारी ही क्यों, डॉ. आर. डी. रानाडे के अनुसार तो यह प्राचीन ग्रीक दार्शनिकों की कल्पना कोटि से भी ऊपर है।[1]

उपनिषद्कारों ने प्राण की उपासना को ब्रह्मोपासना के समान ही महत्त्वपूर्ण बतलाया है क्योंकि प्राण उनके अनुसार न केवल मनुष्य का जीवनतत्त्व है वरन् विश्व का जीवनतत्त्व भी है। छान्दोग्य उपनिषद् में प्राणों का महत्त्व और उसकी रक्षा को रेखांकित करनेवाली एक छोटी-सी कथा उन लोगों को अच्छी सीख देती है जो आत्महत्या कर प्राण त्यागने की इच्छा रखते हैं। यह एक कटु सत्य है कि आज के युग में जितनी सुख-सुविधाएँ बढ़ी हैं उतनी ही आत्महत्या करनेवालों की संख्या भी बढ़ी है।

अस्तु, कथा इस प्रकार है। एक राजा द्वारा किये जानेवाले यज्ञ में उषस्ति नामक एक ऋत्विज (यज्ञ में पुरोहित के रूप में कार्य करनेवाला ब्राह्मण) से जब किसी ने पूछा कि समस्त पदार्थों में परमतत्त्व क्या समझा जा सकता है, तो उन्होंने उत्तर दिया, 'प्राण', क्योंकि **प्राण इति होवाच सर्वाणि ह वा इमानि भूतानि प्राणमेवाभिसंविशन्ति प्राणमभ्युज्जिहते** अर्थात् ये सभी भूत (प्राणी) प्रलयकाल में महाप्राण में ही प्रवेश कर जाते हैं और उत्पत्तिकाल में प्राणदेवता से ही उत्पन्न होते हैं, अतः जब किसी शुभकर्म का प्रस्ताव हो (प्रारम्भ हो) तो इस प्राणदेवता को प्रस्ताव में अनुगत समझो (छां. उप. 1.11.5)।

एक ऋत्विज् के रूप में यज्ञ में शामिल होने के पूर्व उषस्ति की स्वयं की कथा प्राणरक्षा के लिए आपद्धर्म स्वीकार करने की सलाह देती है जैसा कि स्वयं उषस्ति ने किया था। उषस्ति कुरुदेश के वासी एक विद्वान् ब्राह्मण थे। एक बार कुरुदेश में अतिवृष्टि हुई। इतने ओले पड़े कि सारे देश की खेती नष्ट हो गयी। तब अनेक लोगों

को भोजन की तलाश में इधर-उधर भटकना पड़ा। ऐसे ही लोगों में यह ब्राह्मण उषस्ति भी थे। उनकी अल्पवयस्क पत्नी भी साथ थी। दोनों भूखे-प्यासे भटक रहे थे। एक दिन उषस्ति ने एक महावत को एक कटोरे में रखे कुछ घुने हुए उड़द खाते देखा। तब उन्होंने उससे कुछ उड़द के दानों की याचना की। इस पर महावत ने कहा, 'मेरे पास जो कुछ उड़द था, उसे मैंने एक साथ इस पात्र में रख लिया है, अतः मेरे पास इन जूठे उड़दों के सिवा और कुछ नहीं है, मैं क्या करूँ?'

इस पर उषस्ति ने कहा, '**एतेषा मे देहीति** अर्थात् ठीक है, तुम मुझे अपने जूठे उड़द ही दे दो।' तब महावत ने अपने जूठे उड़द देते हुए पानी का कटोरा भी आगे करते हुए कहा, 'तात! भोजन के साथ यह जल भी ग्रहण कर लो।' किन्तु उषस्ति ने केवल उड़द के लिए भिक्षापात्र आगे बढ़ाया। पानी के लिए इन्कार करते हुए कहा, 'यह तुम्हारा जूठा जल है। इसे लेने का तात्पर्य मेरे द्वारा तुम्हारा जूठा जल पीना होगा।'

महावत के लिए यह आश्चर्य की बात थी। उसने कहा भी कि आपने मेरे जूठे उड़द तो ग्रहण करने में कोई संकोच नहीं किया, अब जूठा पानी पीने में क्या आपत्ति हो रही है? इस पर उषस्ति ने उत्तर दिया, 'प्राणों की रक्षा के लिए मैंने तुम्हारे जूठे उड़द खाये। इनके बिना मैं जीवित नहीं रह सकता था इसलिए मैंने इन्हें ग्रहण किया था किन्तु पानी के बिना मैं रह सकता हूँ, इसलिए मैं तुम्हारे जूठे जल को ग्रहण नहीं कर रहा हूँ। जल मुझे यथेच्छ मात्रा में मिल जायेगा (छां.उप.1.10.1-45)।'

तदन्तर उषस्ति ने आधे उड़द स्वयं खाये और आधे पत्नी के लिए रख लिये। किन्तु पत्नी ने पति द्वारा दिये गये उड़द दूसरे दिन के लिए बचा लिये क्योंकि उसे पहले ही भिक्षा मिल चुकी थी जिससे उसकी क्षुधा शान्त हो गयी थी।

दूसरे दिन प्रातः स्नानादि से निवृत्त होकर उषस्ति ने पत्नी से कहा कि यदि हमें खाने को कुछ मिल जाता तो हम राजा के यज्ञ में जाकर कुछ धन कमा लेते। इस पर पत्नी ने पति द्वारा दिये गये रात के बचे हुए उड़द उन्हें खाने के लिए दिये। उसे खाकर दोनों उस राजा के यज्ञ में पहुँचे जिसका उल्लेख हमने प्रारम्भ में किया है (वही, 1.10.1-7)।

उषस्ति विद्वान् ब्राह्मण थे। यज्ञ में ऋत्विज्[2] कर्मों के लिए उन्हें राजागण बुलाया करते थे किन्तु इस राजा के यज्ञ में वे बिन बुलाये ही पहुँचे थे। उनके पहुँचने के पूर्व यज्ञ का प्रारम्भ हो चुका था। वे चुपचाप यज्ञ में की जानेवाली स्तुति के स्थान पर जाकर बैठ गये। यज्ञ में 'प्रस्तुति', 'उद्‌गान' और 'प्रतिहरण' ये तीन कर्म ब्राह्मणों द्वारा किये जाते हैं। कुछ देर तक उषस्ति यज्ञ की प्रकिया चुपचाप देखते रहें किन्तु उन्हें लग रहा था कि ब्राह्मणगण बिना कुछ समझे यन्त्रवत् अपना कार्य किये जा रहे हैं। अतः उन्होंने यज्ञकार्य को रोकते हुए प्रस्तुति करनेवाले ब्राह्मण 'प्रस्तोता' से कहा, 'क्या तुम उस देवता को जानते हो जो तुम्हारे प्रस्ताव (स्तुति) में अनुगत है? यदि नहीं जानते हुए तुम प्रस्तवन करोगे तो तुम्हारा मस्तक गिर जायेगा।'

प्रस्तोता आश्चर्यचकित के साथ भयभीत भी था। यह तो वह नहीं जानता था! इसी तरह उषस्ति ने यज्ञ में उद्गान करनेवाले उद्गाथा ब्राह्मण से भी पूछा, 'क्या तुम उस देवता को जानते हो जो उद्गीथ (ओंकार का गान) में अनुगत रहता है? यदि नहीं जानते हुए तुम उद्गान करोगे तो तुम्हारा मस्तक गिर जायेगा।' यह बेचारा भी उद्गीथ में अनुगत देवता से अनजान था! ...और फिर अन्त में उषस्ति ने प्रतिहर्त्ता से पूछा, 'जो देवता प्रतिहरण में अनुगत है, क्या तुम उसे जानते हो? यदि बिना जाने प्रतिहरण करोगे तो तुम्हारा भी मस्तक गिर जायेगा (वही, 1.10.8-10)।' यहाँ भी प्रतिहर्त्ता उषस्ति के वचन सुन हक्का-बक्का रह गया।

तेज से भरपूर अत्यन्त अधिकारपूर्ण कहे गये उषस्ति के इन वचनों से तीनों अपना-अपना कार्य छोड़कर मृत्यु के भय से चुपचाप बैठ गये क्योंकि उनके पास उषस्ति के प्रश्नों के उत्तर नहीं थे (वही, 1.10.11)। यजमान राजा यह सब देख-सुन रहा था। उषस्ति के तेज को वह भी महसूस कर रहा था। अतः उसने उषस्ति का परिचय पूछा। इस पर उषस्ति ने अपना परिचय दिया कि वह कुरुदेश के प्रसिद्ध ब्राह्मण चक्रायण का पुत्र उषस्ति है।

'चक्रायण के पुत्र उषस्ति!' परिचय सुन राजा ने आश्चर्य से कहा, 'मैंने ऋत्विक् कर्म के लिए श्रीमान की बहुत खोज करवायी थी पर श्रीमान् के न मिलने पर दूसरे ऋत्विजों का वरण किया। अब श्रीमान् ही मेरे यज्ञ के समस्त ऋत्विक् कर्म करें।' उषस्ति ने तथास्तु तो कहा पर साथ ही यह भी कहा, 'मैं प्रसन्नता से आज्ञा देता हूँ कि ये लोग ही ऋत्विक् कर्म हेतु स्तुति करें'...किन्तु धन की आशा में ही उषस्ति वहाँ आये थे, अतः राजा से उन्होंने आगे कहा कि जितना धन आप इन्हें देंगे, उतना मुझे भी दीजियेगा।...राजा ने तत्काल इसके लिए हामी भरी।

और इस तरह उषस्ति ने राजा का यज्ञ सम्पन्न कराकर पर्याप्त दक्षिणा पायी।

पर उन तीनों ऋत्विजों से जो प्रश्न उषस्ति ने पूछे थे, उनके उत्तर क्या थे? उन तीनों को इनके उत्तर निश्चय ही नहीं मालूम थे...पर क्या उन्होंने उत्तर जानने की जिज्ञासा भी नहीं की थी? की थी, वस्तुतः तीनों ने यज्ञ के पूर्व ही अत्यन्त विनम्रतापूर्वक शिष्यभाव से उषस्ति से इनके उत्तर पूछे, तभी तो वे यज्ञ करा पाये थे।

पहले को उषस्ति का उत्तर था कि जो देवता प्रस्ताव में (स्तुति में) अनुगत रहता है, वह प्राण है। चूँकि प्राण से ही स्तुति होती है इसलिए यहाँ इसे स्तुति में अनुगत रहनेवाला देवता कहा गया है। आगे उषस्ति कहते हैं, 'ये सभी भूत प्रलयकाल में प्राण में ही प्राणरूप होकर प्रवेश कर जाते हैं और उत्पत्ति काल में प्राण से ही उत्पन्न होते हैं।...इसको जाने बिना यदि तुम स्तुति प्रारम्भ करते तो निश्चय ही तुम्हारा मस्तक गिर जाता।'

दूसरे को उषस्ति ने कहा कि जो देवता उद्गीथ (ओंकार का गान) में अनुगत रहता है, वह आदित्य है। सभी भूत ऊँचे उठे हुए आदित्य का ही गान करते हैं।

तीसरे प्रतिहर्त्ता से उषस्ति ने कहा कि अन्न ही वह देवता है जो प्रतिहार में अनुगत रहता है। प्रतिहार का अर्थ है हरण करना। चूंकि सम्पूर्ण भूत अपने प्रति अन्न का ही हरण करते हैं और अन्न से ही जीवित रहते हैं अतः अन्न को वह देवता कहा गया जो प्रतिहार में अनुगत रहता है (वही, 1.11.1-9)।

उषस्ति द्वारा दिये गये उपर्युक्त तीनों उत्तर के सम्बन्ध में कुछ जिज्ञासा होती है। क्या प्राण जीव के शरीर को जीवित बनाये रखनेवाली शक्ति मात्र है जिसे यहाँ इतना महत्त्व दिया गया है या यह इससे इतर भी है, कुछ श्रेष्ठ है? उद्गान से आदित्य का क्या सम्बन्ध है? और अन्न कैसे प्रतिहार में अनुगत रहता है?

नारायण स्वामी इस सन्दर्भ में लिखते हैं कि पहले ब्राह्मण को दिये उत्तर में प्राण का अर्थ ईश्वर है, जैसा कि वेदान्त दर्शन में लिखा है **अतएव प्राणः**। ईश्वर से ही जगत् उत्पन्न होता है और अन्त में उसी में लय हो जाता है। दूसरे ब्राह्मण को दिये उत्तर में आदित्य से सूर्य का अभिप्राय होना स्पष्ट है क्योंकि उसी के ऊँचा होने पर लोग उसका यशगान करते हैं और उससे लाभ उठाते हैं। तीसरे ब्राह्मण को दिये उत्तर में अन्न का जीवन-हेतु होना किसी से छिपा नहीं है। यहाँ नारायण स्वामी यह भी कहते हैं कि यहाँ यज्ञ के तीन अभिप्राय स्पष्ट होते हैं, 1. ईश्वर पर विश्वास में दृढ़ होना, 2. सूर्य को समझना और उससे लाभ उठाना, 3. अन्न को पैदा करना और उपयोग में लाना।[3]

अस्तु, उषस्ति के उत्तर से तीनों ऋत्विज सन्तुष्ट थे। यद्यपि उपनिषद् में ऐसा लिखा नहीं है किन्तु हम यह कह सकते हैं, क्योंकि तीनों में से किसी ने प्रतिवाद नहीं किया और प्रसन्नतापूर्वक उषस्ति के साथ राजा का यज्ञ सम्पन्न कराया।

एक और बात प्रस्तुत कथा आपद्स्थिति में भक्ष्य-अभक्ष्य का विचार न कर प्राण रक्षा हेतु दूसरे का जूठा अन्न भी खाने को अनुचित नहीं कहती है, जैसा कि उषस्ति ने महावत के दिये जूठे उड़द खाये थे। यहाँ प्राणरक्षा पर बल दिया गया है। शंकराचार्य अपने भाष्य में यहाँ टिप्पणी करते हैं कि विद्या, धर्म और यश से सम्पन्न तथा परोपकारी पुरुष को ऐसा कर्म करते हुए पाप का स्पर्श नहीं हो सकता। यदि उसके जीवन का कोई अन्य अनिन्द्य उपाय हो तो यह निन्दनीय कर्म दोष के लिए होगा। जिसका जीवनरक्षा के लिए और कोई वैध साधन न हो वह ऐसा कर सकता है।

नारायण स्वामी इसे आपद्धर्म कहते हैं।[4]

इसके अतिरिक्त यह कथा यह भी बताती है कि बिना अर्थ समझे रट कर मन्त्र पढ़ने का कोई लाभ नहीं होता, हानि ही हो सकती है, अतः याज्ञिक क्रियाएँ भी सोच-समझकर करना चाहिए, इसीलिए उषस्ति ने उन तीन यज्ञकर्त्ताओं से प्रश्न किये थे।

यहाँ एक जिज्ञासा मस्तक गिर जाने को लेकर उठती है। क्या 'प्रस्ताव' आदि बिना उसका अर्थ समझे करने पर किसी व्यक्ति का मस्तक गिर सकता है? उल्लेखनीय है इस तरह मस्तक गिरने की बात उपनिषदों में कुछ और स्थानों पर भी है। यहाँ तो नहीं पर

अन्य स्थलों पर शंकराचार्य एवं नारायण स्वामी ने इसका अर्थ लज्जा से मस्तक का झुक जाना लिया है।[5] प्रो. सत्यव्रत सिद्धान्तालंकार ने यहाँ तथा अन्य स्थानों पर भी इसका अर्थ नीचा देखना याने लज्जा से मस्तक का झुक जाना ही लिया है।

सन्दर्भ

1. उपनिषद्-दर्शन का रचनात्मक सर्वेक्षण, पृ. 62.
2. यज्ञ में पुरोहित के रूप में कार्य करनेवाला ब्राह्मण
3. उपनिषद् रहस्य, पृ. 550.
4. उपनिषद् रहस्य, पृ. 544.
5. देखिये संवाद क्रमांक 4, **याज्ञवल्क्य का गार्गी से संवाद**

9. केनोपनिषद् से

गुरु और शिष्य के मध्य संवाद : प्रेरक तत्त्व की जिज्ञासा

केनोपनिषद्[1] एक छोटा उपनिषद् है। जैसा कि हम पूर्व में[2] देख चुके हैं, इस उपनिषद् का पहला वाक्य **केन** अर्थात् 'किसके द्वारा' अथवा 'कौन' शब्द से प्रारम्भ होता है इसलिए इसका नाम केनोपनिषद् पड़ा है। वैसे अनेक उपनिषदों में अनेकानेक स्थानों पर ऋषियों ने यह जिज्ञासा-भरा प्रश्न किया है कि कौन है वह जो इस संसार के मूल में है? किसके द्वारा हम और हमारी इन्द्रियाँ क्रियाशील होती हैं? कौन है जो सबका नियन्ता है?[3]

हम आधुनिक युग में रहनेवाले मनुष्य सामान्यतया इस विषय को लेकर कोई जिज्ञासा नहीं करते कि हमारा मन, हमारी इन्द्रियाँ आदि क्या अपने-आप कार्य करते हैं या इनके पीछे कोई शक्ति है जो इन्हें कार्य करने हेतु प्रवृत्त करती है। इन्द्रियाँ, मन आदि कार्य कर रहे हैं तो कर रहे हैं, किन्तु किसी शक्ति के द्वारा ये कार्य करते हैं इससे हमें कोई लेना-देना नहीं होता। अधिक-से-अधिक वैज्ञानिक एवं मनोवैज्ञानिक इनकी कार्यप्रणाली पर विचार करते हैं। किन्तु उपनिषदों के जिज्ञासु ऋषियों में ऐसे विषय को लेकर जिज्ञासा कम नहीं थी। **केन** (किसके द्वारा) के उपर्युक्त प्रश्न उनके लिए वैज्ञानिक या मनोवैज्ञानिक नहीं, आध्यात्मिक प्रश्न थे। वस्तुतः ऐसे प्रश्नों की खोज में ही भारतीय अध्यात्मशास्त्र विचार करता रहा है। भारतीय दर्शन की नींव में ये प्रश्न अत्यन्त महत्त्वपूर्ण रहे हैं।

इस उपनिषद् के प्रथम दो अध्यायों में शिष्य और गुरु के मध्य ऐसे ही प्रश्नों को लेकर संवाद है। इसका प्रथम मन्त्र इसी **केन** का प्रश्न उठाता है। ॐ का उच्चारण करते हुए गुरु से शिष्य पूछता है :

केनेषितं पतति प्रेषितं मनः केन प्राणः प्रथमः प्रैति युक्तः।
केनेषितां वाचमिमां वदन्ति चक्षुः श्रोत्रं क उ देवो युनक्ति॥ (केन. उप.1.1)

अर्थात् हमारा यह मन किसके द्वारा **ईषितं** अर्थात् स्फूर्ति पाकर अथवा किससे प्रेरित होकर अपने विषयों में गिरता है **(पतति)** याने उन तक पहुँचता है। किसके द्वारा नियुक्त होकर यह 'प्रथम प्राण' अर्थात् सबमें श्रेष्ठ प्राण चलता है। किससे स्फूर्ति पाकर वाणी बोलती है और कौन हमारे चक्षु, श्रोत्र (कर्ण) आदि को उनके कार्य में नियुक्त करता है? दूसरे शब्दों में इन्हें कौन उनके कार्यों को करने की योग्यता एवं शक्ति प्रदान करता है?

शिष्य द्वारा पूछे प्रश्न के उत्तर में गुरु पहले श्रोत्र आदि इन्द्रियों को जो प्रेरित करता है, उसका महत्त्व बताते हैं :

श्रोत्रस्य श्रोत्रं मनसो मनो यद्वाचो ह वाचं स उ प्राणस्य प्राणः।
चक्षुषश्चक्षुरतिमुच्य धीराः प्रेत्यास्माल्लोकादमृता भवन्ति॥ (वही, 1.2)

अर्थात् जो श्रोत्र का भी श्रोत्र है, मन का भी मन है, वाक् का भी वाक् है, प्राण का भी प्राण है, चक्षु का भी चक्षु है, उसे जानकर धीर ज्ञानी इस लोक से जाने के बाद अमृत हो जाते हैं अर्थात् जन्ममृत्यु के बन्धन से हमेशा के लिए छूट जाते हैं।

शंकराचार्य यहाँ अपने भाष्य में लिखते हैं कि रथ आदि अचेतन पदार्थों की प्रवृत्ति चेतन प्राणियों (सारथी) के अधिष्ठित होने पर ही देखी जाती है, इसी तरह मन (अन्तःकरण) आदि अचेतन पदार्थों की भी प्रवृत्ति उससे (चेतन ब्रह्म से) अधिष्ठित होकर ही देखी जाती है, इसके बिना नहीं। यही इनके चेतन अधिष्ठाता के अस्तित्त्व का अनुमानक लिंग है। उसे श्रोत्र का श्रोत्र या चक्षु का चक्षु कहने का भी यही तात्पर्य है। रूप को प्रकाशित करनेवाली चक्षु इन्द्रिय में जो रूप को ग्रहण करने का सामर्थ्य है, वह आत्मचैतन्य से अधिष्ठित होने के कारण ही है। इसीलिए उसे चक्षु का चक्षु कहा गया है।

अगली पंक्तियों में गुरु बताते हैं कि उस परम ब्रह्म को लौकिक इन्द्रियों से नहीं जाना जा सकता :

न तत्र चक्षुर्गच्छति न वाग्गच्छति नो मनो न विद्मो न विजानीमो यथैतदनुशिष्यादन्यदेव तद्विदितादथो अविदितादधि। इति शुश्रुम पूर्वेषां ये नस्तद्व्याचचक्षिरे॥ (वही, 1.3)

अर्थात् वहाँ, उस ब्रह्म तक, न चक्षु इन्द्रिय पहुँच सकती है न वाक् इन्द्रिय, न मन ही पहुँच सकता है। जिस प्रकार इस ब्रह्म का स्वरूप बताया गया है उसे न तो हम स्वयं अपनी बुद्धि से जानते हैं न दूसरों से सुनकर जानते हैं। जाने हुए पदार्थ समुदाय से तो वह भिन्न है ही, न जाने हुए से भी ऊपर है। यह हमने अपने पूर्वाचार्यों से सुना है जिन्होंने हमें उस परब्रह्म का तत्त्व भलीभाँति व्याख्या करके समझाया था।

अस्तु, सामान्यतया मन, प्राण तथा इन्द्रियों से हम जिस ईश्वर को जानते हैं और जिसका हम बखान करते हैं, जिसकी हम उपासना करते हैं, वह कौन है, इस ओर अगले कुछ श्लोकों में गुरु शिष्य को सावधान करते हैं (आज इस सावधानी की अत्यन्त आवश्यकता है) :

यद्वाचानभ्युदितं येन वागभ्युद्यते।
तदेव ब्रह्म त्वं विद्धि नेदं यदिदमुपासते॥ (वही, 1.4)

अर्थात् जो वाणी के द्वारा नहीं बतलाया जा सकता अपितु जिसके द्वारा वाणी बोली जाती है याने जिसकी शक्ति से हम बोलते हैं, उसे ही तू ब्रह्म जान। ब्रह्म वह नहीं है जिसकी वाणी के द्वारा बतलाये जाने पर लोग उपासना करते हैं।

यन्मनसा न मनुते येनाहुर्मनो मतम्।
तदेव ब्रह्म त्वं विद्धि नेदं यदिदमुपासते॥ (वही, 1.5)

अर्थात् जो मन के द्वारा मनन नहीं किया सकता अपितु जिसके द्वारा मन मनन करता है याने जिसकी शक्ति से हमारा मन क्रियाशील होता है, उसे ही तू ब्रह्म जान। ब्रह्म वह नहीं है जिसकी मन के द्वारा जानकर लोग उपासना करते हैं।

यच्चक्षुषा न पश्यति येन चक्षूंषि पश्यति।
तदेव ब्रह्म त्वं विद्धि नेदं यदिदमुपासते॥ (वही, 1.6)

अर्थात् जो चक्षु (नेत्रेन्द्रिय) के द्वारा नहीं देखा जा सकता अपितु जिसकी शक्ति से चक्षु देखती है, उसे ही तू ब्रह्म जान। ब्रह्म वह नहीं है जिसकी चक्षु के द्वारा दिखलाये जाने पर लोग उपासना करते हैं।

यत् श्रोत्रेण न शृणोति येन श्रोत्रमिदं श्रुतम्।
तदेव ब्रह्म त्वं विद्धि नेदं यदिदमुपासते॥ (वही, 1.7)

अर्थात् जो श्रोत्रेन्द्रिय के द्वारा नहीं सुना जा सकता अपितु जिसकी शक्ति से यह श्रोत्रेन्द्रिय श्रवण करती है, उसे ही तू ब्रह्म जान। ब्रह्म वह नहीं है जिसकी श्रोत्रेन्द्रिय के द्वारा सुने जाने पर लोग उपासना करते हैं।

यत् प्राणेन न प्राणिति येन प्राणः प्रणीयते।
तदेव ब्रह्म त्वं विद्धि नेदं यदिदमुपासते॥ (वही, 1.8)

अर्थात् जो प्राण (नासिकारन्ध्र) के द्वारा नहीं जाना जा सकता अपितु जिसके द्वारा प्राण चेष्टायुक्त होता है, उसे ही तू ब्रह्म जान। ब्रह्म वह नहीं है जिसकी लोग उपासना करते हैं।

केनोपनिषद् के उपर्युक्त श्लोक अत्यन्त महत्त्वपूर्ण एवं अतिसुन्दर हैं। कितनी सरलता से ये सन्देश देते हैं कि मन, प्राण और इन्द्रियों द्वारा बताये गये परमात्मा से अलग है वह परमात्मा, जो इन्हें इनकी शक्ति देता है। ब्रह्म को जानना सरल नहीं है।

सत्यव्रत सिद्धान्तालंकार उपर्युक्त श्लोकों पर टिप्पणी करते हैं कि इस खण्ड में पाँच बार इस वाक्य को दोहराया गया है कि **तदेव ब्रह्म त्वं विद्धि नेदं यदिदमुपासते,** जिसकी तुम उपासना कर रहे हो वह ब्रह्म नहीं है, वास्तविक ब्रह्म और ही है। हम इस संसार को ही ब्रह्म समझ बैठे हैं, उसी में रमे हुए हैं, उसी की उपासना करते हैं। ऋषि बार-बार दोहराते हैं, इस संसार की ही पूजा मत करते रहो, विश्व की जो आधारभूत शक्ति है, वही ब्रह्म है। संसार में बृहत्ता, महानता उसी के द्वारा है, अतः उसकी उपासना करो, इसकी नहीं।[4]

अगले खण्ड के कुछ ऐसे ही श्लोकों में गुरु उस ज्ञानी की स्थिति का वर्णन करते हैं जो ब्रह्मज्ञान का दावा करता है।

यदि मन्यसे सुवेदेति दभ्रमेवापि नूनं त्वं वेत्थ ब्रह्मणो रूपं।
यदस्य त्वं यदस्य देवेष्वथ नु मीमांस्यमेव ते मन्ये विदितम्॥ (वही, 2.1)

अर्थात् यदि तुम समझते हो कि मैं ब्रह्म को भलीभाँति जान गया हूँ तो निश्चय ही यह तुम ब्रह्म को **दभ्रं** याने थोड़ा-सा ही जानते हो। इसका आंशिक स्वरूप जो तुममें है और जो कुछ स्वरूप देवताओं में है, वह सब मिलकर भी अल्प है। इसलिए मैं मानता हूँ कि तेरा जाना हुआ निश्चय ही मीमांसा अर्थात् विचार करने योग्य है।

गुरु के इस विचार पर शिष्य बड़ी विनम्रता के साथ स्वीकार करता है कि ब्रह्म के विषय में सचमुच वह अल्पज्ञ ही है। पर यह बात कहते हुए मानो उलझन महसूस कर रहा है। वह कहता है :

नाहं मन्ये सुवेदेति नो न वेदेति वेद च।
यो नस्तद्वेद तद्वेद नो न वेदेति वेद च॥ (वही, 2.2)

अर्थात् मैं ब्रह्म को भलीभाँति जान गया हूँ, ऐसा नहीं मानता। मैं उसे नहीं जानता हूँ, यह भी नहीं कह सकता क्योंकि मैं उसे जानता भी हूँ। मेरे इस कथन कि मैं उसे भलीभाँति नहीं जानता पर उसे जानता भी हूँ, इसे हम शिष्यों में से वही ठीक से समझ सकता है जो उस ब्रह्म को जानता है।

नारायण स्वामी इस सन्दर्भ में लिखते हैं कि यहाँ उपनिषद् का तात्पर्य है कि ईश्वर को हम न पूर्णरूप से जानते हैं और न ऐसा है कि हम उसे कुछ भी नहीं जानते, जैसा कि अज्ञेयवाद की शिक्षा है। इस दिशा के भीतर कितना उत्कृष्ट भाव निहित है कि हम उसे जितना भी जानते हैं उससे तो हम आस्तिक बनें और जो नहीं जानते उसकी खोज करें जिससे ईश्वर चिन्तन से कभी विमुख न होने पावे।[5]

प्रतिबोधविदितं मतममृतत्वं हि विन्दते।
आत्मना विन्दते वीर्यं विद्यया विन्दतेऽमृतम्॥ (वही, 2.4)

अर्थात् प्रतिबोध (आत्मा द्वारा प्राप्त) से उत्पन्न ज्ञान ही वास्तविक ज्ञान है। इससे ही मनुष्य अमृतत्व को प्राप्त करता है। आत्मना अर्थात् अन्तर्यामी परमात्मा से परमात्मा को जानने की शक्ति प्राप्त करता है और उस ज्ञान से अमृतस्वरूप परब्रह्म प्राप्त होता है।

प्रो. सत्यव्रत प्रतिबोध की व्याख्या करते हुए लिखते हैं कि इन्द्रियाँ जब विषयों की तरफ जाकर उनका ज्ञान प्राप्त करती हैं तब बोध होता है। विषयों से उलट जब वे अन्दर की तरफ लौटती हैं तब जो ज्ञान होता है वह प्रतिबोध कहलाता है। इस प्रतिबोध से ही मनुष्य अमृतत्व को प्राप्त करता है। प्रतिबोध की अवस्था तभी आती है जब मनुष्य वीर्यवान् हो। वीर्यहीन व्यक्ति (दुर्बल व्यक्ति), जो इन्द्रियों के विषयों में फँसता है, उसे प्रतिबोध की अवस्था नहीं आती। प्रतिबोध ही विद्या है। इस विद्या से ही अमृत की प्राप्ति होती है।

अस्तु, सामान्यतया लोग बड़े विश्वास से ईश्वर के विषय में बात करते हैं, विशेषकर धार्मिक प्रवचनकर्ता। पर क्या वे वास्तव में ईश्वर को जानते हैं? इस सन्दर्भ में यह सुन्दर श्लोक देखिये :

यस्यामतं तस्य मतं मतं यस्य न वेद सः।
अविज्ञातं विजानतां विज्ञातमविजानताम्॥ (वही, 2.3)

अर्थात् जो ब्रह्म के विषय में कहता है कि उसे मैं नहीं जानता वह वास्तव में उसे जानता है और जो कहता है कि मैं ब्रह्म को जानता हूँ (आओ मैं तुम्हें ईश्वर का ज्ञान कराता हूँ) वह वास्तव में उसे नहीं जानता है। वस्तुतः ज्ञान का अभिमान रखनेवाले के लिए वह अज्ञात है जबकि जिसमें यह अभिमान नहीं है, उसके लिए वह जाना हुआ है।

नारायण स्वामी यहाँ कहते हैं, 'मनुष्य यदि ईश्वर के सम्बन्ध में यह विचार रखे कि वह उसे अच्छी तरह जानता है तो इसका फल यह है कि उसमें ईश्वर के प्रति उपेक्षा बुद्धि उत्पन्न हो जायेगी।'[6]

वैसे इससे मनुष्य में और भी दुर्गुण आ सकते हैं, जैसे सहनशीलता की कमी और कट्टरता की भावना। तब वह अपने जाने हुए ईश्वर को ही सत्य समझता है, दूसरा यदि किसी अन्य तरीके से ईश्वर का वर्णन करता है तो वह उसके प्रति कठोर हो जाता है...वस्तुतः मानवमन की यही निर्बलता धार्मिक उन्माद और धार्मिक कारणों से हुए युद्ध को जन्म देती है जिसके वर्णन से इतिहास के पन्ने लाल रंग से रंगे हुए हैं।

पर उसे जानना भी ज़रूरी है। अगला श्लोक कहता है :

इह चेदवेदीदथ सत्यमस्ति न चेदिहावेदीन्महती विनष्टिः।
भूतेषु भूतेषु विचित्य धीराः प्रेत्यास्माल्लोकादमृता भवन्ति॥ (वही, 2.5)

यदि उसे यहाँ अर्थात् जगत् में शरीर रहते हुए (मृत्यु के पूर्व) जान लिया तो बहुत अच्छा है पर यदि नहीं जान पाये तो महान् हानि है। बुद्धिमान् पुरुष इस बात को समझ कर समस्त प्राणियों में उसका साक्षात्कार करते हुए इस लोक से प्रयाण करते हुए अमर हो जाते हैं अर्थात् जन्म-मरण के चक्र से हमेशा के लिए छूट जाते हैं।

शंकराचार्य **इह चेदवेदीदथ सत्यमस्ति...**(इस मानव शरीर में रहते हुए उसे जान लिया तब तो बहुत अच्छा है) वाक्य के भाष्य में लिखते हैं कि यह श्रुति आत्म-साक्षात्कार की अवश्य-कर्त्तव्यता बतलानेवाली है। जिसने इस जन्म में आत्मा को जान लिया उसे परमार्थतत्त्व प्राप्त हो गया, उसका जन्म सफल हो गया, अन्यथा उसका जन्म वृथा ही गया।

इस उपनिषद् का तीसरा खण्ड 'यक्षोपाख्यान' (यक्ष की कथा) है जिसमें यक्ष और देवताओं के बीच संवाद है। इसे हम संवाद क्र. 2 में देख चुके हैं।

सन्दर्भ

1. केनोपनिषद् सामवेद के तलवकार ब्राह्मण के अन्तर्गत आता है।
2. संवाद क्र. 2 .
3. तुलनीय-1, कोऽयमात्मेति वयमुपास्महे कतरः स आत्मा येन वा पश्यति येन वा श्रुणोति येन वा गंधानाजिघ्रति येन वा वाचं व्याकरोति येन वा स्वादु चास्वादु च विजानाति (ऐत. उप. 3.1.1)। अर्थात् वह आत्मा कौन है जिसकी हम लोग उपासना करते हैं? वह आत्मा कौन है जिससे मनुष्य देखता है, जिससे सुनता है, जिससे सूँघता है, जिससे वाणी को बोलता है, जिससे स्वाद और अस्वाद को जानता है? तुलनीय-2, प्रश्नोपनिषद् का कात्यायन कबन्धी द्वारा पूछा गया प्रश्न, 'भगवन् कुतो ह वा इमाः प्रजाः प्रजायन्त इति' अर्थात् हे भगवन्! जिससे ये सम्पूर्ण चराचर जीव नाना रूपों में उत्पन्न होते हैं, जो इनका सुनिश्चित परम कारण है, वह कौन है (प्र. उप. 1.3)? तुलनीय-3, छान्दोग्य उपनिषद् में पाँच तपस्वी आपस में बात करते हैं, को न आत्मा किं ब्रह्मेति अर्थात् हमारी आत्मा कौन है तथा ब्रह्म क्या है (छां. उप. 5.11.1)?
4. एकादशोपनिषद्, पृ. 11.
5. उपनिषद् रहस्य, पृ. 77.
6. उपनिषद् रहस्य, पृ. 77.

10. छान्दोग्य उपनिषद् से

राजा अश्वपति तथा छह तपस्वियों में संवाद : वैश्वानर आत्मा क्या है?

बात पुरानी है, सदियों पुरानी। एक बार पाँच महाश्रोत्रिय (शास्त्रज्ञान एवं सदाचार से सम्पन्न) एवं महाशाल (अनेक शालाओं के प्रमुख आचार्य) तपस्वियों ने आपस में यह जिज्ञासा भरा प्रश्न किया कि **को न आत्मा किं ब्रह्मेति** अर्थात् हमारी आत्मा कौन है तथा ब्रह्म क्या है (छां. उप. 5.11.1)? प्रश्न के उत्तर में किसी ने कुछ कहा तो किसी ने कुछ। जब वे किसी एक निष्कर्ष पर नहीं पहुँचे तो उन्होंने विचार किया कि महर्षि अरुण के पुत्र उद्दालक (अरुण के पुत्र होने के कारण इन्हें आरुणि भी कहा गया है) हमारे प्रश्नों के उत्तर जानते हैं, अतः उनके पास चलें...और वे सब-के-सब एक साथ अरुण-पुत्र उद्दालक (आरुणि) के पास पहुँचे।

इन्हें देखते ही उद्दालक समझ गये कि ये पाँचों महाशाल किन्हीं गम्भीर प्रश्नों का उत्तर जानने हेतु मेरे पास आये हैं। उन्होंने अभ्यागतों का स्वागत किया और आने का प्रयोजन पूछा। पाँचों महाशालों ने अपने प्रश्न ऋषि आरुणि के समक्ष रखे किन्तु ऋषि आरुणि भी उनके प्रश्नों के उत्तर नहीं जानते थे। उन्होंने मन में विचार किया कि मैं अपने उत्तर से इन्हें सन्तुष्ट नहीं कर सकता अतः इन्हें किसी और बड़े उपदेशक के पास ले चलता हूँ...और आरुणि ने उनके सामने अपना अज्ञान स्वीकार करते हुए कहा कि इस समय केकय देश के राजा अश्वपति[1] आपके प्रश्नों के सही उत्तर दे सकते हैं, अतः चलो उन्हीं के पास चलते हैं।...और फिर वे पाँचों महाशाल आरुणि के साथ केकय-नरेश के शरणागत हुए।

राजा ने सबका अलग-अलग सत्कार किया। दूसरे दिन राजा ने सबके समक्ष पर्याप्त धन रखकर उन्हें ग्रहण करने का आग्रह किया। राजा के पास महाशाल तपस्वीगण प्रायः अपनी शालाओं हेतु धन के लिए ही आते थे, अतः राजा ने उन्हें धन देना चाहा। किन्तु उन तपस्वियों के आने का प्रयोजन तो दूसरा ही था, अतः उन्होंने धन लेना स्वीकार नहीं किया। इस पर राजा को लगा कि कहीं मेरे राज्य में कुछ गलत तो नहीं हो रहा है जिसकी शिकायत करने ये ब्राह्मण मेरे पास आये हैं! इसीलिए वह स्वयं ही सफाई देने लगा कि

मेरे राज्य में न कोई चोर है, न कंजूस है, न मद्यप द्विज है और न कोई अविद्वान् है। कोई पुरुष परस्त्रीगामी नहीं है, फिर परपुरुषगामी स्त्री तो हो ही कैसे सकती है? मैं अभी यज्ञ करवानेवाला हूँ। जितना धन एक-एक ऋत्विक् को दूँगा उतना ही आपको भी दूँगा, आप यहीं ठहरिये (छां. उप. 5.11.5)।

इस पर उन तपस्वियों ने कहा कि जिस प्रयोजन से पुरुष कहीं जाता है, उसे चाहिए कि पहले वह अपना प्रयोजन कहे। अतः पहले हमारा प्रयोजन सुनिये। इस समय आप **वैश्वानर आत्मा** को जाननेवालों में श्रेष्ठतम् हैं, **तमेव नो ब्रूहि** अर्थात् आप हमारे प्रति उसका वर्णन कीजिये (छां. उप. 5.11.6)।

राजा समझ गया कि ये सच्चे तत्त्वजिज्ञासु हैं अतः उसने उनसे फिर धन लेने का आग्रह नहीं किया। उनसे केवल इतना कहा कि आप लोग प्रातःकाल आइये। तभी मैं आपको इसका उत्तर दूँगा।

दूसरे दिन इन तपस्वियों से राजा का क्या संवाद हुआ, यह जानने के पहले हम 'वैश्वानर' शब्द का अर्थ समझ लें। वैश्वानर शब्द 'विश्व' और 'नर' इन दो शब्दों में सन्धि से बना है। सामान्यतया हम नर का अर्थ पुरुष से लेते हैं किन्तु इसका एक अर्थ नायक भी है, सो वैश्वानर का अर्थ हुआ जो समस्त विश्व का, सारी सृष्टि का नायक है। यहाँ यह शब्द सम्पूर्ण जगत् में व्याप्त परमेश्वर के लिए आया है। इसे ही 'विराट् पुरुष' भी कहा गया है। यही ब्रह्म है।[2] (कुछ स्थानों पर वैश्वानर के अन्य अर्थ भी लिये गये हैं, जैसे, ब्रह्म का प्रथम पाद, जठर में स्थित अग्नि आदि।)[3]

अस्तु, दूसरे दिन छहों तपस्वी हाथों में समिधाएँ (यज्ञ हेतु ईंधन सामग्री) लिये राजा के पास पहुँचे। ये सभी राजा के पास शिष्यरूप में आये थे अतः इन्होंने हाथों में समिधाएँ रखी हुई थीं। सामान्यतया अपने पास विद्या हेतु आये शिष्य का गुरु पहले उपनयन संस्कार करते थे किन्तु राजा ने ऐसा नहीं किया। वह इसलिए कि उसके ये छहों शिष्य ब्राह्मण वर्ण के थे जबकि राजा उनसे निम्न क्षत्रिय वर्ण का था। यहाँ शंकराचार्य टिप्पणी करते हैं कि परम श्रोत्रिय ब्राह्मण होने पर भी जैसे ये ऋषिगण अपने अभिमान को छोड़कर हाथों में समिधाएँ लिये विद्यार्थी बनकर अपने से हीन जाति के राजा के पास विनयपूर्वक गये थे, विद्या उपार्जन की इच्छावाले पुरुष को भी ऐसा ही विनयी होना चाहिए। साथ ही जैसे योग्य विद्यार्थियों को राजा ने विद्या दी थी, वैसे ही दूसरे को भी विद्यादान करना चाहिए (छां. उप. शां. भा. 5.11.7)।

अस्तु, राजा ने उत्तर देने के बजाय पहले उन्हीं से अलग-अलग प्रश्न किये। वस्तुतः एक अच्छे गुरु के समान राजा यह जानना चाहता था कि उसके शिष्य वैश्वानर के विषय में कितना जानते-समझते हैं। सबसे पहले राजा ने उपमन्युकुमार से पूछा, 'हे औपमन्य! **कं त्वमात्मानमुपास्स इति** अर्थात् तुम किस देवता की उपासना करते हो?'

इस पर उपमन्यु ने कहा, 'हे राजन्! मैं **द्युलोक**[4] के रूप में वैश्वानर की उपासना करता हूँ।'

यह सुन राजा ने कहा, 'तुम जिस आत्मा की उपासना करते हो वह 'सुतेजा' नाम से प्रसिद्ध वैश्वानर आत्मा है। यद्यपि इसकी उपासना के कारण ही तुम्हें भोगपदार्थों की कमी नहीं है तथा तुम्हारे कुल में सुत, प्रसुत आसुत हैं अर्थात् तुम्हारे घर में सोमरस की धाराएँ बह रही हैं[5] किन्तु यह सम्पूर्ण वैश्वानर आत्मा (विराट् पुरुष) नहीं है, यह उसका केवल मस्तक है। यदि तुम मेरे पास नहीं आते तो तुम्हारा मस्तक गिर जाता। अच्छा किया जो मेरे पास चले आये (वही, 5.12.1-2)।'

फिर राजा ने दूसरे शिष्य सत्ययज्ञ से वही प्रश्न किया कि तुम किस आत्मा की उपासना करते हो। इस पर सत्ययज्ञ ने कहा, 'मैं **आदित्य** की उपासना करता हूँ।' यह सुन राजा ने उसे भी यही कहा कि यह सम्पूर्ण वैश्वानर आत्मा नहीं है। यह आत्मा का नेत्र मात्र है।...वैसे राजा आदित्य की उपासना भी लाभदायक बताते हैं। वे कहते हैं कि इसके कारण ही तुम सब ओर प्रिय देखते हो, अर्थात् सुखी-सम्पन्न हो, पर यह भी कहते हैं कि अच्छा हुआ जो तुम मेरे पास चले आये, यदि न आते तो अन्धे हो जाते (वही, 5.13.1-2)।

तत्पश्चात् राजा ने तीसरे अभ्यागत इन्द्रद्युम्न से पूछा कि वह किस आत्मा की उपासना करता है। इस पर इन्द्रद्युम्न ने कहा कि वह **वायु** की उपासना करता है।...किन्तु यह तो वैश्वानर आत्मा का केवल प्राण है...यह भी सम्पूर्ण आत्मा नहीं है...राजा ने उत्तर में कहा। राजा अश्वपति इन्द्रद्युम्न से वायु की उपासना को व्यर्थ नहीं कहते। 'वायु की उपासना के कारण तुम्हें अनेक प्रकार की भोग सामग्री प्राप्त है। इसके कारण ही अनेक रथों की पंक्तियाँ तुम्हारे पीछे चलती है किन्तु यह वैश्वानर आत्मा नहीं है। अच्छा हुआ जो तुम मेरे पास चले आये अन्यथा तुम्हारे प्राण उत्क्रमण कर जाते (वही, 5.14.1-2)।'

तदन्तर चौथे तपस्वी सार्कराक्ष्य की बारी थी। राजा ने उससे भी पूर्ववत् प्रश्न किया। इस पर उसने कहा, 'राजन्! मैं तो **आकाश** की उपासना करता हूँ।' राजा ने इसके भी लाभ बताये। कहा, इसके कारण तुम्हें अन्नादि भोग पर्याप्त मिलते हैं, तुम प्रिय देखते हो किन्तु यह भी वैश्वानर आत्मा का केवल एक अंग है...यह आत्मा का सन्देह (शरीर का मध्यभाग) मात्र है।...अच्छा हुआ जो तुम मेरे पास आ गये अन्यथा तुम्हारा यह सन्देह शरीर नष्ट हो जाता (वही, 5.15.1-2)।

फिर राजा ने पाँचवें शिष्य बुडिल से उसके उपास्य देव का नाम पूछा। इस पर बुडिल ने कहा, 'मैं तो **जल** की उपासना करता हूँ।'...किन्तु यह भी वैश्वानर आत्मा (विराट् पुरुष) का अपूर्ण रूप था। राजा ने जल की उपासना को व्यर्थ नहीं कहा क्योंकि जल पुष्टि प्रदान करता है किन्तु...यदि तुम यहाँ नहीं आते और इसे ही वैश्वानर आत्मा मानकर उपासना करते रहते तो तुम्हारा बस्तिप्रदेश विदीर्ण हो जाता, राजा ने उससे कहा (वही, 5.16.1-2)।

अन्त में अरुण-पुत्र उद्दालक से राजा ने पूछा कि वह किस आत्मा की उपासना करते हैं। उद्दालक ने इस पर कहा, 'मैं **पृथिवी** की उपासना करता हूँ।' राजा इसे भी अधूरी उपासना कहते हैं।...पृथ्वी प्रतिष्ठासंज्ञक वैश्वानर आत्मा है। इस उपासना के कारण ही तुम प्रजा और पशुओं के कारण प्रतिष्ठित हो। किन्तु यदि तुम इसी की उपासना करते रहते और मेरे पास नहीं आते तो निश्चय ही तुम्हारे चरण शिथिल हो जाते (वही, 5.17.1-2)।

इस तरह सब शिष्यों को उनके उत्तरों की खामियाँ बताने के अनन्तर राजा ने बताया, 'यह वैश्वानर तुम सबके उत्तरों का सम्मिलित रूप है। जिसे तुमने द्युलोक कहा वह वैश्वानर आत्मा का मस्तक है, जिसे आदित्य कहा वह चक्षु है, जिसे वायु कहा वह प्राण है, जिसे आकाश कहा वह वैश्वानर का सन्देह (मध्यभाग) है, जिसे जल कहा वह बस्ति है, जिसे पृथिवी कहा वह दोनों चरण है। इस समग्र रूप में ही उसकी उपासना करनी चाहिए। उसे केवल द्युलोक या आदित्य या वायु आदि कहना उसे एकदेशी रूप में देखना है (वही, 5.18.1-2)।'

शंकराचार्य यहाँ टिप्पणी करते हैं कि उक्त छह तपस्वी शिष्य जन्मान्ध पुरुषों के हस्तिदर्शन (छह अन्धों द्वारा हाथी के विभिन्न अंगों, जैसे कान, पैर, पूँछ आदि को छूकर हाथी को सूप या खम्बे या रस्सी के सदृश कहना) के समान परिच्छिन्न आत्मबुद्धि से इसे जान रहे थे।

अस्तु, राजा अपने शिष्यों को यह सीख भी देते हैं, 'जो इस वैश्वानर विद्या को बिना जाने अग्निहोत्र हवन करता है उसका हवन वैसा ही व्यर्थ है जैसे अंगारों को हटाकर भस्म में हवन करना...और जो इसे जानकर हवन करता है उसके पाप वैसे ही भस्म हो जाते हैं जैसे सींक के अग्रभाग को अग्नि में घुसा देने से वह तत्काल जल जाता है।'

आगे राजा कहते हैं, मानव को अपने जीवन को एक यज्ञ समझना चाहिए। जैसे यज्ञ में आहुतियाँ डाली जाती हैं वैसे ही मुख को यज्ञ समझकर एक-एक आहुति डालनी चाहिए। पहली आहुति देते वक्त **प्राणाय स्वाहा** (यह आहुति मैं नरदेह के प्राणदेवता को देता हूँ)[6] यह कहना चाहिए। इससे प्राण तृप्त होते हैं। दूसरी आहुति **व्यानाय स्वाहा** (यह आहुति मैं नरदेह के व्यानदेवता को देता हूँ) कहकर देनी चाहिए। इससे नरदेह का व्यान नामक प्राण तृप्त होता है। तीसरी आहुति **अपानाय स्वाहा** (यह आहुति मैं नरदेह के अपानदेवता को देता हूँ) कहते हुए देना चाहिए, इससे नरदेह का अपान नामक प्राण तृप्त होती है। चौथी आहुति **समानाय स्वाहा** (यह आहुति मैं नरदेह के समानदेवता को देता हूँ) कहते हुए देना चाहिए, इससे नर देह का समान नामक प्राण तृप्त होता है। और पाँचवीं आहुति **उदानाय स्वाहा** (यह आहुति मैं नरदेह के उदानदेवता को देता हूँ) कहते हुए देनी चाहिए, इससे नर देह का उदान नामक प्राण तृप्त होता है। इससे त्वचा तृप्त होती है।

वैश्वानर को इस प्रकार जाननेवाले नर द्वारा किये गये अग्निहोत्र का बड़ा लाभ यह है कि इससे समस्त लोक, सारे भूत और सम्पूर्ण आत्माओं में हवन हो जाता है।

अस्तु, राजा का उत्तर निश्चय ही सबको सन्तुष्ट करनेवाला होगा...होगा हमने इसलिए लिखा क्योंकि उन छहों तपस्वियों में से किसी ने ऐसा कहा तो नहीं, पर हाँ, जो उत्तर हमें सन्तुष्ट करता है उसने उन्हें भी अवश्य सन्तुष्ट किया होगा।

यह कथा हमें सीख देती है कि ईश्वर इस जगत् से परे या जगत् में किसी सीमित स्थान पर रहनेवाला नहीं है, वह असीम है। वह सारे जगत् में व्याप्त है तथा जगत् से परे भी है। वस्तुतः उपनिषदों की अनेक कथाएँ यही उपदेश देती हैं। हमारे पूर्वजों ने जिस सत्य को जाना था और जो आज भी उनकी धरोहर के रूप में हमारे पास है, उसे भूलकर हम क्यों निर्बुद्धि होकर उसके ईंट-पत्थर से बने सीमित वासस्थान के लिए एक-दूसरे के खून के प्यासे हो रहे हैं! काश महाभारत में यक्ष युधिष्ठिर से यह प्रश्न भी करता!

यहाँ एक और उल्लेखनीय बात...उपर्युक्त छहों तपस्वियों के विषय में प्रारम्भ में कहा गया है कि वे महाशाल थे। इसके अतिरिक्त प्रत्येक धनधान्य, पुत्र-पौत्रादि, रथादि से सम्पन्न भी थे। यह तथ्य हमें राजा द्वारा उनके विषय में उस कथन से ज्ञात होता है जब राजा कहता है कि आप लोग एकदेशीय ब्रह्म, वायु, सूर्य आदि की उपासना करते हैं इसके फलस्वरूप आप लोग सम्पन्न हैं। प्रश्न उठता है कि जब वे धन-धान्य से सम्पन्न थे तब वैश्वानर आत्मा की जिज्ञासा क्यों करते थे? क्या विशेष लाभ है इस जिज्ञासा का?

इसका परमलाभ यह प्रकट होता है कि इसे जानकर यज्ञ में हवन करनेवाले के सारे पाप नष्ट हो जाते हैं इसके विपरीत स्थिति उनकी होती है जो इसे जाने बिना यज्ञ करते हैं। यहाँ कहा गया है कि इसे बिना जाने हवन करना अंगारों को हटाकर भस्म में हवन करना है। जो यह बात जानकर हवन करते हैं उनके पाप तत्काल वैसे ही जल जाते हैं जैसे सींक का अग्रभाग अग्नि में घुसा देने पर तत्काल जल जाता है (वही, 5.24.3-4)।

उल्लेखनीय है कि पापों का नष्ट होना मुक्ति का द्वार है। हमारे पाप ही हमें जन्म-मरण के चक्कर में लगातार घुमाते रहते हैं।

सन्दर्भ

1. उल्लेखनीय है कि रामायण में दशरथ की पत्नी कैकेयी को केकय देश के राजा अश्वपति की पुत्री कहा गया है। किन्तु इस उपनिषद् में तथा अन्य उपनिषदों में भी अश्वपति केकय का रामायण की कैकेयी से कोई सम्बन्ध नहीं बताया गया है। वैसे अश्वपति किसी का नाम नहीं था, केकय नरेशों की उपाधि थी।
2. नारायण स्वामी, उपनिषद् रहस्य, पृ. 370.
3. **माण्डूक्य उपनिषद्** में ब्रह्म के चार पाद बताये गये हैं। यहाँ पाद का अर्थ सत्ता की अवस्था से है। यह शब्द गत्यर्थक 'पद्' धातु से बना है। इनमें से पहला पाद **वैश्वानर** है, दूसरा पाद **तेजस** है जो हिरण्यगर्भ है, तीसरा पाद **प्राज्ञ** है। इस अवस्था में ब्रह्म प्रज्ञानधन है अर्थात्

घनीभूत विज्ञानस्वरूप है। यह अवस्था उसकी एकमात्र अवस्था **आनन्द** की है। चौथा पाद **निर्गुणब्रह्म है।** यह सबका ईश्वर है, सर्वज्ञ है, सबका अन्तर्यामी है, यह सम्पूर्ण जगत का कारण है, समस्त प्राणियों का उत्पत्ति-स्थान यही है। **निरुक्त** में वैश्वानर की उत्पत्ति इस प्रकार की गयी है–वैश्वानर वह है जो सब जीवों का नियन्ता है अथवा जो सबमें व्याप्त होकर सबको चला रहा है। **प्रश्नोपनिषद्** में कहा गया है कि यह सूर्य का अंश है अतः सूर्य ही है (1.7)। **बृहदारण्यक उपनिषद्** में वैश्वानर पुरुष के भीतर स्थित ऐसी अग्नि को कहा गया है जिससे खाया हुआ अन्न पचता है। कानों को बन्द करने पर भीतर का जो घोष सुनायी पड़ता है वह इसी का घोष है। जब व्यक्ति मरने के आस-पास होता है तब यह घोष सुनाई नहीं देता (5.9.1)।

भगवद्गीता में भी वैश्वानर का अर्थ प्राणियों के शरीर में स्थित जठराग्नि के रूप में लिया गया है जिससे अन्न का पाचन होता है। यहाँ कृष्ण स्वयं को वैश्वानर से एक करते हैं अर्थात् वैश्वानर रूपी जठराग्नि ईश्वर की शक्ति से ही क्रियाशील होती है।

अहं वैश्वानरो भूत्वा प्राणिनां देहमाश्रितः। प्राणापानसमायुक्तः पचाम्यन्नं चतुर्विधम्॥

(भगवद्गीता, 15.14)

4. एकादशोपनिषद्, तारों से जगमगाता आसमान
5. एकादशोपनिषद्, पृ. 315.
6. एकादशोपनिषद्, पृ.321.

11. तैत्तिरीय उपनिषद् से

वारुणि भृगु और पिता वरुण के मध्य संवाद : ब्रह्म आनन्द है

सदियों पूर्व की बात है। भारत के एक सुरम्य वन में एक किशोर बेचैन होकर टहल रहा था। उसकी बेचैनी का कारण था परमेश्वर। वैसे परमेश्वर ने उसे बेचैन करने हेतु उसके साथ कुछ बुरा नहीं किया था। वह किशोर दरअसल परमेश्वर की वास्तविकता को लेकर असमंजस में था। वह समझ नहीं पा रहा था कि गुरुजन जिसे सर्वव्यापक, सर्वज्ञ, सर्वश्रेष्ठ, सूक्ष्मतम सत्ता 'परब्रह्म' कहते हैं, वह है क्या? उसका स्वरूप क्या है? कुछ तो उसके लक्षण होंगे? आख़िर रहा नहीं गया तो वह अपने विद्वान तपोनिष्ठ पिता के पास पहुँचा। अत्यन्त विनयपूर्वक उसने पिता से प्रश्न किया, **अधीहि भगवो ब्रह्मेति** अर्थात् भगवन, मुझे ब्रह्म का उपदेश दीजिये (तै. उप. 3.1)।

कथा को आगे बढ़ाने के पूर्व आइये पहले इन पिता-पुत्र का परिचय प्राप्त कर लें। ब्रह्मविद्या का बोध कराने वाली तैत्तिरीय उपनिषद् की यह अत्यन्त सुन्दर कथा इस उपनिषद् के तीसरे अध्याय 'भृगुवल्ली'[1] में आयी है। कथा में उल्लिखित किशोर के पिता थे महर्षि वरुण और वह किशोर था महर्षि वरुण का पुत्र भृगु, जिसे पिता के नाम से वारुणि भी कहा गया है।

हाँ तो पुत्र की बात सुनकर पिता कुछ देर उसकी ओर देखते रहे, फिर कोमलता से बोले, 'तात! अन्न, प्राण, नेत्र और वाणी, ये सभी तो ब्रह्म की उपलब्धि के द्वार हैं। इनमें उसी की सत्ता तो स्फुरित हो रही है। तुम स्वयं ही तपस्या कर चिन्तन करो कि ब्रह्म क्या है? हाँ, ब्रह्म की ओर एक संकेत अवश्य महर्षि ने किया। संकेत था, **'यतो वा इमानि भूतानि जायन्ते येन जातानि जीवन्ति। यत्प्रयन्त्यभिसंविशन्ति। तद्विजिज्ञासस्व। तद् ब्रह्मेति।'** अर्थात् जिससे ये सभी प्राणी उत्पन्न होते हैं, उत्पन्न होकर जिससे जीवित रहते हैं और अन्त में जिसमें जाकर लीन हो जाते हैं, वही ब्रह्म है (वही, 3.1.1)।

पिता के उपदेश को हृदय में संजोकर वारुणि भृगु ने कुछ समय तक तप किया। तप के साथ ही चिन्तन-मनन भी चलते रहा। इस दौरान उसने **अन्नं ब्रह्मेति व्यजानात्** 'अन्न' को ब्रह्म रूप में जाना। उसने सोचा अन्न से ही ये सब जीव उत्पन्न होते हैं, अन्न से ही जीवित रहते हैं और अन्न स्वरूप पृथ्वी में ही मृत्योपरान्त लौट जाते हैं। इसका

तात्पर्य था अन्न के परिणामभूत वीर्य से सभी प्राणी उत्पन्न होते हैं, अन्न से ही उनका जीवन सुरक्षित रहता है और मृत्यु के बाद अन्न रूपी पृथ्वी में वे लौट जाते हैं।[2] तुरन्त ही पिता के पास जाकर वारुणि ने पिता को अपना उत्तर सुना भी दिया। पर यह क्या! पिता जाने किस दृष्टि से उसकी ओर देखते रहे। उसके उत्तर को न सही कहा न गलत, न प्रसन्नता जाहिर की न डाँट लगायी। पिता को मौन देख वारुणि समझ गया कि उत्तर सही नहीं है, सो उसने पुनः कहा, **अधीहि भगवो ब्रह्म** अर्थात् भगवन मुझे ब्रह्म का उपदेश दीजिये। इस पर महर्षि ने फिर कहा, **तपसा ब्रह्म विजिज्ञासस्व। तपो ब्रह्मेति'** अर्थात् तप से ब्रह्म को जानने की इच्छा कर। तप ब्रह्म है (वही, 3.2.1)।

(वैसे महर्षि ने पुत्र के अन्न ही ब्रह्म है, इस कथन पर मुहर तो नहीं लगायी किन्तु इसी उपनिषद् में आगे अन्न को बहुत महत्त्वपूर्ण माना गया है। एक व्रत लेने कहा गया है कि **अन्नं न निन्द्यात्** अर्थात् अन्न का अनादर न करें (वही, 3.8.1)। दूसरा व्रत लेने कहा गया है **अन्नं बहु कुर्यात्** अर्थात् अन्न को बहुत बढ़ावे (वही, 3.9.1)। तीसरा व्रत इस प्रकार लेने कहा गया है, **न कंचन बसतौ प्रत्याचक्षीत** अर्थात् बसने के लिए आये किसी अतिथि को मना न करें। तैयार किये गये भोजन में अतिथि को भी शामिल करें। इसलिए यहाँ जिस प्रकार से भी हो, पुष्कल अन्न प्राप्त करने कहा गया है (वही, 3.10.1)। यहाँ अन्न को सर्वोषधः अर्थात् सभी बीमारी की औषधि भी कहा गया है। किन्तु अन्न का ठीक से सेवन न किया जाये तो यह बीमारी का कारण भी बनता है।

अस्तु, पिता द्वारा पुनः 'तपस्या करो' कहे जाने पर वरुणपुत्र निराश नहीं हुआ। वन के एक कोने में जाकर उसने पुनः तपस्या प्रारम्भ की। पिता के बताये संकेतित वाक्य **यतो वा भूतानि...**पर चिन्तन-मनन करते-करते उसने **प्राणो ब्रह्मेति व्यजानात्** अर्थात् 'प्राण' ब्रह्म है, यह जाना क्योंकि प्राण से ही ये सब जीव उत्पन्न होते हैं, प्राण से ही जीवित रहते हैं और अन्त में प्राण में ही सब प्रविष्ट हो जाते हैं।

समस्त प्राणी प्राण से ही उत्पन्न होते हैं, इसके समर्थन में कहा जा सकता है कि एक जीवित शरीर से उसी के समान दूसरा प्राणी उत्पन्न होता हुआ प्रत्यक्ष देखा जाता है। सभी प्राणी प्राण से ही जीते हैं, यह हम सबका अनुभव है। यदि श्वास का आना-जाना बन्द हो जाये, यदि प्राण द्वारा अन्न न ग्रहण किया जाये तथा अन्न का रस समस्त शरीर में न पहुँचाया जाये तो कोई भी प्राणी जीवित नहीं रह सकता। फिर मरने के बाद सभी प्राण में ही प्रविष्ट हो जाते हैं। यह प्रत्यक्ष देखा जाता है कि मृत शरीर में प्राण नहीं रहते, अतः निःसन्देह प्राण ब्रह्म है।[3]

वारुणि अपने उत्तर के साथ फिर पिता के पास पहुँचा किन्तु इस बार भी उसे निराशा ही हाथ लगी। पिता की आँखों में शाबाशी का कोई भाव न देख वारुणि ने पुनः कहा, **अधीहि भगवो ब्रह्म** अर्थात् भगवन् मुझे ब्रह्म का उपदेश दीजिये। इस पर महर्षि ने फिर वही कहा, **तपसा ब्रह्म विजिज्ञासस्व। तपो ब्रह्मेति**। अर्थात् तप से ब्रह्म को जानने की इच्छा कर। तप ही ब्रह्म है (वही, 3.3.1)।

वारुणि फिर तपस्यारत हुआ। पिता के सांकेतित वाक्य पर मनन करते-करते उसे इस बार उसे बोध हुआ कि **मनो ब्रह्मेति** अर्थात् 'मन' ब्रह्म है क्योंकि मन से ही ये सब जीव उत्पन्न होते हैं, मन से ही जीवित रहते हैं और अन्त में मन में ही सब प्रविष्ट हो जाते हैं। अतः मन ही ब्रह्म है।

मन से सब प्राणी उत्पन्न होते हैं, कहने का यहाँ तात्पर्य है—स्त्री और पुरुष के मानसिक प्रेमपूर्ण सम्बन्ध से ही प्राणी बीजरूप में माता के गर्भ में आकर उत्पन्न होते हैं, उत्पन्न होकर मन से ही इन्द्रिय द्वारा समस्त जीवनोपयोगी वस्तुओं का उपभोग करके जीवित रहते हैं और मरने के बाद मन में ही प्रविष्ट हो जाते हैं। मरने के बाद इस शरीर में प्राण और इन्द्रियाँ नहीं रहती, इसलिए मन ब्रह्म है।[4]

वारुणि अपने उत्तर के साथ पिता के पास पुनः पहुँचा किन्तु इस बार भी उसे पिता की आँखों में कोई आशा की किरण नहीं दिखी। वे पूर्ववत् मौन थे। वारुणि समझ गया कि अभी भी उससे चूक हुई है। सो उसने पुनः कहा, **अधीहि भगवो ब्रह्म** अर्थात् भगवन् मुझे ब्रह्म का उपदेश दीजिये। इस पर महर्षि ने फिर वही बात कही, **तपसा ब्रह्म विजिज्ञासस्व। तपो ब्रह्मेति।** अर्थात् तप से ब्रह्म को जानने की इच्छा कर। तप ब्रह्म है (वही, 3.4.1)।

वारुणि ने निरालस्य होकर पुनः तपस्या प्रारम्भ की। इस बार उसने **विज्ञानं ब्रह्मेति व्यजानात्** 'विज्ञान' को ब्रह्म के रूप में जाना। विज्ञान अर्थात् चेतनस्वरूप जीवात्मा से ही ये सब जीव उत्पन्न होते हैं, उसी में जीवित रहते हैं और अन्त में उसी में सब प्रविष्ट हो जाते हैं। अतः विज्ञान ब्रह्म है।[5]

चेतनस्वरूप जीवात्मा से सब प्राणी उत्पन्न होते हैं, कहने का यहाँ तात्पर्य है कि ये समस्त प्राणी जीवात्मा से ही उत्पन्न होते हैं जो कि चेतन है। सजीव चेतन प्राणियों से ही प्राणियों की उत्पत्ति प्रत्यक्ष देखी जाती है। उत्पन्न होकर इस विज्ञानस्वरूप जीवात्मा से जीवित रहते हैं और मरने के बाद व्यक्ति की चेतना जीवात्मा में ही प्रविष्ट हो जाती हैं। जीव के निकल जाने पर मृत शरीर में ये सब देखने में नहीं आते। इसलिए विज्ञानस्वरूप जीवात्मा ही ब्रह्म है।

अपना यह उत्तर सुनाने भृगु पिता के पास फिर पहुँचा। किन्तु पिता के चेहरे पर इस बार भी कोई प्रसन्नता का भाव न देख वारुणि ने पुनः कहा, **अधीहि भगवो ब्रह्म** अर्थात् भगवन्! मुझे ब्रह्म का उपदेश दीजिये। इस पर महर्षि ने पुनः वही बात कही, **तपसा ब्रह्म विजिज्ञासस्व। तपो ब्रह्मेति।** अर्थात् तप से ब्रह्म को जानने की इच्छा कर। तप ब्रह्म है (वही, 3.4.1)।

कोई और होता तो शायद निराश हो जाता, ब्रह्म के विषय में सोचना ही बन्द कर देता, किन्तु सच्चे जिज्ञासु क्या कभी निराश होते हैं? असफलता तो उन्हें अपनी मंजिल की ओर और भी तेजी से गतिमान करती है। पिता की आज्ञा शिरोधार्य कर पुत्र ने कठोर तपस्या करते हुए पुनः चिन्तन-मनन प्रारम्भ किया। इस बार उसे बोध हुआ कि **'आनन्दो**

ब्रहेति' अर्थात् 'आनन्द' ब्रह्म है क्योंकि आनन्द से ही ये सब जीव उत्पन्न होते हैं, आनन्द में ही जीवित रहते हैं और अन्त में आनन्द में ही सब प्रविष्ट हो जाते हैं। अतः अवश्य ही आनन्द ब्रह्म है (वही, 3.6.1)।

नारायण स्वामी इस सन्दर्भ में लिखते हैं, यह आनन्दमय परमात्मा ही अन्नमय, प्राणमय आदि सबके परमात्मा हैं। वे सब भी इसके स्थूल रूप है। इसी कारण इनमें ब्रह्म-बुद्धि होती है और ब्रह्म के आंशिक लक्षण पाये जाते हैं। किन्तु सर्वांश में ब्रह्म के लक्षण आनन्द में ही घटते हैं क्योंकि ये समस्त प्राणी उन आनन्दस्वरूप परमात्मा से ही सृष्टि के आदि में उत्पन्न होते हैं। कोई भी दुःख के साथ जीवित नहीं रहना चाहता। उस आनन्दमय परमात्मा की प्रेरणा से ही जगत के सारे प्राणियों की सारी चेष्टाएँ हो रही है। सबके जीवनाधार सचमुच वे आनन्दस्वरूप परमात्मा ही हैं। प्रलयकाल में समस्त प्राणियों से भरा हुआ यह ब्रह्माण्ड उन्हीं में प्रविष्ट हो जाता है।[6]

अस्तु, यह बोध होते ही वारुणि स्वयं ही मानो आनन्द में स्थिर हो गया। आश्चर्य! ब्रह्म के इस लक्षण का बोध होते ही वरुणपुत्र की ब्रह्म-विषयक सारी आशंकाएँ दूर हो गयी। फिर तो दौड़कर अपने पिता के पास जाकर अपना उत्तर सुनाने की तथा यह जानने की कि उसका उत्तर सही है या गलत, वारुणि की थोड़ी भी इच्छा नहीं रही। वस्तुतः उसे अब कोई सन्देह नहीं रह गया था कि आनन्द ही ब्रह्म है।

यहाँ श्रुति कहती है, 'ब्रह्म को आनन्द जाननेवाला सब-कुछ पा लेता है। उसे किसी चीज का अभाव नहीं रहता।'

उल्लेखनीय है कि ब्रह्म का यह लक्षण 'आनन्द' अत्यन्त महत्त्वपूर्ण है। यह आत्मा का भी लक्षण बताया गया है। आत्मा स्वभावतः आनन्दमयी है। आज के युग में मनुष्य को अपने इस स्वरूप का स्मरण रखने की अत्यन्त आवश्यकता है क्योंकि आज सारी सुख-सुविधाओं के होते हुए भी मनुष्य छोटी-छोटी बात पर इतना परेशान हो जाता है कि जीवन उसके लिए कष्टकर हो जाता है। इनसे तंग आकर कई बार वह आत्महत्या कर लेता है या फिर तनावग्रस्त होकर तरह-तरह की बीमारियों को भी शरीर में पालता है। अपने इस स्वरूप के विस्मरण के कारण ही मानव जरा-सी बात पर दूसरों से दुश्मनी मोल लेकर दूसरे को और स्वयं को भी अनावश्यक मुसीबत में डालता है।

इसी उपनिषद् में प्रथम और द्वितीय वल्ली में ब्रह्मानन्द के विषय में कहा गया है कि ब्रह्मानन्द सर्वश्रेष्ठ आनन्द है तथा **आनन्दं ब्रह्मणो विद्वान् न विभेति कुतश्च'** अर्थात् परमात्मा के इस आनन्द को जाननेवाला कभी किसी से भयभीत नहीं होता, वह कभी किसी प्रकार का शोक नहीं करता (वही, 2.9.1)। **ब्रह्मविदाप्नोति परम्** अर्थात् ब्रह्म को जाननेवाला उसे पा लेता है।

यहाँ ब्रह्म के अन्य लक्षण भी बताये गये हैं, **सत्यं ज्ञानमनन्तं ब्रह्म** अर्थात् ब्रह्म सत्यस्वरूप, ज्ञानस्वरूप और अनन्त है। यहाँ ब्रह्म का अनन्त होना ही आनन्द है क्योंकि जो अनन्त है वही आनन्द है। छान्दोग्य उपनिषद् में सनत्कुमार नारद से कहते हैं, **यो**

वै भूमा तत्सुखम् अर्थात् जो भूमा (असीम, अनन्त) है वही सुख है। अल्प में सुख नहीं है। सुख भूमा में ही है। अतः भूमा की विशेष रूप से जिज्ञासा करनी चाहिए (7.23.1)।

इस उपनिषद् का **शान्तिपाठ** है :

ॐ शं नो मित्रः शं वरुणः। शं नो भवत्वर्यमा। शं न इन्द्रो बृहस्पतिः। शं नो विष्णुरुरुक्रमः। नमो ब्रह्मणे। नमस्ते वायो। त्वामेव प्रत्यक्षं ब्रह्म वादिषम्। ऋतमवादिषम्। सत्यमवादिषम्। तन्मामावीत्। आवीन्माम्। अवीद्वक्तारम्।

ॐ शान्तिः! शान्तिः !! शान्तिः!!!

अर्थात् हमारे लिये वरुणदेव एवं मित्रदेव (दिन और प्राण के अधिष्ठाता) कल्याणप्रद हों, अर्यमा (सूर्य और चक्षुमण्डल के देवता) हमारे लिये कल्याणप्रद हो, इन्द्र (बल और भुजाओं के अधिष्ठाता), बृहस्पति (वाणी और बुद्धि के अधिष्ठाता) हमारे लिये कल्याणप्रद हों। इसी तरह कल्याणप्रद हो विष्णु देव! ब्रह्म को नमस्कार है। वायुदेव तुम्हारे लिये नमस्कार है। हे वायुदेव! तुम ही प्रत्यक्ष ब्रह्म हो। मैं तुमको ही प्रत्यक्ष ब्रह्म कहूँगा। ऋत् के अधिष्ठाता होने के कारण मैं तुम्हें ऋत् के नाम से पुकारूँगा। तुम सत्य हो अतः तुम्हें सत्य के नाम से कहूँगा। ब्रह्म मेरी रक्षा करें। वह आचार्य की रक्षा करें।

ॐ शान्तिः शान्तिः शान्तिः।[7]

सन्दर्भ

1. इस उपनिषद् में तीन खण्ड हैं जिन्हें वल्लियाँ (बेल) कहा गया है, शीक्षावल्ली, ब्रह्मानन्दवल्ली और भृगुवल्ली। चूँकि इस तीसरी वल्ली में महर्षि वरुण द्वारा अपने पुत्र भृगु को उपदेश दिया गया है इसलिये इसे भृगुवल्ली कहा गया है।
2. उपनिषद्-अंक, पृ. 357.
3. वही, पृ. 358.
4. वही, पृ. 359.
5. भृगुवल्ली की इस सम्पूर्ण कथा के सन्दर्भ में प्रो सिद्धान्तालंकार लिखते हैं कि वारुणि भृगु अन्न, प्राण, मनस्, विज्ञान आदि तत्त्वों को क्रमशः ब्रह्म मानता गया और गुरु ने हर बार उसे क्रमशः आगे-आगे चलने कहा। जब मनुष्य अन्नमय शरीर के क्षेत्र में रहता है तब अन्न को ही ब्रह्म समझे रहता है क्योंकि उस समय वह 'अन्नमय कोश' से ही सोच समझ सकता है। जब मनुष्य 'प्राणमय कोश' के द्वारा सोचता है तब प्राण को ही ब्रह्म समझे रहता है और उसे सर्वत्र प्राण-ही-प्राण व्याप्त दिखायी देता है। इसी प्रकार आगे-आगे चलते हुए उसे ज्ञान होने लगता है कि न पंचभूत ही ब्रह्म है, न प्राण ब्रह्म है, न मनस ब्रह्म है, न विज्ञानतत्त्व ब्रह्म है। आत्मा के ब्रह्म-ज्ञान की यही प्रक्रिया है—एकादशोपनिषद्, पृ. 163
6. वही, पृ. 360-61
7. दुःख तीन प्रकार के होते हैं, आधिभौतिक, आधिदैविक और आध्यात्मिक। **आधिभौतिक** अर्थात् संसार के अन्य प्राणियों या वस्तुओं से कष्ट, **आधिदैविक** अर्थात् दैव या भाग्यकृत दुःख, **आध्यात्मिक** अर्थात् आत्मा या मन से उत्पन्न पीड़ा। इनसे छुटकारे के लिए तीन बार शान्ति का पाठ किया जाता है।

12. छान्दोग्य उपनिषद् से

देवों और असुरों में विवाद : उद्गीथ का महत्त्व

बात पुरानी है। एक बार देवताओं और असुरों में परस्पर युद्ध हुआ। वैसे देवताओं और असुरों में युद्ध की बात उपनिषदों में तथा अन्य प्राचीन काव्यों में अनेकानेक स्थानों पर आयी है। युद्ध का कारण भी अलग-अलग बताया गया है। यूँ तो दोनों ही भाई थे, एक ही पिता प्रजापति (प्रजा का अधिष्ठाता देवता, ब्रह्मा का विशेषण) की सन्तान थे, पर दोनों का स्वभाव अलग-अलग था। स्वभावानुसार उनके नाम थे। 'दिव्' धातु से सिद्ध 'देवता' शब्द का अभिप्राय प्रकाशित इन्द्रियों से युक्त सत्त्वोगुणी व्यक्तित्व से था। इसके विपरीत 'असुर' शब्द का अर्थ अपने ही असुओं अर्थात् प्राणों में रमण करनेवाली तमोगुणी प्रवृत्तियों से युक्त व्यक्तित्व से था (शंकराचार्य के अनुसार असुर-प्रवृत्ति जहाँ स्वभाव से ही तमोरूप है वहाँ तमोरूप असुरों का पराभव करने के लिए ही सत्त्वोगुणी देवता प्रवृत्त हैं)। सो एक बार ऐसे देवताओं और असुरों में किसी कारण से युद्ध हुआ।

असुर शारीरिक दृष्टि से अधिक बली थे। उन्हें हराना देवताओं को जब कठिन लगा तो उन्होंने आध्यात्मिक शक्ति के जागरण करने हेतु 'उद्गीथ' का अनुष्ठान किया। उद्गीथ ॐ का वाचक है (वस्तुतः ओंकार का गायन ही उद्गीथ है)। इस उपनिषद् के प्रारम्भ में ही ओंकार की महिमा बतायी गयी है। वैसे उपनिषदों में स्थान-स्थान पर ओंकार एवं उद्गीथ की महिमा का उल्लेख है। इसका ध्यान मुक्तिप्रदाता बताया गया है। यहाँ उद्गीथ को ओंकार का प्रतीक कहा गया है। आगे यह भी कहा गया है कि जो विद्वान् उद्गीथ-रूप अक्षर की उपासना करता है वह सम्पूर्ण कामनाओं को प्राप्त करता है। यहाँ उद्गीथ को प्रणव भी कहा गया है, 'निश्चय ही जो उद्गीथ है वही प्रणव है और जो प्रणव है वही उद्गीथ है **अथ खलु य उद्गीथः स प्रणवो यः प्रणवः स उद्गीथः इति** (छां.उप.1.5.1)।' आगे इसे आदित्य भी कहा गया है। यह आदित्य(सूर्य) ॐ का उच्चारण करते हुए गमन करता है। (सोचा जाये तो कितनी मधुर कल्पना है यह...उदित होता सूर्य ओम् का उच्चारण करते हुए आकाश में गमन कर रहा है!) अस्तु, मुख्य कथा है कि देवताओं ने ऐसे उद्गीथ का अनुष्ठान प्रारम्भ किया।

किन्तु तमोगुणी प्रवृत्ति के असुरों ने देवताओं के कार्य में विघ्न डालने का प्रयत्न किया और यह प्रयास बार-बार किया (आज भी यह प्रयास जारी है, तभी तो दुष्टजन सज्जनों के कर्म में खलल डालते रहते हैं)।

छान्दोग्य उपनिषद् की इस कथा में यहाँ उल्लेख है कि देवताओं ने सबसे पहले **नासिका** में रहनेवाले प्राण के रूप में उद्गीथ की उपासना की। यह देखकर असुरों ने देवताओं के काम में विघ्न डालने के लिए उसे पाप से बिद्ध कर दिया। फल यह हुआ कि लोक सुगन्ध और दुर्गन्ध दोनों को सूँघता है (वही, 1.2.2)।

फिर देवताओं ने **वाणी** में रहनेवाले प्राण के रूप में उद्गीथ की उपासना की। यह देखकर असुरों ने उसे भी पाप से बिद्ध कर दिया। इसका फल यह हुआ कि लोक सत्य और मिथ्या दोनों बोलता है (वही, 1.2.3)।

फिर देवताओं ने **चक्षु** में रहनेवाले प्राण के रूप में उद्गीथ की उपासना की। यह देखकर असुरों ने उसे भी पाप से बिद्ध कर दिया। इसका फल यह हुआ कि लोक देखने योग्य और न देखने योग्य दोनों पदार्थों को देखता है। इसी से वह, चक्षु इन्द्रिय, पाप से बींधी हुई है (वही, 1.2.4)।

इसके बाद देवताओं ने **श्रोत्र** में रहनेवाले प्राण के रूप में उद्गीथ की उपासना की। इस बार भी असुरों ने उसे पाप से बिद्ध कर दिया। फल यह हुआ कि लोक सुनने योग्य और न सुनने योग्य दोनों को सुनता है। इसी से वह, श्रोत्र इन्द्रिय, पाप से बींधी हुई है (वही, 1.2.5)।

(शंकराचार्य अपने भाष्य में टिप्पणी करते हैं कि यहाँ जिनका नाम नहीं लिया गया है, उन त्वक् एवं रसना आदि इन्द्रियों को भी ऐसे ही असुरों ने पापबिद्ध किया, समझना चाहिए।)

इसके बाद देवताओं ने **मन** में रहनेवाले प्राण के रूप में उद्गीथ की उपासना की। इस बार भी असुरों ने उसे पाप से बिद्ध कर दिया। फल यह हुआ कि लोक विचारणीय और विचार न करने योग्य, दोनों प्रकार का संकल्प करता है। इसी से मन पाप से बींधा हुआ है (वही, 1.2.6)।

यहाँ प्रश्न उठता है कि इन्द्रियाँ क्यों असुरों के द्वारा पाप से बिद्ध हुईं अर्थात् पराजित हुईं? इसके उत्तर में श्री नारायण स्वामी लिखते हैं कि स्वयं इन्द्रियाँ स्वार्थरहित नहीं है। प्रत्येक इन्द्रिय, उत्तमगन्ध सूँघने अथवा उत्तम शब्द सुनने आदि के रूप में अपना स्वार्थ रखती हैं। इसी कारण इनके भीतर निष्कामता की कमी होती है। इसी कमी के कारण ये असुरों से (दुष्ट प्रवृत्तियों से) स्वयं को बचा नहीं पायी।[1]

अन्त में देवताओं ने **मुख्य प्राण** के रूप में उद्गीथ की उपासना की। यह देखकर असुरों ने उसे भी पाप से बिद्ध करने का प्रयास किया। किन्तु इस बार वे असफल रहे।

बल्कि उनका ही विनाश हो गया। जिस प्रकार दुर्भेद पाषाण के समीप पहुँचकर मिट्टी का ढेला नष्ट हो जाता है उसी प्रकार जो ऐसे उद्गीथ-उपासक के प्रति पापाचरण की कामना भी करता है अथवा इसे मारता या कोसता है, वह स्वयं नष्ट हो जाता है। उपासक एक अडिग चट्टान है (वही, 1.2.8)। शंकराचार्य इस मुख्य प्राण को **मुखे भव मुख्य प्राणः** अर्थात् मुख में रहनेवाला कहते हैं। सम्भवतः मुख के द्वारा उद्गीथ का उच्चारण किया जाता है इसलिए शंकराचार्य इसे मुख में रहनेवाला कहते हैं।

यहाँ फिर प्रश्न उठता है कि मुख्य प्राण के सामने असुर क्यों पराजित हुए? इसके उत्तर में हम श्री नारायण स्वामी को पुनः उद्धृत करेंगे जो कहते हैं कि मुख्य प्राण (श्वास-निःश्वास का साधन) का अपने-आप में कोई स्वार्थ नहीं था अपितु उसका कार्य पूर्णतया निष्कामनापूर्ण था। जिस प्रकार चक्षु को उत्तम रूप की और नासिका को उत्तम घ्राण की कामना होती है उसी प्रकार की कोई कामना मुख्य प्राण को नहीं होती। इसी प्रकार उद्गीथविद्, जो पूर्णतया निःस्वार्थी होता है, उस पर यदि कोई दुष्ट प्रवृत्ति आक्रमण करे तो वह स्वयं पत्थर से टकरानेवाले मिट्टी के ढेले के समान चूर-चूर हो जाता है।

इस तरह प्रस्तुत कथा में इस बात को सफलता के साथ दिखाया गया है कि ईश्वरोपासना में सफलता का मुख्य कारण स्वार्थरहित होना है।[2]

यहाँ हम यह भी कह सकते हैं कि सच्चे तपस्वी पर, एक सज्जन व्यक्ति पर, जो लांछन लगाता है या जो उसे प्रताड़ित करता है, वह स्वयं ही नष्ट होता है। तपस्वी का वह कुछ नहीं बिगाड़ सकता।

श्री सत्यव्रत सिद्धान्तालंकार इस सन्दर्भ में टिप्पणी करते हैं कि मुख में रहनेवाले मुख्य प्राण को उद्गीथ का प्रतीक मानकर उसकी उपासना करने का अभिप्राय मुख द्वारा उच्च घोष से ओंकार के नाद को गुँजाने से है। इसी को उद्गीथ कहते हैं। उत् अर्थात् उच्चस्वर से गीथ अर्थात् गाना। अन्य इन्द्रियों से उद्गीथोपासना करने में शुभाशुभ वासना बनी रहती है जबकि उच्चघोष से ओंकार का नाद गुँजाने से पाप का स्पर्श नहीं होता क्योंकि मुख तथा प्राण दोनों में स्वार्थ का सम्पर्क नहीं है।[3]

अस्तु, कथा से स्पष्ट है कि मुख्य प्राण असुरों से पराभूत नहीं हुआ, इसलिए वह पाप से बिद्ध नहीं हुआ है। लोक इस प्राण के द्वारा न सुगन्ध को जानता है न दुर्गन्ध को। बल्कि वह जो कुछ खाता-पीता है उससे अन्य प्राणों यानी इन्द्रियों का पोषण करता है। अन्त में इस मुख्य प्राण को प्राप्त न होने के कारण ही प्राणसमूह उत्क्रमण करता है। इसी कारण अन्त में मनुष्य मुख फाड़ देता है (वही, 1.2.9)।

शंकराचार्य यहाँ कहते हैं कि मुख्य प्राण से अन्नादि न पाकर ही घ्राणादि इन्द्रियसमुदाय उत्क्रमण करता है क्योंकि प्राणहीन पुरुष खाने-पीने में समर्थ नहीं होता। इसी से उस समय इन्द्रियसमुदाय की उत्क्रान्ति प्रसिद्ध है। उत्क्रमण के समय प्राण की भोजन करने की इच्छा स्पष्ट देखी जाती है इसी से उस समय वह मुख फाड़ देता है (शांकरभाष्य, 1.2.3)।

आस्य अर्थात् मुख से निकलने के कारण इसकी एक संज्ञा **आयास्य** भी है। वैसे आयास्य नामक ऋषि ने इस प्राण की उद्गीथ के रूप में उपासना की थी, इसलिए भी इसे आयास्य कहा जाता है।

यहाँ उद्गीथ की दो अन्य संज्ञा भी बतायी गयी है, एक **आंगिरस** और दूसरी **बृहस्पति**। आंगिरस इसलिए क्योंकि अंगिरा ऋषि ने मुख्य प्राण के रूप में उद्गीथ की उपासना की थी। यह सम्पूर्ण अंगों का रस है इसलिए भी इसे आंगिरस कहते हैं। इसी तरह महर्षि बृहस्पति द्वारा उपासित होने के कारण इसे बृहस्पति भी कहा गया (वही, 1.2.10-11)।

सन्दर्भ

1. नारायण स्वामी, उपनिषद् रहस्य, पृ. 513.
2. वही, पृ. 515.
3. एकादशोपनिषद्, पृ. 187.

13. मुण्डकोपनिषद् से

महर्षि अंगिरा एवं शौनक ऋषि में संवाद : परा और अपरा विद्या

उपनिषदों में दो प्रकार की विद्याएँ बतायी गयी हैं, एक परा और दूसरी अपरा। मुण्डकोपनिषद्[1] में इन दोनों विद्याओं की सुन्दर विवेचना की गयी है। मुण्डित संन्यासियों को लक्ष्य कर रची जाने के कारण इसका नाम मुण्डकोपनिषद् रखा गया है।

प्रस्तुत संवाद में उल्लेख है कि शौनक नामक एक महागृहस्थ को एक बार परमतत्त्व को लेकर जिज्ञासा हुई। वैसे शौनक ऋषि स्वयं एक बृहत् विद्यालय के अधिष्ठाता थे। परमतत्त्व क्या है, बहुत सोचने पर भी जब उन्हें इस बात का कोई सन्तोषजनक उत्तर नहीं मिला तो वे हाथ में समिधा (यज्ञ में प्रयुक्त ईंधन, अग्नि आदि) लेकर महर्षि अंगिरा के समक्ष गये। समिधा लेकर जाने का तात्पर्य था कि वे उनका शिष्यत्व ग्रहण करना चाहते हैं। सो शिष्यत्व ग्रहण करते हुए उन्होंने महर्षि अंगिरा से एक प्रश्न पूछा। प्रश्न अत्यन्त गम्भीर था, **कस्मिन्नु भगवो विज्ञाते सर्वमिदं विज्ञातं भवति** (मुण्डक. उप. 1.1.3) अर्थात् भगवन्! निश्चयपूर्वक किसको जान लेने पर यह सब-कुछ विज्ञात (विशेष रूप से ज्ञात) हो जाता है? (उल्लेखनीय है कि उपनिषदों में यह प्रश्न अत्यन्त महत्त्वपूर्ण रहा है। छान्दोग्य उपनिषद् में इसी तरह का प्रश्न महर्षि आरुणि ने अपने ब्रह्मचर्यावास से लौटे पुत्र श्वेतकेतु से पूछा था।[2])

इस पर महर्षि अंगिरा कहते हैं कि परब्रह्म ही वह तत्त्व है जिसे जान लेने पर यह सब-कुछ जाना हुआ हो जाता है। इसी सन्दर्भ में वे दो प्रकार की विद्याएँ बताते हैं–एक परा, दूसरी अपरा। इन दोनों में **अपरा विद्या** वह है जिसके द्वारा लोक और परलोक सम्बन्धी भोगों तथा उनकी प्राप्ति का ज्ञान मिलता है। इनमें चारों वेद आते हैं, ऋग्वेद, यजुर्वेद, सामवेद और अथर्ववेद। चारों वेदों के साथ ही शिक्षा, कल्प, शब्द, निरुक्त, छन्द और ज्योतिष, ये षड्-वेदांग[3] भी अपरा विद्या ही हैं (वैसे वेदों के कुछ अंशों में **परा विद्या** का भी अंश है)। यज्ञकर्म इन्हीं वेदांगों के द्वारा सम्पन्न होता है। शंकराचार्य अपने भाष्य में यहाँ टिप्पणी करते हैं कि अपरा विद्या धर्म-अधर्म के साधन और उनके फल से सम्बन्ध रखनेवाली विद्या है।

इस अपरा विद्या के लिए महर्षि अंगिरा यह भी कहते हैं कि यह वास्तव में विद्या नहीं अविद्या ही है। इनमें 18 प्रकार के यज्ञीय कर्म कहे गये हैं किन्तु ये सब कर्म श्रेष्ठ कर्म नहीं हैं। जो मूढ़ इन यज्ञीय कर्मों को श्रेय मानकर आनन्द मनाते फिरते हैं, वे बार-बार जरा और मृत्यु के बन्धन में फँसते हैं। अविद्या में पड़े हुए स्वयं को धीर और पण्डित मानते हुए मूर्ख लोग ऐसे फिरते हैं जैसे **अन्धेनैव नीयमाना यथान्धाः** अर्थात् अन्धे के द्वारा ले जाते हुए अन्धे व्यक्ति। ऐसी स्थिति में उनका ठोकर खाकर गिरना स्वाभाविक ही है (मुण्डक. उप. 1.2.8)। अतः यह वास्तविक सुकृत (श्रेष्ठ कर्म) नहीं है। वास्तविक सुकृत तो परा विद्या प्रदान करती है।

परा विद्या का अर्थ है वह विद्या जो परब्रह्म का तत्त्वज्ञान कराती है। इससे स्पष्ट होता है कि परा विद्या ही वह ज्ञान देने में समर्थ है जिसके विषय में जिज्ञासा लेकर शौनक मुनि आये थे।

किन्तु परब्रह्म का ज्ञान प्राप्त करना तो बहुत कठिन है क्योंकि वह ब्रह्म न ज्ञानेन्द्रियों द्वारा पकड़ में आता है और न ही कर्मेन्द्रियों द्वारा। फिर न उसका कोई गोत्र है और न ही वर्ण है। अब कोई गोत्ररहित हो, वर्णरहित हो, नेत्र, कर्ण आदि से रहित हो, नित्य सर्वगत (सब ओर फैला हुआ हो) हो, उसे जाना भी कैसे जा सकता है? फिर भी कुछ उपमाओं के द्वारा महर्षि अंगिरा ब्रह्म, जगत् और जीवात्माओं की उत्पत्ति का वर्णन करते हैं।

वे कहते हैं, जैसे मकड़ी अपने भीतर से जाला उत्पन्न करती है फिर अपने भीतर ही समेट लेती है तथा जैसे पृथिवी पर नाना प्रकार की ओषधियाँ उत्पन्न होती हैं अथवा जैसे मानवशरीर में केश और लोम उत्पन्न होते हैं वैसे ही इसी परमेश्वर से प्राण, मन, इन्द्रिय, आकाश, वायु, तेज, जल और पृथ्वी उत्पन्न होते हैं (मुं. उप. 1.1.7)। जिस प्रकार प्रज्वलित अग्नि से नाना चिन्गारियाँ प्रकट होती हैं उसी प्रकार ब्रह्म से नाना प्रकार की प्रजा उत्पन्न होती है और फिर उसी में विलीन हो जाती है (मुं. उप. 2.1.1)।

उल्लेखनीय है कि श्री वल्लभाचार्य के शुद्धाद्वैत वेदान्त दर्शन में इस अन्तिम रूपक को जीव और ब्रह्म में सम्बन्ध बतलाने के लिए अनेक स्थानों पर प्रयुक्त किया गया है। उनके अनुसार जड़-जगत् और चेतन-जीव, ये दोनों ही अग्नि से विस्फुलिंग की भाँति ब्रह्म से निकलते हैं। **विस्फुलिंगा इवाग्नेः हि जड़ जीवाः विनिर्गताः।**[4]

अस्तु, इस उपनिषद् में आगे एक मन्त्र में प्रत्यक्ष दिखायी देनेवाले जगत् को शरीर मानते हुए परब्रह्म का रूप बताया गया है :

अग्निर्मूर्धा चक्षुषी चन्द्रसूर्यौ दिशः श्रोत्रे वाग् विवृताश्च वेदाः।
वायुः प्राणो हृदयं विश्वमस्य पद्भ्यां पृथिवी ह्येष सर्वभूतान्तरात्मा॥

(वही 2.1.4)

अर्थात् उस परमेश्वर का अग्नि मस्तक है, चन्द्र और सूर्य दो नेत्र हैं, सब दिशाएँ

उसके कान हैं, विस्तृत वेद वाणी है, वायु प्राण है, जगत् हृदय है, पृथ्वी मानो पैर हैं। यह ब्रह्म ही समस्त प्राणियों के अन्तर्यामी हैं।

कुछ अन्य उपनिषदों में तथा परवर्ती संस्कृत धार्मिक ग्रन्थों में ईश्वर के लिए इस प्रकार की उपमा अनेक स्थानों पर व्यवहृत हुई है, जैसे भागवत पुराण [5] में यह सारा चराचर जगत् उसी का रूप बताया गया है।

यहाँ महत्त्वपूर्ण बात यह भी कही गयी है कि इस केन्द्रभूत सत्ता पर आश्रित होकर हम समस्त दुखों से मुक्त हो सकते हैं। पर इस आश्रयप्राप्ति के लिए हमें क्या करना होगा? महर्षि अंगिरा यहाँ कहते हैं, इसके लिए हमें उसका ध्यान करना होगा। पर कैसे हम उसका ध्यान करें? महर्षि इस हेतु प्रणव अर्थात् ओम् के सहारे आत्मा को ब्रह्म तक पहुँचने की शिक्षा देते हैं। ओंकार या प्रणव ही वह साधन है जिसकी सहायता से हम स्वयं को उसकी ओर लक्षित कर सकते हैं। यहाँ महर्षि ओंकार को धनुष तथा आत्मा को बाण कहते हैं। उपासना द्वारा तीक्ष्ण किया गया यह शर (तीर) प्रमादरहित मनुष्य के द्वारा ही बींधा जाने योग्य है। जैसे बाण लक्ष्य में बींधकर उसमें ही तन्मय हो जाता है उसी तरह आत्मा को ओंकार के सहारे ब्रह्म में तन्मय हो जाना चाहिए (वही 2.2.4)। **अमृतस्य एषः सेतुः** अर्थात् यही अमृतसदृश्य परमात्मा को प्राप्त करने के लिए सेतु है (वही 2.2.5)।

परमात्मा को प्राप्त करनेवाले जीव की स्थिति के सम्बन्ध में अंगिरा कहते हैं :

भिद्यते हृदयग्रन्थिश्छिद्यन्ते सर्वसंशयाः।
क्षीयन्ते चास्य कर्माणि तस्मिन्दृष्टे परावरे॥ (वही, 2.2.8)

अर्थात् परमात्मा को जान लेने पर जीव के हृदय की गाँठ खुल जाती है, उसके सर्वसंशय विनिष्ट हो जाते हैं और उसके समस्त शुभाशुभ कर्म नष्ट हो जाते हैं अर्थात् यह जीव सब बन्धनों से सर्वथा मुक्त होकर परमानन्द-स्वरूप परमेश्वर को प्राप्त करता है।

प्रकाशधाम में विद्यमान उस **ज्योतिषां ज्योति** अर्थात् समस्त ज्योतियों की ज्योति, परमात्मा को आत्मज्ञानी जानते हैं। उसका प्रकाश कैसा असीम है, यह बताने के लिए अगले मन्त्र में महर्षि कहते हैं :

न तत्र सूर्यो भाति न चन्द्रतारकं नेमा विद्युतो भान्ति कुतोऽयमग्निः।
तमेव भान्तमनुभाति सर्व तस्य भासा सर्वमिदं विभाति॥ (वही 2.2.10)

अर्थात् उस स्वयंप्रकाश परब्रह्म के समक्ष न सूर्य प्रकाशित होता है न चन्द्रमा न तारागण। न ही वहाँ बिजली चमकती है, फिर इस लौकिक अग्नि की बात ही क्या है? वस्तुतः उसके प्रकाशित होने पर सूर्यादि ये सब प्रकाशित होते हैं।

अगले श्लोक में ब्रह्म कहां है, किस दिशा में है इसकी सुन्दर व्याख्या महर्षि करते हैं :

ब्रह्मैवेदममृतं पुरस्तात्ब्रह्म पश्चात्ब्रह्म दक्षिणतश्चोत्तरेण।
अधश्चोर्ध्वं च प्रसृतं ब्रह्मैवेदं विश्वमिदं वरिष्ठम् ॥ (वही, 2.2.11)

अर्थात् वह अमृतस्वरूप ब्रह्म सामने है, वही ब्रह्म पीछे है, वही दक्षिण में है और वही उत्तर में है। नीचे की ओर तथा ऊपर की ओर भी फैला हुआ यह जो सम्पूर्ण विश्व है, वह सर्वश्रेष्ठ ब्रह्म ही है।

उपनिषद् के ऋषियों को ब्रह्म के विषय में यह सर्वव्यापकता बहुत प्रिय थी। अन्य स्थानों पर भी हम ऐसा ही चित्रण देख सकते हैं।[6]

(यहाँ प्रश्न उठता है कि यदि सब-कुछ ब्रह्म है तो हमें वह न दिखकर जगत् का यह कोलाहलपूर्ण पसारा क्यों दिखता है जो हमें सुख-दुःख के झूले में निरन्तर झुलाते रहता है? इसके उत्तर में इस श्लोक की व्याख्या में शंकराचार्य को उद्धृत किया जा सकता है। यहाँ वे अपने अद्वैत दर्शन को प्रस्तुत करते हुए लिखते हैं कि यह सम्पूर्ण अब्रह्मरूप प्रतीति रज्जु में सर्प की प्रतीति के समान अविद्या मात्र ही है। एकमात्र ब्रह्म ही सत्य है, यह वेद का उपदेश है।)

अस्तु, उपर्युक्त सुन्दर श्लोक स्पष्ट शिक्षा देता है कि जिस परमात्मा की खोज में हम यहाँ-वहाँ भटकते हैं, जिसके वास-स्थान को लेकर झगड़ते हैं, एक-दूसरे के खून के प्यासे हो जाते हैं, वह परमात्मा तो हमारे चारों ओर उपस्थित है। प्रकृति के कण-कण में, प्रत्येक चराचर में विराजमान है। सब ओर परमात्मा का दर्शन करनेवाला भला किससे घृणा कर सकता है? ईशावास्योपनिषद् में कहा भी गया है कि **यस्तु सर्वाणि भूतान्यात्मन्येवानुपश्यति। सर्वभूतेषु चात्मानं ततो न विजुगुप्सते॥** (ईश. उप. 7) अर्थात् जो सम्पूर्ण चराचर जगत् को परमेश्वर में देखता है और सम्पूर्ण चराचर जगत में परमेश्वर को देखता है वह किसी से घृणा नहीं करता।

अस्तु, मुण्डक उपनिषद् के तीसरे मुण्डक में जीव और ईश्वर की सुन्दर तुलना दो सुनहरे पक्षियों से की गयी है :

द्वा सुपर्णा सयुजा सखाया समानं वृक्षं परिषस्वजाते।
तयोरन्यः पिप्पलं स्वाद्वत्त्यनश्नन्नन्यो अभिचाकशीति॥ (वही, 3.1.1).

दो सुपर्ण पक्षी साथ-साथ सखाभाव से एक ही वृक्ष का आश्रय लेकर रहते हैं, किन्तु दोनों में बड़ा भेद यह है कि एक जहाँ वृक्ष के फलों का स्वाद लेते हुए उपभोग करता है वहाँ दूसरा फलों को चखे बिना केवल द्रष्टा बना देखते रहता है। यहाँ जीवात्मा वह पक्षी है जो फलों का उपभोग करता है जबकि परमात्मा वह है जो केवल द्रष्टा बना रहता है।

पर फलों का स्वाद लेकर उपभोग करने का अर्थ यह नहीं है कि जीवात्मा को बड़े स्वादिष्ट, मज़ेदार फल मिल रहे हैं जो उसे सदा सुख देते हैं। यह फल स्वाद में जरूर अच्छे हैं किन्तु परिणाम में प्रायः दुःखदायक होते हैं, अतः वास्तव में वे सुख नहीं देते। संसार की गहरी आसक्ति में डूबा जीवात्मा सत्य को देखने में असमर्थ होकर मोहित होता है और परिणाम की परवाह किये बिना आज के सुख में डूबा रहता है। इसीलिए संसार

के भोग जीवात्मा को अनेकानेक कष्टों और परेशानियों में डालते हैं जबकि इन फलों की ओर से निःस्पृह परमात्मा किसी प्रकार के कष्ट में नहीं पड़ता। इस तरह से मोहित जीवात्मा जब कभी अपने महिमावान् साथी परमेश्वर की महिमा को देखता है तो वीतशोक अर्थात् शोकरहित हो जाता है (वही, 3.1.2)।

यहाँ हमारे शरीर की वृक्ष से तुलना की गयी है जिसके हृदय रूपी गुफा में दोनों पक्षी रहते हैं।

किन्तु इतने करीब होते हुए भी हमारा दुर्भाग्य कि हम परमात्मा को नहीं देख पाते। वस्तुतः उसे देखना यूँ सरल भी नहीं है। उसे देखने हेतु तप की जरूरत होती है, ऐसे तप की जो हमारे आचरण में सत्यता लाता है, उसे सत्य बनाता है। यहीं पर वह प्रसिद्ध श्लोक भी है जिसकी प्रारम्भिक पंक्तियाँ हम सब भारतवासियों को रटी हुई है :

सत्यमेव जयति नानृतं सत्येन पन्थाः विततो देवयानः।
येनाक्रमन्त्यृषयो ह्याप्तकामा यत्र तत्सत्यस्य परमं निधानम्॥ (वही, 3.1.6)

अर्थात सत्य ही विजयी होता है, असत्य नहीं। यह देवयान नामक मार्ग सत्य से परिपूर्ण है जिससे आप्तकाम ऋषिगण गमन करते हैं। वहाँ उस सत्यस्वरूप परमात्मा का उत्कृष्ट धाम है।

ज्ञानी जीवात्मा की स्थिति के सम्बन्ध में अन्त में शौनक से महर्षि अंगिरा कहते हैं, 'अपने आपको परमात्मा में लगा देनेवाले ज्ञानीजन पूर्णतः परमात्मा में प्रविष्ट हो जाते हैं (वही, 3.2.5)।'

'जिस तरह बहती हुई नदियाँ नामरूप को छोड़कर समुद्र में विलीन हो जाती हैं उसी तरह ज्ञानी आत्मा अपने नामरूप से विमुक्त होकर उस दिव्य परमपुरुष को प्राप्त होती हैं (वही, 3.2.8)।'

'जो कोई उस परब्रह्म को जान लेता है वह ब्रह्म ही हो जाता है, **ब्रह्म वेद ब्रह्मैव भवति।** इतना ही नहीं उसके कुल में कोई अब्रह्मविद् नहीं होता। **तरति शोकं तरति पाप्मानं** वह शोक से तर जाता है, पाप को पार कर लेता है और हृदयग्रन्थियों से विमुक्त होकर **अमृतो भवति** अमर हो जाता है (वही, 3.2.9)।

अन्य उपनिषदों में अनेकानेक स्थानों पर आत्मविद्या का यह फल बताया गया है, जैसे, छान्दोग्य उपनिषद् में नारद सनत्कुमार से कहते हैं कि मैं अनेकानेक विद्याओं का ज्ञाता हूँ, फिर भी शोक करता हूँ। मैंने आप जैसे ऋषियों के मुख से सुना है कि **तरति शोकं आत्मविद्** अर्थात् आत्मा को जाननेवाला शोक को पार कर जाता है अतः कृपया मुझे आत्मज्ञान दीजिये (छां. उप. 7.1.3)।

अस्तु, यही **परा विद्या** द्वारा ज्ञात परब्रह्म है जिसकी जिज्ञासा लेकर शौनक ऋषि महर्षि अंगिरा के पास आये थे।

अन्त में इस उपनिषद् का शान्तिपाठ जो उपनिषद् के प्रारम्भ में भी है :

ॐ भद्रं कर्णेभिः श्रृणुयाम देवा भद्रं पश्येमाक्षभिर्यजत्राः।
स्थिरैरङ्गैस्तुष्टुवांसस्तनूभि र्व्यशेम देवहितं यदायुः॥
स्वस्ति न इन्द्रो वृद्धश्रवाः स्वस्ति नः पूषाः विश्ववेदाः।
स्वस्ति नस्ताक्ष्यों अरिष्टनेमिः स्वस्ति नो बृहस्पतिर्दधातु॥
ॐ शान्तिः! शान्तिः !! शान्तिः!!!

हे देवगण हम भगवान का यजन अर्थात् आराधना करते हुए कानों से कल्याणमय वचन सुनें। नेत्रों से शुभदर्शन करें। हमारे अंग सुदृढ़ हों ताकि अपने स्थिर अंगों से हम उस आयु का उपभोग करें जो देवहित में हों। महान् कीर्तिमान इन्द्र हमारा कल्याण करें। सम्पूर्ण विश्व का ज्ञान रखनेवाला (विश्ववेद) पूषा (प्रातःकालीन सूर्य का एक नाम) हमारा कल्याण करें। अरिष्ट (आपत्तियों) के लिए चक्र के समान घातक वह गरुड़ हमारा कल्याण करें तथा बुद्धि के स्वामी बृहस्पति हमारा कल्याण करें। त्रिविध ताप (आध्यात्मिक, आधिदैविक और आधिभौतिक) की शान्ति हो।

सन्दर्भ

1. मुण्डकोपनिषद् अथर्ववेद के मन्त्र भाग के अन्तर्गत है।
2. क्या तुमने अपने गुरु से वह आदेश पूछा है **येन अश्रुतं श्रुतं भवति अमतं मतं अविज्ञातं विज्ञातमिति।** अर्थात् जिसके द्वारा अनसुना सुना हुआ हो जाता है, अमत मत हो जाता है और अविज्ञात विशेष रूप से ज्ञात हो जाता है (छां. उप. 6.1.3)?
3. वेद भाषा और भाव दोनों की दृष्टि से दुर्बोध थे। अतः परवर्ती काल में कुछ ऐसे ग्रन्थों की आवश्यकता हुई जो वेदों का यथार्थ अर्थ समझने तथा उनके कर्मकाण्ड का प्रतिपादन करने में सहायक हो सके। इन्हें ही वेदांग कहते हैं। इस तरह जो वेद के अध्ययन में सहायक हो वे वेदांग हैं। संख्या में 6 होने के कारण इन्हें **षड्-वेदांग** कहा जाता है। ये इस प्रकार हैं : **1. शिक्षा–**वैदिक साहित्य के उच्चारण विधियों का निर्देश देनेवाले ग्रन्थ शिक्षा कहे गये। सही उच्चारण के लिए 'शिक्षा' शब्द का प्रयोग ही इसकी महत्ता बताता है। वस्तुतः वैदिक संस्कृत के एक-एक अक्षर का उच्चारण शास्त्रीय दृष्टि से निर्धारित है। अशुद्ध उच्चारण से अर्थ का अनर्थ हो सकता है। **2. कल्प–**इसमें मुख्यतः यज्ञ के कर्मकाण्ड की अनुष्ठान विधि बतायी गयी है। **3. व्याकरण–**पद के स्वरूप तथा अर्थ निर्णय के लिए व्याकरण ग्रन्थ रचे गये। पाणिनी का अष्टाध्यायी व्याकरण का प्रसिद्ध ग्रन्थ है। **4. निरुक्त–**वैदिक मन्त्रों में जिन कठिन शब्दों का प्रयोग हुआ है उनकी प्रकृति अर्थात् व्युत्पत्ति की व्याख्या निरुक्त में की गयी है। **5. छन्द–**वैदिक संहिताओं का अधिकांश भाग छन्दमय है। वैदिक मन्त्रों की विशुद्धता और लयबद्ध गति के ज्ञान के लिए छन्दशास्त्र की आवश्यकता हुई। **6. ज्योतिष–**वेदांग में ज्योतिष का सर्वाधिक महत्त्व है। कहा जाता है कि जैसे मयूर की शिखा उसके सिर पर तथा नाग का मणि उसके फन पर होता है वैसे ही ज्योतिष षड़ वेदांगों में सर्वोपरि है। हमारे पूर्वजों ने बहुत पहले ही समझ लिया था कि यज्ञ की सफलता के लिए उसे उचित विधान के साथ करने के साथ ही उचित नक्षत्र तथा उचित समय में किया जाये। इस तरह यज्ञ हेतु ग्रहों के

अनुकूल या प्रतिकूल होने का ज्ञान आवश्यक है। इसी आवश्यकता की पूर्ति के लिए ज्योतिष शास्त्र का जन्म हुआ। प्राचीन काल में वराहमिहिर, आर्यभट्ट, ब्रह्मगुप्त आदि प्रसिद्ध ज्योतिषाचार्य हुए हैं।

4. अणुभाष्य, 2.3.43.

5. भागवत् पुराण में विश्व को भगवान् का विराट् शरीर समझते हुए ध्यान करने को कहा गया है। भगवान् की एड़ियाँ और पंजे रसातल हैं। एड़ियाँ के ऊपर की गाँठे महातल हैं और पैर के पिण्डे तलातल हैं। दोनों घुटने सुतल और जाँघें अतल तथा वितल हैं। पेड़ू भूतल तो नाभि आकाश है। उसकी छाती स्वर्गलोक, गला महर्लोक, मुख जनलोक, ललाट तपोलोक, मस्तक सत्यलोक है। इन्द्रादि देवता भुजाएँ तो दिशाएँ कान और शब्द श्रवण हैं। अश्विनी कुमार नासिकाएँ एवं गन्ध घ्राणेन्द्रिय, धधकती आग मुख, नेत्र अन्तरिक्ष है और सूर्य उसकी देखने की शक्ति है, पलकें रात और दिन हैं। उसका भूविलास ब्रहमलोक है। तालु जल और जिह्वा रस है। वेद भगवान के ब्रह्मरन्ध्र, यम दाढ़ें तथा सब प्रकार के स्नेह दाँत हैं। जगन्मोहिनी माया उसकी मोहक मुस्कान हैं। अनन्त सृष्टि उसकी माया का कटाक्ष-विक्षेप है। लज्जा ऊपर का होंठ और लोभ नीचे का होंठ है। धर्म स्तन और पीठ अधर्म है। प्रजापति मूत्रेन्द्रिय, मित्रावरुण अण्डकोष, समुद्र कोख, विशालपर्वत हड्डियाँ, नदियाँ नाड़ियाँ, वृक्ष रोम, प्रबल-वायु श्वास, काल चाल, गुणों का चक्कर कर्म, बादल केश, सन्ध्या अनन्त वस्त्र, मन चन्द्रमा, महत् तत्त्व चित्त एवं रुद्र अहंकार है। पशु एवं अन्य वन्यप्राणी नख तथा कटि प्रदेश में स्थित हैं। पक्षीगण उसका रचना कौशल, स्वयंभु मनु बुद्धि तथा मनु की सन्तान मानव हैं।—श्रीमद्भागवत्, 1.2

6. देखिये कठोपनिषद् 2.2.15 तथा श्वेताश्वतर उप. 6.14.

14. प्रश्नोपनिषद् से

महर्षि पिप्पलाद से छह तपस्वियों का संवाद : ब्रह्मजिज्ञासा से सम्बन्धित प्रश्नोत्तर

प्रश्नोपनिषद्, जैसा कि नाम से ही स्पष्ट है, कुछ गूढ़ प्रश्नों पर केन्द्रित उपनिषद् है। ये प्रश्न तात्त्विक तो हैं ही, मनोवैज्ञानिक भी हैं। तात्त्विक प्रश्न का अर्थ है, जगत् के मूलतत्त्व, ब्रह्म, आत्मा, जीव आदि को लेकर किये गये प्रश्न। उपनिषदों के शिष्यों के मन में उठनेवाले ऐसे ही प्रश्नों से उपनिषदें भरी हुई हैं। उस काल में ऋषियों के मन में कैसे-कैसे तात्त्विक प्रश्न उठा करते थे और किस प्रकार इनका उत्तर पाने वे अपना अभिमान छोड़कर अन्य ऋर्षियों के पास जाते थे, इसकी सुन्दर झाँकी हमें इस उपनिषद् में दिखायी देती है।

कथा है कि एक बार छह तपस्वी महर्षि पिप्पलाद के पास पहुँचे। इन तपस्वियों के नाम और परिचय इस प्रकार दिये गये हैं–भरद्वाजपुत्र सुकेशा, शिविपुत्र सत्यकाम, सौर्यायणी गार्ग्य (गर्ग गोत्र में उत्पन्न), आश्वाल्य कौशल्य (कोसल देश का), भार्गव वैदर्भि (विदर्भ देश का) तथा कबन्धी कात्यायन (कत्य ऋषि का प्रपौत्र)।

वैसे इन सबने ब्रह्मचर्यावास करते हुए सांगोपांग वेद पढ़े थे किन्तु ब्रह्म को लेकर कुछ प्रश्नों के सन्तोषजनक उत्तर से वे सभी वंचित थे। अतः पहले उन्होंने आपस में इस पर विचार किया। फिर किसी से महर्षि पिप्पलाद की ख्याति सुनकर वे उनके पास हाथ में समिधा (यज्ञ हेतु ईंधन सामग्री) लेकर पहुँचे ताकि उनका शिष्यत्व प्राप्त कर सके। शिष्यतत्त्व ग्रहण करने के बाद ही तो वे अपने प्रश्न गुरु के समक्ष रख सकते थे और उनके उत्तर जान सकते थे (प्र. उप. 1.1)।

गुरु ने उनके आने का कारण जानकर उनका स्वागत किया। उनके तप की प्रशंसा की, किन्तु अपना शिष्य स्वीकार करने के पूर्व कहा, 'आप महानुभाव मेरे आश्रम में एक वर्ष तक ब्रह्मचर्य व्रत का पालन करते हुए पहले श्रद्धापूर्वक तप कीजिये। इसके बाद मुझसे इच्छानुसार प्रश्न करना। **यदि विज्ञास्यामः सर्वं ह वो वक्ष्यामः**...अर्थात् यदि आपके द्वारा पूछे गये विषयों का मुझे ज्ञान होगा तो निःसन्देह आपको सब बातें समझाकर बताऊँगा (वही, 1.2)।'

पिप्पलाद ऋषि ब्रह्मज्ञान के लिए तप, ब्रह्मचर्य और श्रद्धा को आवश्यक बताते हैं। इसकी व्याख्या में प्रो. सिद्धान्तालंकार शरीर की साधना को तप तथा मन की साधना को ब्रह्मचर्य कहते हैं एवं मन के संकल्प-विकल्प में से निकलकर सत्य की खोज के लिए डट जाने को श्रद्धा कहते हैं।

अस्तु, महर्षि के प्रति श्रद्धावनत् सभी छह ऋषियों ने तत्काल उनके आश्रम में तपस्या प्रारम्भ कर दी। तपस्वी के लिए काल बड़ा नहीं होता। एक वर्ष देखते-ही-देखते बीत गया। तब वे सब पुनः अपने प्रश्नों के साथ पिप्पलाद के समक्ष पहुँचे। एक-एक कर उन्होंने महर्षि से प्रश्न पूछना प्रारम्भ किया। आगे हम उनके प्रश्न और महर्षि द्वारा दिये गये उत्तर देखेंगे।

1. कात्यायन कबन्धी का प्रश्न

सबसे पहले **कात्यायन कबन्धी** ने अपना प्रश्न पूछा, **भगवन् कुतो ह वा इमाः प्रजाः प्रजायन्त इति** अर्थात् हे भगवन्! वह कौन है जिससे ये सम्पूर्ण चराचर जीव नाना रूपों में उत्पन्न होते हैं (वही, 1.3)?

इस पर महर्षि ने उत्तर दिया, 'निश्चय ही प्रजा उत्पन्न करने की इच्छा करनेवाला प्रजापति है, **प्रजाकामो वै प्रजापतिः**। उसने तप किया। तप करके उसने पहले रयि और प्राण का जोड़ा उत्पन्न किया ताकि दोनों मिलकर नाना प्रकार की सृष्टि उत्पन्न कर सके।'

(प्रजापति द्वारा तप पर टिप्पणी करते हुए प्रो. सत्यव्रत सिद्धान्तालंकार यहाँ लिखते हैं कि ब्रह्म ने जब सृष्टि की रचना प्रारम्भ की तब पहले पहल क्रिया (Activity) शुरू हुई होगी। यह क्रिया जब अपने उग्ररूप (Climax) पर आयी होगी, उस समय की अवस्था का नाम 'तप' है। इसीलिए कहा कि प्रजापति ने तप किया।)

'पर ये प्राण और रयि क्या हैं?'

'सबको जीवन प्रदान करनेवाली शक्ति प्राण है जबकि समस्त भूत-समुदाय रयि है। प्राण से ही रयि में अर्थात् समस्त भूत-समुदाय में जीवनशक्ति आती है। इन दोनों के संयोग से ही सृष्टिनिर्माण का कार्य सम्पन्न होता है...और इस तरह समस्त प्रजा उत्पन्न होती है।'

आगे महर्षि अपनी बात को और भी स्पष्ट समझाते हुए कहते हैं **'आदित्यो ह वै प्राणो रयिरेव चन्द्रमा...**यह जो सूर्य हमें प्रत्यक्ष दिखायी देता है, यही प्राण है। यह सूर्य 'प्राणरूप सूक्ष्म जीवनशक्ति' का घनीभूत रूप है। सहस्त्रों किरणोंवाला सूर्य सैकड़ों प्रकार से बर्तता हुआ समस्त जीवों का प्राण होकर उदित होता है। इसी तरह चन्द्रमा रयि है क्योंकि इसमें स्थूल तत्त्वों को पुष्ट करनेवाले तत्त्व की अधिकता है। समस्त प्राणी के स्थूल शरीर का पोषण चन्द्रमा की शक्ति को पाकर ही होता है (वही, 1.4-8)।'

2. वैदर्भी भार्गव के प्रश्न :

इसके पश्चात् विदर्भ देश के **भार्गव** की पारी थी। विनयपूर्वक महर्षि के करीब पहुँचकर उन्हें प्रणाम कर उसने महर्षि से एक साथ तीन प्रश्न पूछे–

पहला प्रश्न था, 'प्राणियों को धारण करनेवाले कुल कितने देवता हैं?'

दूसरा प्रश्न था, 'इन देवताओं में से कौन-कौन इसे प्रकाशित करनेवाले हैं?'

तीसरा प्रश्न था, 'इन सबमें श्रेष्ठतम कौन है?'

महर्षि ने **प्रथम प्रश्न** का उत्तर देते हुए कहा, 'हे भार्गव! वैसे तो सम्पूर्ण प्रजा का आधार आकाशरूप देवता है किन्तु आकाश से उत्पन्न होनेवाले वायु, अग्नि, जल और पृथ्वी, ये चारों भी प्रजा के शरीर को धारण किये रहते हैं। यह स्थूल शरीर इन्हीं से बना है इसलिए ये धारक देवता हैं (वही, 2.1)।

दूसरा प्रश्न था, कौन-कौन देवता इसे प्रकाशित करते हैं? इसके उत्तर में महर्षि कहते हैं, 'वाणी आदि पाँच कर्मेन्द्रियाँ, चक्षु, कर्ण आदि पाँच ज्ञानेद्रियाँ और मन (अन्तःकरण), ये 11 देवता प्रजा की देह को धारण भी करते हैं और प्रकाशित भी करते हैं।'

तीसरे प्रश्न के उत्तर में अर्थात् यह बताने के लिए कि इनमें से सर्वश्रेष्ठ कौन-सा देव है, महर्षि एक रोचक कथा कहते हैं। एक बार देह को प्रकाशित करनेवाले इन्द्रिय देवों में अभिमान आ गया। सब स्वयं को श्रेष्ठ बताते हुए कहने लगे कि उसके कारण ही यह प्रजा शरीर को धारण किये हुए है। इस पर प्राण ने कहा 'तुम लोग व्यर्थ ही झगड़ रहे हो। वस्तुतः मैंने ही अपने को पाँच भागों[1] में विभक्त करके शरीर को आश्रय देते हुए धारण कर रखा है और मुझसे ही यह सुरक्षित है।' प्राण की यह बात सुनकर शरीरस्थ सारे देवता मौन हो गये पर उन्हें प्राण की बातों पर विश्वास नहीं हो रहा था। उन्हें इस तरह अविश्वासी देखकर प्राण के अभिमान को ठेस लगना स्वाभाविक था। इसीलिए उनसे रूठकर वह उन सबका त्याग कर शरीर छोड़कर जाने लगा। फिर तो सभी देवता विवश से हो गये...भला बिना प्राण के कौन जीवित रह पाता? सो उनके पास प्राण के पीछे-पीछे जाने के सिवाय कोई चारा नहीं था। उन्हें इस तरह अपने पीछे-पीछे आते देख प्राण अपने स्थान पर वापस आया, फिर तो वे सब भी वापस अपने स्थान पर आ गये और प्राण की स्तुति करने लगे। महर्षि यहाँ सुन्दर तुलना करते हैं, 'जैसे मधुमक्खियों का राजा जब अपने स्थान से उड़ता है तब सब मधुमक्खियाँ उसके पीछे-पीछे उड़ने लगती हैं और जब वह बैठ जाता है तो अन्य सब भी बैठ जाती हैं, उसी तरह अन्य इन्द्रियों का प्राण के पीछे जाना और वापस आना है (प्र. उप. 2.3.4)।' उल्लेखनीय है कि ऐसी ही कथा बृहदारण्यक उपनिषद् तथा छान्दोग्य उपनिषद् में भी आयी है।[2]

अस्तु, तब सब इन्द्रियों ने प्राण की श्रेष्ठता स्वीकार की एवं अनेकानेक प्रकार से प्राणों की स्तुति करने लगी। अन्त में सबने प्रार्थना की, 'हे प्राण! **मातेव पुत्रान् रक्षस्व श्रीश्च प्रज्ञां च विधेहि न इति** जिस प्रकार माता अपने पुत्रों की रक्षा करती है उसी प्रकार तू हमारी रक्षा कर तथा हमें श्री, कान्ति, शक्ति और प्रज्ञा प्रदान कर (प्र. उप. 2.12)।'

3. कौसल्य आश्वलायन के प्रश्न

भार्गव के प्रश्नों के बाद अब तीसरा तपस्वी कोसल देश का **आश्वलायन** आगे बढ़ा। प्रणत हो उसने महर्षि से एक के बाद एक 6 प्रश्न पूछे। सम्भवतः अपने पहले मित्र को तीन प्रश्न पूछते देख आश्वलायन ने इतने प्रश्न पूछने का साहस किया हो। उसके भी सभी प्रश्न प्राण से सम्बन्धित थे जो इस प्रकार थे–

1. प्राण किससे उत्पन्न होता है?
2. वह मनुष्य शरीर में कैसे प्रवेश करता है?
3. अपने को विभाजित करके वह किस प्रकार शरीर में स्थित रहता है?
4. एक शरीर को छोड़कर दूसरे शरीर में जाते समय पहले शरीर से किस प्रकार निकलता है।
5. वह बाह्य जगत् को किस प्रकार धारण करता है?
6. वह मन और इन्द्रिय आदि आन्तरिक जगत् को किस प्रकार धारण करता है?

प्रश्न बहुत थे। महर्षि इन्हें कठिन प्रश्न कहते हैं पर इसके लिए शिष्य की भर्त्सना नहीं करते बल्कि प्रशंसा करते हैं। 'तू वेदों को अच्छी तरह जाननेवाला है अतः मैं तेरे प्रश्नों का उत्तर देता हूँ।' वस्तुतः श्रेष्ठ गुरु ऐसे ही होते हैं।

पहले प्रश्न कि प्राण किससे उत्पन्न होता है, के उत्तर में महर्षि कहते हैं, 'प्राण आत्मा से उत्पन्न हुआ है। आत्मा इसका उपादान कारण है, वही इसका रचयिता है। जैसे मनुष्य की छाया मनुष्य के अधीन रहती है वैसे ही प्राण आत्मा के अधीन रहता है (वही, 3.3)।'

दूसरे प्रश्न कि प्राण शरीर में कैसे प्रवेश करता है, के उत्तर में महर्षि कहते हैं, 'मन द्वारा किये गये संकल्प से वह शरीर में प्रवेश करता है। इसका अर्थ है कि मरते समय प्राणी के मन में कर्मानुसार जैसा संकल्प होता है वैसा ही उसे शरीर मिलता है।'

आश्वलायन का **तीसरा** प्रश्न था, 'अपने को विभाजित कर वह किस प्रकार शरीर में स्थित रहता है?'

यहाँ हम पहले प्राण के विभाजन के विषय में समझते हैं। प्राण पाँच प्रकार के बताये गये हैं। अपान, समान, प्राण, उदान और व्यान। यही प्राण द्वारा स्वयं का विभाजन है। शरीर में इनके अलग-अलग स्थान तथा कार्य भी कहे गये हैं। जैसे चक्रवर्ती सम्राट् अपने मातहतों को विभिन्न स्थानों पर उनकी योग्यता के अनुसार नियुक्त करता है वैसे ही प्राण भी करता है। प्रत्येक प्राण से सम्बन्धित वायु होती है जो उस प्राण का कार्य करती है।

जैसे, **अपान** प्राण शरीर के निचले हिस्से में होता है। **अपान** शब्द का अर्थ ही है, नीचे की ओर जीवन। इससे सम्बन्धित अपान वायु हमारे शरीर से अपशिष्ट पदार्थों को निकालने का कार्य करती है।

समान नामक प्राण शरीर के उदर प्रान्त में रहता है तथा जठराग्नि द्वारा भोजन को पचाने में मददगार होता है। समान द्वारा ही शरीर में आहुति के रूप में पड़ा हुआ अन्न सम करके अर्थात् एक रस बनाकर सब जगह पहुँचाया जाता है जिससे शरीर में सात

ज्योतियाँ जल उठती हैं। ये शरीर की सात ज्योतियाँ हैं, दो आँख, दो कान, दो नाक और एक मुख। इन सातों को समान प्राण द्वारा रस मिलता है। शंकराचार्य यहाँ कहते हैं कि खाये-पिये पदार्थों को सम करने के कारण इसे समान कहते हैं। इन सातों स्थानों में **प्राण** स्वयं उपस्थित रहकर उनके कार्यों में मदद करता है।

मुख्य प्राण हृदय में रहता है। हृदय से 101 नाड़ियाँ निकलकर सम्पूर्ण शरीर में फैली हुई है। फिर उन 101 नाड़ियों में प्रत्येक से सौ-सौ नाड़ियाँ फूटी होती हैं। इन सौ-सौ से भी बहत्तर-बहत्तर हजार प्रतिशाखाएँ (नाड़ियाँ) फूटी हैं। इस तरह कुल मिलाकर बहत्तर करोड़ नाड़ियाँ हमारे शरीर में हैं। इस रक्त-संचारिणी-संस्थान में **'व्यान'** नामक प्राण विचरता है। शंकराचार्य यहाँ टिप्पणी करते हैं कि जैसे सूर्य से किरणें निकलती हैं उसी प्रकार हृदय से निकलकर सब ओर फैली हुई नाड़ियों द्वारा व्यान सम्पूर्ण देह को व्याप्त करके स्थित है। व्यापक होने के कारण इसे व्यान कहते हैं। यही पराक्रमयुक्त कर्मों को करनेवाला है।

प्रो. सत्यव्रत इन चार प्राणों को अर्थात् अपान, समान, प्राण और व्यान के कार्यक्षेत्र को क्रमशः Alimentary System, Digestive System, Respiratory System, Circulatory System कहते हैं।[3]

इन एक सौ एक नाड़ियों में एक नाड़ी Carotid Artery है। इसके द्वारा जो प्राण ऊपर मस्तिष्क की ओर जाता है वह **उदान** नामक प्राण है। यही मृत्यु के समय शरीर से निकलनेवाले जीव को उसके कर्मानुसार भिन्न-भिन्न स्थानों में पहुँचाता है।

आश्वलायन का **चौथा प्रश्न** था, 'एक शरीर को छोड़कर दूसरे शरीर में जाते समय प्राण पहले शरीर से किस प्रकार निकलता है?'

इसके उत्तर में महर्षि कहते हैं, 'जीवात्मा मरते समय जिस संकल्पवाला होता है उस संकल्प के सहित मन और इन्द्रियों को साथ लिये वह मुख्य प्राण में स्थित हो जाता है। वह मुख्य प्राण तेज अर्थात् उदान से युक्त होकर जीवात्मा को **यथासंकल्पितं लोकं नयति** अर्थात् अन्तिम संकल्प के अनुसार भिन्न-भिन्न लोक अर्थात् योनि में ले जाता है (वही, 3.10)। यह पुण्यकर्म करनेवाले को पुण्यलोक में और पापकर्म करनेवाले को पापमय लोक में ले जाता है और जो दोनों प्रकार के मिश्रित कर्म करनेवाला है यानी पुण्य और पाप दोनों ही प्रकार के कर्म करता है, उसे यह मनुष्यलोक को प्राप्त कराता है।' (इसीलिए धार्मिक जन प्रायः कहते हैं कि मरते समय जीव को परमात्मा का ध्यान करते हुए, उनका नाम लेते हुए प्राण छोड़ना चाहिए। हिन्दू घरों में मृत्युपथगामी मनुष्य को घेरे स्वजन उसे प्रायः राम का नाम लेने को कहते हैं अथवा उसके सामने गीता का पाठ करते हैं। उसके मुख में तुलसीदल एवं गंगाजल भी डाला जाता है ताकि उसकी आत्मा पवित्र भाव से शरीर का त्याग करे और उसका अगला जन्म सुखकर हो।)

पाँचवें प्रश्न में आश्वलायन पूछता है, 'प्राण बाह्य जगत् को किस प्रकार धारण करता है?' अन्त में आश्वलायन का **छठवाँ प्रश्न** था कि प्राण मन और इन्द्रिय आदि को अर्थात् आन्तरिक जगत् को किस प्रकार धारण करता है?

इन दोनों का एक साथ उत्तर देते हुए महर्षि कहते हैं कि सूर्य ही सबका **बाह्य प्राण** है। यह मुख्य प्राण सूर्यरूप से उदित होकर इस शरीर के अंग-प्रत्यंगों को पुष्ट करता है और नेत्र इन्द्रियरूप प्राण पर अनुग्रह करता है—उसे देखने की शक्ति अर्थात् प्रकाश देता है। पृथ्वी में जो देवता अर्थात् अपान वायु की शक्ति है, वह मनुष्य के अपान वायु को अर्थात् आन्तरिक जगत् को स्थिर किये रहती है। पृथ्वी और स्वर्ग लोक के बीच जो आकाश है वही समान वायु का बाह्यरूप है।

प्राण के इस रहस्य को जाननेवाले के लिए महर्षि कहते हैं कि उसकी सन्तान परम्परा कभी नष्ट नहीं होती, वह **अमृतं भवति** अमर हो जाता है (वही, 3.11)। शंकराचार्य के अनुसार अमर होना अलौकिक फल है जबकि प्रजा यानी वंशज का नष्ट नहीं होना अर्थात् वंश-परम्परा बने रहना, लौकिक फल है। इस तरह जीवात्मा प्राण के रहस्य को जानकर लौकिक और अलौकिक दोनों ही फलों को प्राप्त करता है।

4. गार्ग्य सौर्यायणी के प्रश्न :

आश्वलायन के पश्चात् **गार्ग्य सौर्यायणी** सविनय बद्धांजलि हो महर्षि पिप्लाद के पास पहुँचा। उसने महर्षि से पाँच प्रश्न किये—

1. गाढ़ निद्रा में मनुष्य शरीर में स्थित देवताओं में से कौन-कौन सोते हैं?
2. कौन-कौन देवता जागते रहते हैं?
3. स्वप्न की अवस्था में इनमें से कौन देवता स्वप्न की घटनाओं को देखते रहता है?
4. निद्रावस्था में सुख का अनुभव किसको होता है?
5. सब देवता सर्वभाव से किसमें स्थित है? अर्थात् किसके आश्रित हैं।

गार्ग्य के इन प्रश्नों का महर्षि क्रमशः इस प्रकार उत्तर देते हैं—

पहले प्रश्न के उत्तर में वे कहते हैं कि जब सूर्य अस्त होता है तब सब ओर फैली उसकी सम्पूर्ण किरणें जिस प्रकार उस तेजपुंज में मिलकर एक हो जाती है और सूर्योदय होने पर फिर चारों ओर फैल जाती है, उसी प्रकार गाढ़ निद्रा के समय सब इन्द्रियाँ इन्द्रियों के देवता मन रूप देव में विलीन हो जाती हैं (शंकराचार्य के अनुसार, जागने पर वे सूर्यमण्डल की किरणों के समान फिर मन से फैल जाती हैं।) इसीलिए उस समय अर्थात् सोते समय यह जीवात्मा न सुनता है न बोलता है, न देखता है न सूँघता है, न स्वाद लेता है, न स्पर्श करता है, न मलमूत्र का त्याग करता है और न ही कामसुख भोगता है। उस समय वस्तुतः दसों इन्द्रियों के कार्य सर्वथा बन्द हो जाते हैं। उस समय उसके विषय में लोग कहते हैं कि वह सो रहा है।

दूसरे प्रश्न के उत्तर में कि कौन-कौन देवता जागते रहते हैं, महर्षि कहते हैं कि उस समय मनुष्य के शरीर रूपी नगर में पाँच प्राण (अपान, समान, प्राण, उदान और व्यान) ही जागते हैं।

गार्ग्य के **तीसरे प्रश्न** कि स्वप्न की अवस्था में इनमें से कौन देवता स्वप्न की घटनाओं को देखता रहता है, महर्षि कहते हैं कि इस अवस्था में यह देव अर्थात् जीवात्मा अपनी ही विभूति का अनुभव करता है। इसके पहले जहाँ कहीं भी जो कुछ भी बार-बार देखा, सुना और अनुभव किया हुआ है, उसी को वह स्वप्न में बार-बार देखता है। इतना ही नहीं, देखे हुए और न देखे हुए (**दृष्टं च अदृष्टं च**) को भी, सुने हुए और न सुने हुए को भी, अनुभव किये हुए और अनुभव न किये हुए को भी, सत् और असत् को भी, इस प्रकार सब-कुछ को वह देखता है। वह सब-कुछ बनकर सब-कुछ अनुभव करता है (वही, 4.5)।

दृष्ट और अदृष्ट की व्याख्या में शंकराचार्य इसका अर्थ इसी जन्म में देखे गये और जन्मजन्मान्तर में देखे गये पदार्थों से लेते हैं क्योंकि अत्यन्त अदृष्ट पदार्थों में वासना का होना सम्भव नहीं है।

गार्ग्य का **चौथा प्रश्न** था, निद्रावस्था में सुख का अनुभव किसको होता है? इसके उत्तर में महर्षि कहते हैं कि जब मन तेज से अभिभूत हो जाता है, उस स्थिति में जीवात्मारूप देवता स्वप्न नहीं देखता। उस समय वह सुषुप्ति के सुख का अनुभव करता है। यहाँ तेज से अभिभूत होने का अर्थ उदान वायु द्वारा मन को जीवात्मा के निवासस्थान हृदय में पहुँचाकर मोहित कर देना है।

गार्ग्य ने **पाँचवाँ प्रश्न** देवताओं के आश्रय के सम्बन्ध में पूछा था। इसके उत्तर में महर्षि कहते हैं कि आकाश में उड़नेवाले पक्षीगण दिन भर घूमने के बाद सायंकाल अपने निवासरूप वृक्ष पर आराम से बसेरा करते हैं वैसे ही ये सब देवता; मन, बुद्धि, इन्द्रिय और प्राण तथा पृथ्वी से लेकर आकाश तक, सब-के-सब परब्रह्म परमेश्वर में आश्रय लेते हैं। गार्ग्य आगे कहते हैं कि उस अविनाशी ब्रह्म को जो जान लेता है वह सर्वज्ञ हो जाता है तथा सर्वरूप से परमेश्वर में प्रविष्ट हो जाता है (वही, 4.7से11)।

5. शैब्य सत्यकाम के प्रश्न

इसके बाद **शैब्य सत्यकाम** आगे आया। उसने ओंकार की महत्ता के विषय में प्रश्न करते हुए पूछा, 'जो पुरुष जीवन-भर ओंकार की भलीभाँति उपासना करता है तथा मृत्यु के समय उस ओंकार का ध्यान करता है उसको इसका क्या लाभ मिलता है, वह **कतमं वाव स तेन लोकं जयति इति** अर्थात् इससे किस लोक को जीत लेता है (वही, 5.1)?'

इस पर महर्षि कहते हैं कि **एतद्वै सत्यकाम परं चापरं च ब्रह्म यदोंकारः** अर्थात् यह जो ओंकार है वह निश्चय ही परब्रह्म और अपरब्रह्म ही है, इसलिए इस प्रकार का ज्ञान रखनेवाला मनुष्य इस एक ही अवलम्ब से परब्रह्म और अपरब्रह्म में से अपनी श्रद्धा के अनुसार किसी एक का अनुसरण करता है (वही, 5.2)। शंकराचार्य यहाँ कहते हैं कि विद्वान् आत्मप्राप्ति के इस ओंकार चिन्तन रूप साधन से किसी एक ब्रह्म (परब्रह्म निर्गुण ब्रह्म अपरब्रह्म सगुण ब्रह्म) को प्राप्त हो जाता है क्योंकि ओंकार ही ब्रह्म का सबसे अधिक समीपवर्ती आलम्बन है।

ओंकाररूप अवलम्बन के द्वारा विवेकशील साधक जिस श्रेष्ठ स्थिति को प्राप्त करता है उसे महर्षि पिप्पलाद **शान्तमजरममृतभयं परं चेति** अर्थात् शान्त, अजर, अमृत, भयरहित एवं सर्वश्रेष्ठ कहते हैं (वही, 5.7)। यही तो मनुष्य का परम प्राप्तव्य है। यही मोक्ष की अवस्था है।

6. सुकेशा भारद्वाज के प्रश्न

अन्त में ऋषि **सुकेशा भारद्वाज** की प्रश्न पूछने की पारी थी। किन्तु उसका प्रश्न दरअसल उसका नहीं एक अन्य राजकुमार द्वारा उससे पूछा गया था। सुकेशा ने बताया कि एक बार कोसल देश का राजपुत्र उसके पास आया था। उसने प्रश्न किया, 'क्या आप षोड्श कलाओंवाले पुरुष को जानते हैं?'...कुमार के प्रश्न ने मुझे चक्कर में डाल दिया क्योंकि मैं इसके बारे में नहीं जानता था। तब मैंने राजकुमार से कहा कि मैं तुम्हारे प्रश्न का उत्तर नहीं जानता। यदि जानता होता तो तुम्हें क्यों नहीं बताता? मैं झूठ नहीं बोल सकता क्योंकि मैं जानता हूँ कि जो झूठ बोलता है वह मूल के सहित सर्वथा सूख जाता है अर्थात् नष्ट हो जाता है।...मेरा यह उत्तर सुनकर वह कोसल-कुमार जैसा आया था वैसे ही रथ पर सवार होकर वापस अपने देश चला गया। मैं यहाँ आपसे इसी प्रश्न का उत्तर जानने आया हूँ, कृपया बतायें कि वह सोलह कलाओंवाला पुरुष कौन है (वही, 6.1)?

इस पर महर्षि पिप्पलाद कहते हैं कि **इहैवान्तःशरीरे सोम्य स पुरुषो यस्मिन्नेताः षोडशकलाः प्रभवन्ति इति।** अर्थात् इस शरीर के भीतर ही वह पुरुष है जिसमें सोलह कलाएँ प्रकट होती हैं (वही, 6.2)। कहने का तात्पर्य यह कि सोलह कलाएँ परमपुरुष परमात्मा में रहती हैं। यह परमात्मा कहीं बाहर नहीं है, मनुष्य के भीतर ही है।

महर्षि का यह उत्तर छोटा है पर बड़ा महत्त्वपूर्ण है। सचमुच मनुष्य अपनी ही महत्ता से कितना अनजान रहता है! सोलह कलाएँ मानो स्वर्णिम खजाना है जो मानव के भीतर ही छिपा हुआ है। उपनिषदों में जो स्थान-स्थान पर **अयमात्मा ब्रह्म** या **तत्त्वमसि** कहा गया है, वह यही तो दर्शाता है कि परमात्मा कहीं बाहर नहीं हमारे अन्तर में स्थित आत्मा ही है, सोलह कलाओं से युक्त।

(इस सन्दर्भ में प्रो. सत्यव्रत सिद्धान्तालंकार लिखते हैं कि क्योंकि इन सोलह से ही ब्रह्माण्ड तथा पिण्ड का निर्माण होता है अतः कल्पना की गयी है मानो यह सोलहों कलाएँ उसी ब्रह्म का शरीर हैं। इन कलाओंवाला वह ब्रह्म कहीं बाहर थोड़े ही रहता है—इस मनुष्य देह ही में तो वह अपनी सोलह कलाओं सहित वास कर रहा है। फिर उसे बाहर क्यों ढूँढ़ना?)[4]

अस्तु, आत्मा में स्थित इन सोलह कलाओं के नाम भी महर्षि बताते हैं। शंकराचार्य ने अपने भाष्य में इनका कुछ विस्तार से वर्णन किया है। उनके अनुसार ये सोलह कलाएँ हैं—

प्राण[5], श्रद्धा [6], पंच महाभूत, [7] दस इन्द्रियाँ एवं मन, [8] अन्न, [9] वीर्य, [10] तप, [11] मन्त्र, [12] कर्म, [13] लोक[14] और नाम[15]।

अगले श्लोक में महर्षि पिप्पलाद प्रलयकाल में इन सोलह कलाओं की स्थिति का वर्णन करते हुए कहते हैं कि जिस प्रकार समुद्र की ओर बहती हुई नदियाँ समुद्र में पहुँचकर अस्त हो जाती हैं, उनके नामरूप नष्ट हो जाते हैं और वे 'समुद' इसी नाम से पुकारी जाती हैं, इसी प्रकार ये सोलह कलाएँ, जिनका अधिष्ठान पुरुष ही है, उस पुरुष (ईश्वर) में लीन हो जाती है। इसे जाननेवाला विद्वान् अमर हो जाता है (वही, 6.5)।

महर्षि आगे कहते हैं कि रथ की नाभि के आधार पर जिस प्रकार अरे स्थित होते हैं वैसे ही जिसमें सोलह कलाएँ [16]सर्वथा स्थित होती हैं, उस जानने योग्य परम पुरुष परमात्मा को जानना चाहिए जिससे **तं वेद्यं पुरुषं वेद यथा मा वो मृत्युः परिव्यथा इति** अर्थात् तुम लोगों को मृत्यु दुःख न दे सके (वही, 6.6)। सचमुच जो स्वस्थित ब्रह्म को जान लेता है उसके लिए मृत्यु का कोई दुःख नहीं होता।

अन्त में महर्षि पिप्पलाद ने उन सभी ऋषियों को यह कहकर विदा किया कि परब्रह्म परमेश्वर के विषय में वे इतना ही जानते हैं। इनसे 'पर' अर्थात् श्रेष्ठ और कुछ है भी नहीं।

और तब उन छह ऋषियों ने सन्तुष्ट होकर पिप्पलाद की पूजा की तथा यह कहते हुए वहाँ से गमन किया कि **त्वं हि नः पिताः** आप ही हमारे पिता हैं जिन्होंने हमें **अविद्यायाः परं पारं तारयसि** अर्थात् अविद्या के पार पहुँचाया है। आप परमऋषि को **नमः** (प्र. उप. 6.8)।

यहाँ एक बात उल्लेखनीय है कि महर्षि पिप्पलाद से पूछे गये प्रश्न एवं उनके उत्तरों की प्रासंगिकता आज भी है। आधुनिक शिक्षित लोग इन्हें कपोल-कल्पित गल्प मानकर उनकी उपेक्षा या तिरस्कार कर सकते हैं, यह उनकी मर्जी है, किन्तु फिर भी इनका अपना महत्त्व है। भौतिकवाद से परेशान आध्यात्मिकता की खोज में भटकते लोगों के लिए ये प्रश्नोत्तर कड़ी धूप में भटकते राही के लिए शीतल छाया हो सकते हैं।

इस उपनिषद् का **शान्तिपाठ** है :

ॐ भद्रं कर्णेभिः शृणुयाम देवा भद्रं पश्येमाक्षभिर्यजत्राः।
स्थिरै रङ्गैस्तुष्टुवांसस्तनूभिर्व्यशेम देवहितं यदायुः॥
स्वस्ति न इन्द्रो वृद्धश्रवाः स्वस्ति नः पूषाः विश्ववेदाः।
स्वस्ति नस्तार्क्ष्यो अरिष्टनेमिः स्वस्ति नो बृहस्पतिर्दधातु॥
ॐ शान्तिः! शान्तिः !! शान्तिः!!!

हे देवगण! हम कानों से कल्याणमय वचन सुनें। यज्ञकर्म में समर्थ होकर नेत्रों से शुभदर्शन करें। हमारे अंग सुदृढ़ हों ताकि अपने स्थिर अंगों से हम उस आयु का उपभोग करें जो देवहित में हो। महान् कीर्त्तिमान इन्द्र हमारा कल्याण करें। विश्ववेद पूषा (सम्पूर्ण विश्व का ज्ञान रखनेवाला प्रातः का सूय) हमारा कल्याण करें। अरिष्ट(आपत्तियों) के लिए चक्र के समान घातक वह गरुड़ हमारा कल्याण करें तथा बुद्धि के स्वामी बृहस्पति हमारा कल्याण करें। त्रिविध ताप (आध्यात्मिक, आधिदैविक और आधिभौतिक) की शान्ति हो।

यह शान्तिपाठ मुण्डक तथा माण्डूक्य उपनिषद् में भी है।

सन्दर्भ

1. अपान, समान, प्राण, उदान, व्यान
2. विस्तार से देखिये, संवाद क्र. 3, **प्राण का विभिन्न इन्द्रियों से संवाद**
3. एकादशोपनिषद्, पृ. 74-75.
4. एकादशोपनिषद्, पृ. 89.
5. सम्पूर्ण प्राणियों की आधारभूत अन्तरात्मा : प्राण
6. संपूर्ण प्राणियों की शुभकर्मों में प्रवृत्ति का कारण : श्रद्धा
7. आकाश, वायु, तेज, जल, पृथिवी : पंचमहाभूत
8. विषयों के ज्ञान और कर्म के लिए दस इन्द्रिय (5 ज्ञानेन्द्रिय और 5 कर्मेन्द्रिय) तथा इनके स्वामी संकल्प-विकल्प आदि रूप अन्तःस्थित मन
9. प्राणियों की स्थिति अर्थात् बने रहने के लिए आवश्यक वस्तु : अन्न।
10. खाये हुए अन्न से सब प्रकार के कर्म की प्रवृत्ति हेतु बल : वीर्य।
11. वीर्यवान प्राणियों की शुद्धि का हेतु : तप।
12. प्राणियों के कर्म के लिए चारों वेदों के श्लोक : मन्त्र।
13. अग्निहोत्रादि यज्ञ : कर्म।
14. यज्ञादि कर्मो के फलस्वरूप निर्मित : लोक।
15. रचे हुए लोकों में प्राणियों के देवदत्त, यज्ञदत्त आदि : नाम।
16. शंकराचार्य ने श्वेताश्वतर उपनिषद् में ब्रह्म की इन्हीं सोलह कलाओं का उल्लेख किया है। यहाँ कला शब्द का अर्थ इस प्रकार है, **कं ब्रह्म लीयते आच्छाद्यते सा कला** अर्थात् जिसके द्वारा ब्रह्म लीन (ढका हुआ) है उसे कला कहते हैं। इन्होंने ब्रह्म के पारमार्थिक स्वरूप को ढक रखा है, इसलिए ये कलाएँ हैं। -शांकरभाष्य, श्वेत. उप. 11. 4 छान्दोग्य उपनिषद् में भी ब्रह्म की 16 कलाओं का उल्लेख है। यहाँ सत्यकाम जाबाल को वन से गुरुकुल लौटते समय चार विभिन्न प्राणियों द्वारा दी गयी ब्रह्म की चार-चार, इस तरह कुल सोलह कलाओं का ज्ञान दिया गया। ब्रह्म की ये चार-चार कलाएँ इस प्रकार हैं, पहली चार कलाएँ–चारों दिशाएँ, पूर्व (प्राची) पश्चिम (प्रतीची) दक्षिण और उत्तर हैं। दूसरी चार कलाएँ हैं–अग्नि, सूर्य, चन्द्रमा और विद्युत्। तीसरी चार कलाएँ हैं, पृथिवी, अन्तरिक्ष, द्युलोक एवं समुद्र। चौथी चार कलाएँ– प्राण, चक्षु, श्रोत्र और मन हैं (छां. उप. 4.8.1-4)।

15. ऐतरेयोपनिषद् से

महर्षि ऐतरेय का सिद्धान्त : ब्रह्माण्ड का विकास

हमारे इस जगत का विकास कैसे हुआ है, यह प्रश्न प्राचीनकाल से मानव मन को मथता रहा है। दार्शनिकों ने अनेकानेक सिद्धान्त इसके उत्तर में प्रस्तुत किये हैं। कहीं 'सृष्टिवाद' का समर्थन है तो कहीं 'विकासवाद' का। सृष्टिवाद इस जगत् को किसी परमसत्ता के द्वारा सृष्ट बताता है तो विकासवाद इसे क्रमशः विकसित बताता है। यह विकास कैसे हुआ होगा, यह भी विकासवादियों के मध्य विवाद का विषय है।

सामान्यतया धार्मिक ग्रन्थों में जगत् को ईश्वर द्वारा ही सृष्ट बताया गया है, इस तरह यहाँ सृष्टिवाद का समर्थन है किन्तु **ऐतरेयोपनिषद्** में विकासवाद का समर्थन है हालाँकि यहाँ इसे ईश्वर के द्वारा भी सृष्ट बताया गया है। कहने का तात्पर्य यह कि इसकी सृष्टि तो ईश्वर ने ही की है किन्तु क्रमशः इसका सृजन किया है। यहाँ इसका सुन्दर विवरण है। डॉ. रानाडे इसकी प्रशंसा में लिखते हैं, 'ऐतरेयोपनिषद् में पदार्थ जगत् की उत्पत्ति की बड़ी सुन्दर व्याख्या की गयी है जिसे हम उपनिषदों में सृष्टि-विज्ञान का सबसे अधिक परिपूर्ण विवेचन कह सकते हैं।'[1]

ऐतरेयोपनिषद् इसी नाम के ऋग्वेद से सम्बन्धित एक आरण्यक का अंश है। यह 'ऐतरेय' नामक ऋषि द्वारा प्रस्तुत हुआ है इसलिए ऐतरेयोपनिषद् कहलाता है। वैसे ऋषि का नाम महीदास था पर इतरा नामक माता के पुत्र होने के कारण इन्हें ऐतरेय कहा गया।

इस उपनिषद् का पहला ही वाक्य है, ॐ **आत्मा वा इदमेक एवाग्र आसीत्। नान्यत्किंचन मिषत्।** अर्थात् पहले एकमात्र परमात्मा ही था। उसके सिवा अन्य कुछ नहीं था। फिर कहा गया है, **स ईक्षत लोकान्नु सृजा इति।** अर्थात् उसने विचार किया कि मैं लोकों की रचना करूँ (ऐत. उप.1.1.1)। (नारायण स्वामी के अनुसार यह वर्णन महाप्रलय की अवस्था का है, जो इस सृष्टि की रचना के पूर्व थी।[2]) और तब उसने **इमांल्लोकानसृजत्** अर्थात् इन लोकों का सृजन किया। शंकराचार्य यहाँ कहते हैं कि जिस प्रकार लोक में बुद्धिमान् शिल्पकार, 'मैं इस प्रकार महल की रचना करूँ, ' ऐसा विचार कर महल आदि की रचना करते हैं, उसी प्रकार ईश्वर ने ईक्षण करके लोकों की रचना की (शांकरभाष्य)।

किन्तु ऐसी स्थिति में तो उसे अपने से इतर सामग्री की आवश्यकता होगी जैसे कि शिल्पकार को होती है? शंकराचार्य यह शंका स्वयं ही उठाते हुए कहते हैं कि उसे किसी की आवश्यकता नहीं होती। जिस प्रकार कोई बुद्धिमान् मायावी बिना कोई उपादान के अपने को ही अन्यरूप में आकाश में चलता हुआ-सा बना लेता है उसी प्रकार वह सर्वज्ञ महामायावी देव अपने को ही जगत् रूप में रच लेता है। (उल्लेखनीय है कि शंकराचार्य केवलाद्वैती हैं जिनके दर्शन के अनुसार एकमात्र ब्रह्म के सिवाय किसी अन्य की सत्ता नहीं है, सृष्टि माया का खेल है, सत्य नहीं है। इसलिए उनका यह भाष्य उचित ही है।)

अस्तु, आगे उपनिषद् में परमात्मा द्वारा किये गये विभिन्न लोकों की सृष्टि का विस्तार से विवरण है।

पहले परमात्मा ने चार लोकों का सृजन किया। ये लोक हैं–**अम्भ, मरीचि, मर** और **जल**। अम्भ लोक में पाँच लोक आते हैं। स्वर्गलोक एवं उसके ऊपर मह, जन, तप ये तीन लोक तथा इन चारों का आधार द्युलोक, इस तरह ये पाँचों लोक अम्भ लोक हुए। इसके नीचे **मरीचि** अर्थात् अन्तरिक्षलोक (भुवर्लोक) है। इसमें सूर्य, चन्द्र, तारागण आदि अवस्थित हैं। उसके नीचे **मर** अर्थात् पृथ्वीलोक है जिसे मृत्युलोक भी कहते हैं, (क्योंकि यहाँ मरणधर्मा प्राणी रहते हैं) और पृथ्वी के नीचे आपलोक है जिसे पाताललोक तथा **जललोक** भी कहते हैं (वही 1.1.2)। तात्पर्य यह कि उसने इन समस्त लोकों की, सारे ब्रह्माण्ड की रचना की।

विभिन्न लोकों की रचना करने के बाद उसने लोकपालों का सृजन करने का विचार किया। इस हेतु उसने पहले जल से विराट् पुरुष को निकालकर उसे मूर्तिमान् किया (शंकराचार्य इसकी तुलना करते हुए लिखते हैं कि जैसे कुम्हार पृथ्वी से मिट्टी का पिण्ड निकालकर उसे गढ़ता है। किन्तु प्रो. सत्यव्रत सिद्धान्तालंकार का विचार है कि यहाँ जल से तात्पर्य पानी नहीं है। यहाँ पंचमहाभूतों के सूक्ष्म रूप को, जिसके कारण रचना सम्भव हो सकी है, जल कहा गया है)। फिर उसने संकल्परूप तप[3] किया जिससे उस विराट शरीर से सबसे पहले अंडे की तरह फूटकर मुखछिद्र प्रकट हुआ। मुख से वाक् इन्द्रिय और वाक् इन्द्रिय से अग्निदेवता प्रकट हुए। फिर नासिका के दो छिद्र प्रकट हुए। इन छिद्रों से प्राण उत्पन्न हुआ जिससे प्राणवायु प्रकट हुई। फिर दो आँखों के छिद्र उत्पन्न हुए जिनसे नेत्र इन्द्रिय प्रकट हुई। इनसे सूर्यदेव प्रकट हुए। फिर दो कानों के छिद्र उत्पन्न हुए जिनसे श्रोत्र इन्द्रिय और श्रोत्र इन्द्रियों से दिशाएँ प्रकट हुईं। फिर त्वचा उत्पन्न हुई जिससे रोम उत्पन्न हुए। इनसे औषधियाँ प्रकट हुईं। फिर हृदय प्रकट हुआ। हृदय से मन उत्पन्न हुआ जिससे चन्द्रमा प्रकट हुआ। फिर नाभि उत्पन्न हुई जिससे अपान वायु और उससे मृत्यु देव उत्पन्न हुआ। फिर लिंग प्रकट हुआ। इससे वीर्य और फिर लिंग से जल उत्पन्न हुआ (वही, 1.1.3)।

इस तरह अपने द्वारा सृष्ट देवताओं को परमात्मा ने भूख और प्यास से युक्त कर दिया। तब देवताओं ने परमात्मा से ऐसे स्थान की माँग की जहाँ स्थित रहकर वे अन्न

का भक्षण कर सके। इस पर परमात्मा ने पहले गौ का, फिर अश्व का शरीर बनाकर उन्हें दिखाया...पर उन देवताओं को दोनों ही पसन्द नहीं आये। तब परमात्मा ने उन्हें मानव शरीर बनाकर दिखाया जिसे देवताओं ने पसन्द किया, बोले, **बत सुकृतं इति** अर्थात् बस, यह बहुत सुन्दर बना है। ...और सब उसमें घुसने लगे। अग्निदेव ने वाक् इन्द्रिय का रूप धारण किया और मुख में प्रविष्ट हुए। वायुदेव ने प्राण बनकर नासिका के छिद्रों में प्रवेश किया। सूर्यदेव ने नेत्रेन्द्रिय बनकर आँखों के गोलकों में प्रवेश किया। दिशाओं के अभिमानी देवता श्रोत्रेन्द्रिय बनकर कानों में प्रविष्ट हुए और वनस्पतियों के देवता रोम बनकर त्वचा में प्रविष्ट हुए। चन्द्रदेव ने मन बनकर हृदय में प्रवेश किया तो मृत्युदेव ने अपानवायु बनकर नाभि में स्थान ग्रहण किया। इसी तरह जल के अभिमानी देवता वीर्य बनकर लिंग में प्रविष्ट हुए (वही, 1.2.4)।

इस प्रकरण से मानव शरीर का महत्त्व एवं श्रेष्ठता प्रतीत होती है जिसे देवताओं ने अन्य पशुओं की तुलना में अपने रहने के लिए अधिक उपयुक्त समझा और इसमें स्थान ग्रहण किया। विभिन्न देवताओं का मानव शरीर में स्थान ग्रहण करने का अर्थ हुआ कि हम मानव केवल जीव रूप में नहीं है जैसे कि अन्य जीवधारी हैं, इनसे अलग हम देवताओं के आश्रयस्थल भी हैं। अतः हमें इसका आदर करना चाहिए। कितनी सुन्दर कल्पना है कि हमारे मुख में अग्निदेव हैं, हमारे प्राण वायुदेव हैं, नेत्रों में सूर्यदेव हैं श्रोत्रेन्द्रिय में दिशाओं के अभिमानी देवता हैं और मन में चन्द्रदेव हैं आदि आदि। हम तो बड़े सौभाग्यशाली हैं! शायद इसीलिए मानव को श्रेष्ठतम् जीवधारी कहा गया है। मानवजन्म का मिलना दुर्लभ कहा गया है। **बड़े भाग मानुष तन पावा** तथा **जन्तूनां नरजन्म दुर्लभतरम्,** जैसे अनेकों कथन यही कहते हैं।

अस्तु, देवताओं और मानव शरीर के सृजन तथा शरीर के विभिन्न अंगों में देवताओं का वास बताने के अनन्तर ऐतरेय उपनिषद् में अन्न के सृजन का वर्णन है। ईश्वर ने विचार किया कि देवताओं के साथ भूख और प्यास भी लगी है, अतः मैं उनके लिए अन्न का सृजन करता हूँ। सो उसने जलों को उद्देश्य कर तप किया और इस तरह अपने संकल्प से अन्न की सृष्टि की। किन्तु यह क्या! जैसे ही मानव शरीर में स्थित देवताओं ने उसका भक्षण करना चाहा वह भागने की चेष्टा करने लगा। तब मानव ने उसे वाणी द्वारा ग्रहण करना चाहा किन्तु इसमें सफल नहीं हो सका। आगे उपनिषदकार बड़ी मजेदार बात लिखते हैं, 'यदि वह इस अन्न को वाणी द्वारा ग्रहण कर सकता तो पुरुष वाणी द्वारा उसका वर्णन करके ही तृप्त हो जाता (वही, 1.3.3)।'

तब उसने अन्न को प्राण (श्री गोयन्दका के अनुसार घ्राणेन्द्रिय)[4] के द्वारा ग्रहण करना चाहा किन्तु इसमें भी सफल नहीं हो सका। यदि वह इस अन्न को प्राण द्वारा ग्रहण कर सकता तो उसे सूँघ कर ही तृप्त हो जाता।

फिर उसने उसे नेत्रों के द्वारा ग्रहण करना चाहा किन्तु इसमें भी असफल रहा। यदि वह इस अन्न को नेत्र द्वारा ग्रहण कर सकता तो आँखों से उसे देख कर ही तृप्त हो जाता।

तब उसने उसे कानों द्वारा ग्रहण करना चाहा किन्तु बेचारा...यहाँ भी उसे निराशा ही हाथ लगी। यदि वह इस अन्न को कानों द्वारा ग्रहण कर सकता तो पुरुष कानों से उसका वर्णन सुनकर ही तृप्त हो जाता।

तदन्तर उसने अन्न को त्वचा द्वारा ग्रहण करना चाहा किन्तु फिर वही हुआ...इसमें भी सफल नहीं हो सका। यदि वह इस अन्न को त्वचा द्वारा ग्रहण कर सकता तो पुरुष अवश्य ही उसे छूकर ही तृप्त हो जाता।

फिर उसने उसे मन द्वारा ग्रहण करना चाहा किन्तु इसमें भी असफल हुआ। यदि वह इस अन्न को मन द्वारा ग्रहण कर सकता तो आज भी पुरुष मन से उसका चिन्तन कर ही तृप्त हो जाता।(काश ऐसा ही होता!)

अस्तु, तब उसने अन्न को लिंग द्वारा ग्रहण करना चाहा किन्तु इसमें भी सफल नहीं हुआ। यदि वह ऐसा कर सकता तो आज भी पुरुष अन्न का विसर्जन कर ही तृप्त हो जाता।

तत्पश्चात् उसने उसे अपानवायु (प्राणवायु का ही एक प्रकार) द्वारा ग्रहण करने का प्रयास किया। आश्चर्य! इस बार वह अपने प्रयास में सफल हुआ। इस प्रकार वह अपानवायु, जो बाहर से शरीर के भीतर श्वास के रूप में आती है, उसको पकड़नेवाली अर्थात् भीतर ले जानेवाली हुई। यह अन्न से जीवन की रक्षा करनेवाले के रूप में प्रसिद्ध है। इससे सिद्ध हुआ कि अपानवायु ही मनुष्य का जीवन है (वही, 1.3.1-10)।

नारायण स्वामी के अनुसार यहाँ अपान समस्त प्राणों के प्रतिनिधि के अर्थ में है। अपान अथवा प्राण उसे ग्रहण करने में समर्थ हुआ क्योंकि अन्न जब कण्ठ में पहुँचता है तब उसे यह प्राण ही कण्ठ से उदर में ले जाता है अतः स्पष्ट है कि भोजन का ग्रहण प्राणवायु का ही काम है।[5]

इस वर्णन के बाद उपनिषद् में ईश्वर की सर्वोच्चता बताने का रोचक वर्णन है। सारा कुछ सृष्ट करने के बाद परमात्मा ने विचार किया कि मानव मेरे बिना किस प्रकार रहेगा ...मेरे सहयोग के बिना यह इन्द्रियों से कार्य कैसे ले सकेगा? यह सोचकर परमात्मा ने उसके शरीर में निवास करने का संकल्प किया। इस हेतु उसने मानव शरीर की सीमा (मूर्द्धा) अर्थात् ब्रह्मरन्ध्र, (जहाँ सहस्राब्द्ध चक्र रहता है) को चीरकर मानव के सजीव शरीर में प्रवेश किया। यह स्थान **विदृति** के नाम से प्रसिद्ध आनन्द देनेवाला द्वार अर्थात् ब्रह्म-प्राप्ति का द्वार है (वही, 1.3.12)।

शंकराचार्य अपने भाष्य में यहाँ लिखते हैं कि अब परमात्मा निम्नदेशीय चरणों से तो शरीर में प्रवेश नहीं कर सकता था, अतः सोच-समझकर कार्य करनेवाले लोगों के समान उसने मूर्द्धसीमा को विदीर्ण कर शरीर में प्रवेश किया(शांकरभाष्य)।

इस प्रकार इन्द्रियों सहित मानव अस्तित्व में आया। हमने देखा, परमात्मा ने भी उसके शरीर में प्रवेश किया था किन्तु पहले मानव इसे नहीं समझ पाया। उसने चारों ओर देखकर मन में सोचा कि किसने इस सृष्टि को रचा है? फिर अन्तर्यामी परमात्मा के दर्शन

कर उसने उसे ही सर्वत्र देखा...और प्रसन्न हो बोल पड़ा, **'इदमदर्शमिति'** अर्थात् उस परमात्मा को मैंने देख लिया (प्रश्न उप. 1.3.13)। देख लिये जाने के कारण परमात्मा का नाम **इदन्द्र** हो गया। परोक्ष भाव से इसे ही इन्द्र कहा गया (वही, 1.3.14)।

इस उपनिषद् के दूसरे अध्याय में स्त्री के गर्भ में मानवशिशु के आने के पूर्व से लेकर उसके विकास और उत्पत्ति के पश्चात उसके बढ़ने का भी सुन्दर वर्णन है। कहा गया है कि सबसे पहले पुरुष-शरीर में वीर्यरूप में गर्भ बनता है जो पुरुष के तेज से बनता है। स्त्री के गर्भ में सिंचित होकर यह उसी प्रकार रहता है मानो उसका कोई अंग हो इसीलिए उसे वह भाररूप नहीं लगता। स्त्री अपने भोजन द्वारा उसकी पुष्टि करती है। प्रसव द्वारा उसे मानो दूसरा जन्म मिलता है। प्रसवपश्चात् पिता उसकी उन्नति करता है...इस प्रकार वह अपनी ही उन्नति करता है। मृत्यु के पश्चात् पिता दूसरे लोक जाकर फिर कर्मानुसार पुनः जन्म लेता है। यह उसका तीसरा जन्म है। संसार में सब मनुष्य इसी प्रकार विस्तार को प्राप्त हुए हैं। जन्म, मरण और पुनः जन्म का यह सिलसिला चलता रहता है पर कभी-कभी तत्त्वज्ञान होने पर गर्भ में ही वह जन्म-मरण के इस बन्धन को तोड़कर मुक्त हो जाता है। आगे यहाँ वामदेव[6] ऋषि का कथन उद्धृत किया गया है, 'जिस प्रकार श्येन पक्षी (बाज) जाल को काटकर वेग से उड़ जाता है उसी प्रकार मैं (वामदेव) आत्मज्ञान जनित सामर्थ्य के द्वारा उससे बाहर निकल आया हूँ (वही, 2.1.1-6)।'

उपनिषद् के तीसरे अध्याय में परमात्मा की सर्वज्ञता बतायी गयी है। यहाँ उपनिषद्कार लिखते हैं, 'मानव के हृदय, मन आदि की शक्तियाँ तथा विभिन्न इन्द्रियों की ज्ञानशक्तियाँ परमात्मा की ही बोधक शक्तियाँ हैं। यह परमात्मा ही ब्रह्मा है, यही इन्द्र है, यही प्रजापति है तथा समस्त देवगण भी यही है। समस्त जीव एवं जड़ जगत् भी यही है। ये सब प्रज्ञानस्वरूप परमात्मा से शक्ति पाकर अपने-अपने कार्य में समर्थ होते हैं। प्रज्ञानस्वरूप परमात्मा ही इस स्थिति का आधार है। स्पष्ट है कि सृष्टि अन्धी नहीं जा रही है, यह प्रज्ञा से जा रही है, किसी लक्ष्य की ओर मानो आँख उठाकर जा रही है। यह सृष्टि प्रज्ञान में प्रतिष्ठित है, प्रज्ञान में ही ठहरी हुई है। **'प्रज्ञानं ब्रह्म'** अर्थात् यह प्रज्ञान ही ब्रह्म है (वही, 3.1.3)।

उल्लेखनीय है कि यह ब्रह्म का महत्त्वपूर्ण लक्षण बताया गया है। **प्रज्ञानं ब्रह्म** यह उपनिषदों के चार महावाक्यों में से एक कहा जाता है। सत्यव्रत सिद्धान्तालंकार **प्रज्ञानं ब्रह्म** की व्याख्या में लिखते हैं कि इसका अर्थ है कि संसार प्रज्ञान में प्रतिष्ठित है अर्थात् संसार का निर्माण सोचसमझ पर आश्रित है, यह अटकलपच्चू नहीं है।[7]

अन्त में ऐतरेय उपनिषद् के रचयिता लिखते हैं कि जिसने यह विचार किया वह इस लोक से ऊपर उठकर अमर हो गया (वही, 3.1.4)।

इस उपनिषद् का **शान्तिपाठ** है–

ॐ वाङ्. मे मनसि प्रतिष्ठिता । मनो मे वाचि प्रतिष्ठितमाविरावीर्म एधि। वेदस्य म आणीस्थः श्रुतं मे मा प्रहासीः। अनेनाधीतेनाहोरात्रान्संदधाम्यृतं वदिष्यामि। सत्यं वदिष्यामि तन्मामवतु। तद्वक्तारमवतु अवतु मामवतु वक्तारमवतु वक्तारम् ॥ ॐ शान्तिः! शान्तिः !! शान्तिः!!!

अर्थात् हे परमात्मा! मेरी वाक्-इन्द्रिय मन में स्थित हो जाये और मेरा मन वाक्-इन्द्रिय में स्थित हो जाये।[8] हे प्रकाशस्वरूप परमेश्वर! तू मेरे लिये प्रकट हो। हे मेरे मन और वाणी, तुम दोनों मेरे लिये वेदविषयक ज्ञान को लानेवाले बनो। मेरा सुना हुआ ज्ञान मुझे न छोड़े। इस अध्ययन के द्वारा मैं दिन और रात्रियों को एक कर दूँ। मैं श्रेष्ठ शब्दों को ही बोलूँगा। सत्य बोलूँगा। वह ब्रह्म मेरी रक्षा करे और मेरे आचार्य की रक्षा करे। मेरे आचार्य की रक्षा करे।

भगवान् शान्तिस्वरूप हैं, शान्तिस्वरूप हैं, शान्तिस्वरूप हैं।

सन्दर्भ

1. उपनिषद-दर्शन का रचनात्मक सर्वेक्षण, पृ. 68.
2. उपनिषद रहस्य , पृ. 328.
3. ब्रह्म ने जब सृष्टि की रचना प्रारम्भ की तब पहले पहल क्रिया शुरू हुई होगी। यह क्रिया जब अपने उग्ररूप पर आयी होगी उस समय की अवस्था का नाम तप है। इसीलिए कहा कि प्रजापति ने तप किया।–सत्यव्रत सिद्धान्तालंकार, एकादशोपनिषद्, पृ. 63.
4. ईशादि नौ उपनिषद्, पृ 256.
5. उपनिषद् रहस्य, पृ. 342.
6. वामदेव ऋग्वेद के चतुर्थ मण्डल के सूत्रद्रष्टा गौतम ऋषि के पुत्र तथा जन्मत्रयी के तत्त्ववेत्ता कहे गये हैं जिन्हें गर्भावस्था में ही अपने विगत दो जन्मों का ज्ञान हो गया था तथा उसी अवस्था में इन्द्र के साथ जन्मत्रयी पर उनकी चर्चा हुई। वैदिक उल्लेख के अनुसार इन्होंने माता का उदर फाड़कर उत्पन्न होने का निश्चय किया किन्तु माता द्वारा अदिति देवी का आवाहन करने के कारण वे वैसा नहीं कर सके। तब वे श्येन पक्षी के रूप में गर्भ से बाहर आये। जन्मत्रयी का अर्थ है जीव का तीन बार जन्म लेना। जीव का प्रथम जन्म तब होता है जब पिता के शुक्र कीट माँ के शोणिक द्रव्य से मिलते हैं। दूसरा जन्म योनि से बाहर निकल कर होता है और तीसरा जन्म मृत्योपरान्त पुनर्जन्म है। यही प्राणी का अमरत्व है।
7. एकादशोपनिषद्, पृ. 182.
8. सुन्दर प्रार्थना है कि हम वैसा ही बोले जैसा मन में है और वैसा ही मन में विचार करें जैसा बोलना चाहते हैं।

सनत्कुमार और नारद के मध्य संवाद : आत्मज्ञान का महत्त्व

विष्णु के भक्त नारद जी के विषय में आम हिन्दुओं की धारणा है कि वे तीनों लोकों में भ्रमण करते रहते थे और इधर की बात उधर बताया करते थे। आज की भाषा में ऐसे व्यक्ति को ख़बरची या चुगलखोर कहा जाता है। वस्तुतः हमारे पुराणों ने उन्हें कुछ ऐसा ही चित्रित किया है, यद्यपि इस हेतु नारद की कहीं निन्दा नहीं है। उनके इस गुण को एक तरह के हास्य (कॉमेडी) के रूप में लिया जाता है। हाँ, लोक में कभी-कभी नारद नाम उस व्यक्ति के लिए अवश्य प्रयुक्त होता है जो इधर की बात उधर करता रहता है। कुछ पुराणों तथा जैन रामकथाओं में भी उनका यह रूप अवश्य है। किन्तु उपनिषदों में उनका चरित्र कुछ अन्य ही है। छान्दोग्य उपनिषद् में वे अनेकानेक विद्याओं के ज्ञाता बताये गये हैं पर इसका उन्हें घमण्ड नहीं है। बल्कि वे इतना ज्ञान होने पर भी वे स्वीकार करते हैं कि वे सुखी नहीं हैं। वे यह समझ जाते हैं कि ज्ञान से सुख नहीं मिल सकता। इसीलिए वे एक साधारण शिष्य के समान ऐसे गुरु की खोज करते हैं जो उन्हें ऐसी विद्या दे जिससे वे समस्त दुःखों से पार हो सकें।

छान्दोग्य उपनिषद् की यह कथा नारद और उनके गुरु सनत्कुमार[1] के मध्य हुए इस संवाद के माध्यम से नारद को तो सुखी होने का मन्त्र देती ही है, हमें भी सच्चे सुख की झलक दिखाती है। कथा कुछ इस प्रकार है :

एक बार नारद जी सनत्कुमार के पास पहुँचकर बोले **'ॐ अधीहि भगव इति...** 'अर्थात् भगवन् मुझे उपदेश दीजिये (छां. उप. 7.1.1)।

यहाँ नारद केवल यह कहते हैं कि मुझे उपदेश दीजिये, मुझे इस विषय का या उस विषय का उपदेश दीजिये, यह नहीं कहते। पर नारद का केवल इतना कहना यह दर्शाता है कि वे कितने व्याकुल थे। नारद की बात सुनकर गुरु सनत्कुमार उनसे कहते हैं कि पहले यह बताओ कि तुम क्या-क्या जानते हो...तभी मैं उससे आगे का तुम्हें अध्ययन कराऊँगा (छां .उप. 7.1.2)। वस्तुतः सच्चा गुरु ऐसा ही करता है। बृहदारण्यक उपनिषद् में भी महर्षि याज्ञवल्क्य राजा जनक द्वारा शिक्षा देने की प्रार्थना करने पर इसी प्रकार जनक

से कहते हैं कि पहले यह बताओ कि अन्य गुरुओं ने तुम्हें क्या-क्या शिक्षा दी है (बृ. उप .4.1.2)।

तब नारद ने जो कुछ विद्याएँ सीखी थीं, सब गिनाना प्रारम्भ किया। वे कहते हैं, 'भगवन्! मुझे ऋग्वेद, यजुर्वेद, सामवेद, अथर्ववेद, इतिहास-पुराण रूप पंचमवेद (महाभारत)[2], वेदों का वेद (व्याकरण, इसे वेदों का वेद इसलिए कहते हैं क्योंकि इसके द्वारा ही पदादि के विभागपूर्वक ऋग्वेदादि का ज्ञान होता है), श्राद्धकल्प, राशि (गणित), उत्पातज्ञान (दैव), निधिज्ञान (अर्थशास्त्र), तर्कशास्त्र, नीतिशास्त्र, देवविद्या, ब्रह्मविद्या, भूतविद्या (भौतिकी, रसायन तथा प्राणिशास्त्र), नक्षत्रविद्या (ज्योतिष), क्षत्रविद्या (धनुविद्या), सर्पविद्या और देवजनविद्या (नृत्य, संगीत, ललित कला) आदि का ज्ञान है। मैं यह सब-कुछ जानता हूँ। किन्तु मैं केवल मन्त्रवेत्ता हूँ, आत्मवेत्ता नहीं।'

शंकराचार्य के अनुसार नारद का स्वयं को मन्त्रवेत्ता कहने का तात्पर्य है, वे केवल शब्दार्थ मात्र जाननेवाले हैं (शां. भा. छां. उप. 7.1.3)।

पर इतने ज्ञानी होते हुए भी नारद आत्मवेत्ता अर्थात् आत्मा के ज्ञाता बनने के लिए क्यों व्याकुल थे? आत्मविद्या में ऐसी क्या विशेषता उन्होंने सुनी थी? आत्मज्ञान के अभाव में उनमें क्या कमी थी?

वस्तुतः नारद आत्मविद्या का महत्त्व जानते थे भले ही वे आत्मविद्या नहीं जानते थे, इसीलिए आगे वे स्वयं सनत्कुमार से कहते हैं कि मैंने आप जैसों से सुना है कि **तरति शोकम् आत्मविद्** अर्थात् आत्मज्ञाता शोक को पार कर जाता है। अनेकानेक विद्याओं को जानने के बाद भी नारद स्वीकार करते हैं कि वे शोक करते हैं। अतः वे सनत्कुमार से निवेदन करते हैं कि **मा भगवन् शोकस्य पारं तारयत्विा इति** अर्थात् हे भगवन्! मुझे शोक से पार करें (छां.उप.7.1.3)।

इस पर सनत्कुमार ने नारद को समझाया कि वे जो कुछ जानते हैं वह केवल 'नाम' है। सारे वेद, इतिहास, पुराण तथा अन्य सभी विद्याएँ केवल नाम हैं। जो नाम को ब्रह्म अर्थात् परमतत्त्व समझकर उपासना करता है उसकी वहीं तक गति होती है जहाँ तक नाम की गति है। इस पर नारद ने कुछ आश्चर्य से पूछा, 'क्या नाम से भी अधिक कुछ है?' सनत्कुमार द्वारा 'हाँ' कहने पर नारद प्रार्थना करते हैं, **तन्मे भगवान्ब्रवीत् इति** अर्थात् भगवन् मुझे वही बताइये।

तब सनत्कुमार कहते हैं कि 'वाणी' नाम से बढ़कर है। वाणी के द्वारा ही हम वेदादि को समझते हैं। वाणी के द्वारा ही हमें धर्म, अधर्म, सत्य, असत्य आदि का ज्ञान होता है। नाम के द्वारा ज्ञान अपने तक रहता है वाणी के द्वारा दूसरों तक पहुँचता है, अतः तुम वाणी की उपासना करो। जो वाणी की 'यह ब्रह्म है' इस प्रकार उपासना करता है उसकी गति वहाँ तक है जहाँ तक वाणी की गति है। यह सुन नारद ने पुनः पूछा, 'क्या वाणी से भी बढ़कर कुछ है?' सनत्कुमार द्वारा पूर्ववत् 'हाँ' कहने पर नारद ने उसे ही समझाने का अनुरोध किया, **तन्मे भगवान्ब्रवीत् इति**।

इस पर सनत्कुमार ने 'मन' को वाणी से भी श्रेष्ठ बतलाते हुए कहा कि मन में विचार आने पर ही मनुष्य कुछ बोलता है। जैसे मन में सोचने पर कि मन्त्रों का पाठ करूँ, पुरुष मन्त्रों का पाठ करता है। अतः तुम मन की आत्मा के रूप में उपासना करो।...किन्तु जो मन की 'यह ब्रह्म है' इस प्रकार उपासना करता है उसकी गति वहीं तक होती है जहाँ तक मन की गति है। यह सुन नारद ने बेचैन होकर पूछा, तो क्या भगवन् मन से भी उत्कृष्ट और कुछ है? यदि हाँ, तो **तन्मे भगवान्ब्रवीत् इति।**

तब मन से 'संकल्प' की उत्कृष्टता बताते हुए सनत्कुमार कहते हैं कि मन में संकल्प होने पर ही पुरुष बोलने की इच्छा करता है। मन आदि सब संकल्प में ही प्रतिष्ठित है। आगे मुनिप्रवर सुन्दर बात कहते हैं, 'द्युलोक और पृथिवी आदि ने मानो संकल्प किया है, वायु और आकाश ने संकल्प किया है, जल और तेज ने संकल्प किया है। इनके संकल्प से वृष्टि होती है। वृष्टि के संकल्प से अन्न होता है। अन्न के संकल्प से प्राण समर्थ होते हैं।...इस तरह फलपर्यन्त सारा जगत् संकल्पमूलक है, अतः तुम संकल्प की उपासना करो।...किन्तु जो संकल्प की 'यह ब्रह्म है' इस प्रकार उपासना करता है उसकी गति वहीं तक है जहाँ तक संकल्प की गति है।'

पर क्या संकल्प से भी बढ़कर कुछ है? नारद द्वारा पूछने पर सनत्कुमार 'चित्त' को संकल्प से बढ़कर बताते हैं क्योंकि चिन्तनशील पुरुष ही संकल्प करता है। आगे सनत्कुमार 'ध्यान' को चित्त से बढ़कर बताते हैं। यहाँ सनत्कुमार सुन्दर बात कहते हैं कि पृथिवी मानो ध्यान कर रही है, अन्तरिक्ष मानो ध्यान कर रहा है, द्युलोक मानो ध्यान कर रहा है, जल भी जैसे ध्यान मग्न है, पर्वत भी ध्यान में निमग्न है। इसीलिए मनुष्यों में जो महत्त्व प्राप्त करते हैं वे ध्यान की प्राप्ति के कारण ही हैं। अतः ध्यान से काम करना चाहिए।

इसी तरह आगे सनत्कुमार 'विज्ञान' (शंकराचार्य के अनुसार शास्त्र विषयक ज्ञान) को ध्यान से उत्कृष्ट, फिर 'बल' को फिर 'अन्न' (अन्न से ही शरीर में बल आता है) को फिर 'जल' को फिर 'तेज' (तेज अर्थात् गर्मी ही वर्षा यानी जल का हेतु है) को क्रमशः उत्कृष्टतर बताते जाते हैं। फिर 'आकाश' को, फिर 'स्मरण' को, फिर 'आशा' को, फिर 'प्राण' को आशा से भी बढ़कर बताते हैं। प्राण से 'सत्य' को, सत्य से 'विज्ञान (विशिष्ट ज्ञान) को, विज्ञान से 'मति' यानी मनन को, मति से 'श्रद्धा' को, श्रद्धा से 'निष्ठा' को, निष्ठा से 'कृति' (कर्मण्यता) को और कृति से 'सुख' को उत्कृष्ट बताते हैं (सुख पाने की आशा में ही मनुष्य कृति अर्थात् कर्मण्यता की ओर बढ़ता है)।

विवेकानन्द धीरे-धीरे इस तरह सत्य की ओर बढ़ने को **सोपान आरोहण न्याय** कहते हैं।

पर यह सुख क्या है? हम संसारी-प्राणी तो जगत् की वस्तुओं को ही सुखप्रद कहते हैं किन्तु ऐसा सुख तो स्थिर नहीं हुआ। सुखदायक वस्तु के अभाव में सुख का भी अभाव हो जायेगा। इसलिए सनत्कुमार इसके बाद बड़ी महत्त्वपूर्ण बात कहते हैं।

सनत्कुमार जो कहते हैं, वह इस उपनिषद् का अति सुन्दर वाक्य है, **यो वै भूमा**

तत्सुखम् अर्थात् जो भूमा (असीम) है वही सुख है। **नाल्पे सुखमस्ति** अल्प में सुख नहीं है। सुख भूमा ही है। अतः भूमा की विशेष रूप से जिज्ञासा करनी चाहिए (वही, 7.23.1)। पर यह भूमा क्या है? आगे नारद सनत्कुमार से यही प्रश्न करते हैं, 'कृपया मुझे इसके लक्षण बताइये?'

इस पर सनत्कुमार कहते हैं, 'जहाँ (मनुष्य) कुछ और नहीं देखता, कुछ और नहीं सुनता, कुछ और नहीं जानता, वह भूमा है (इस तरह यह अनन्तता है, असीमता है, अद्वैतता है)। जहाँ कुछ और देखता है, कुछ और सुनता है, कुछ और जानता है, वह अल्प है। जो भूमा है वह अमृत है, जो अल्प है वह मृत्यु है।' नारद के आगे पूछने पर कि यह भूमा किसमें प्रतिष्ठित है, सनत्कुमार विचित्र-सा उत्तर देते हैं कि यह अपनी महिमा में प्रतिष्ठित है, अथवा अपनी महिमा में भी प्रतिष्ठित नहीं है (वही, 7.24.1)। शंकराचार्य अपने भाष्य में इसकी व्याख्या में कहते हैं कि अपनी महिमा में प्रतिष्ठित है, कहने का अर्थ है कि अपनी विभूति में प्रतिष्ठित है और अपनी महिमा में प्रतिष्ठित नहीं है, कहने का अर्थ है कि वह कहीं भी आश्रित नहीं है।

अगले श्लोक में सनत्कुमार महिमा की व्याख्या करते हुए कहते हैं कि इस संसार के लोग गोधन, घोड़े, हाथी, सोना, दास, घर, गृहिणी, आदि को महिमा कहते हैं, पर मैं ऐसा नहीं मानता क्योंकि ऐसी महिमा में अन्य, अन्य में प्रतिष्ठित है।

इस भूमा को ऋषिप्रवर सर्वत्र बताते हैं। वही ऊपर है, वही नीचे है, वही आगे है, वही पीछे है। वही दायीं ओर है तो वही बायीं ओर है और वही यह सब है। आत्मरूप से भूमा के विषय में मुनि आगे कहते हैं कि आत्मा ही ऊपर है आत्मा ही नीचे है, आत्मा ही आगे है आत्मा ही पीछे है। आत्मा ही दायीं ओर है तो वही बायीं ओर है और वही यह सब है। इस प्रकार देखनेवाला, इस प्रकार मनन करनेवाला, तथा विशेषरूप से इस प्रकार जाननेवाला, आत्मरति, आत्मक्रीड, आत्ममिथुन और आत्मानन्द होता है। वह स्वराट् (स्वयं अपना स्वामी) होता है। सम्पूर्ण लोकों में उसकी यथेच्छ गति होती है। इसके विपरीत स्थिति और गति अन्यथाराट् (जिसका स्वामी अपने से भिन्न हो) की होती है (वही, 7.25.2)। ऐसे भूमा का साक्षी विद्वान् **न पश्यो मृत्युं पश्यति न रोगं नोत दुःखतां सर्व ह पश्यः पश्यति सर्वमाप्नोति सर्वश इति**। अर्थात् मृत्यु को नहीं देखता, न रोग को, न दुःख को देखता है। वह विद्वान् सबको आत्मरूप देखता है। वह साक्षी सब प्रकार से सबको प्राप्त कर लेता है (वही, 7.26.2)।

सन्दर्भ

1. सनत्कुमार ब्रह्मा के चार मानस पुत्रों में से एक कहे गये हैं। शेष तीन के नाम हैं, सनक, सनन्दन, सनातन। इन चारों को मिलाकर सनकादि कहा जाता है।
2. पंचमवेद की संकल्पना बहुत पुरानी है। वैदिक काल के बाद कई ग्रन्थों को पंचमवेद कहा गया किन्तु महाभारत पंचमवेद के रूप में अधिक प्रसिद्ध है।

17. कठोपनिषद् से

यम और नचिकेता में संवाद : मृत्यु के बाद

घटना सदियों पुरानी है। घने जंगल से घिरे सुरम्य तपोवन में एक विश्वजित् नामक यज्ञ चल रहा था। इस यज्ञ में यज्ञकर्त्ता ने अपना सर्वस्व दान करने का संकल्प किया था। संकल्प के अनुसार उसने अपना समस्त धन, अपनी समस्त गौएँ दान कर दी...बस कुछेक पुष्ट गायों को छोड़कर। ऐसा उन्होंने सम्भवतः इसलिए किया ताकि उनके इकलौते पुत्र को दुग्ध का अभाव न हो। किन्तु अपने जिस पुत्र के लिए उन्होंने ऐसा किया, उसे पिता का यह कृत्य पसन्द नहीं आया। भला यह भी कोई सर्वस्व दान हुआ? यह तो वंचना है। इसका पाप तो पिता के माथे पर लगेगा ना ! कैसे बचाऊँ पिता को इस पाप से? कुछ देर सोचने के बाद पुत्र विनीत भाव से पिता के पास पहुँचा। करबद्ध हो बोला, 'पिताश्री आप सर्वस्व दान कर रहे हैं, फिर आप मुझे किसे दे रहे हैं?'

वैसे इस कथा को आगे बढ़ाने के पूर्व आइये इन पिता-पुत्र का नाम तथा उस उपनिषद् का भी थोड़ा परिचय प्राप्त कर ले जहाँ से हमने इस आख्यायिका को लिया है।

यह आख्यायिका प्राचीन उपनिषदों में प्रसिद्ध 'कठोपनिषद्' की है, जिसमें पिता हैं प्रसिद्ध ऋषि वाजश्रवस और पुत्र का नाम है नचिकेता।[1] भारतीय साहित्य में यह पूरा संवाद 'यम-नचिकता' संवाद के नाम से प्रसिद्ध है। इसमें गहन दर्शन छिपा है।

अस्तु, यज्ञकार्य में व्यस्त पिता ने पुत्र की बातों पर ध्यान नहीं दिया किन्तु दोबारा और फिर तिबारा भी वही प्रश्न किये जाने पर क्रोधित हो पिता वाजश्रवस बोल उठे, **मृत्यवे त्वा ददामीति** (कठ. उप. 1.1.4) अर्थात् मैं तुझे मृत्यु को देता हूँ (जैसे गुस्से में कई बार माता-पिता बच्चे को कहते हैं, जा मर जा!) ।

निश्चय ही नचिकेता भी यह जानता था कि पिता ने क्रोधवश ऐसा कहा है किन्तु पिता के वचनों की रक्षा आवश्यक थी। उसने पिता को समझाया कि उसे यमलोक जाने दीजिये। मनुष्य मरणधर्मा होता है। **सस्यमिव मर्त्यः पच्यते सस्यमिवजायते पुनः ॥** अर्थात् अनाज की भाँति ही वह पकता है (फिर जराजीर्ण होकर गिर जाता है), पुनः अनाज की भाँति ही वह फिर उत्पन्न हो जाता है (कठ. उप. 1.1.6)। अतः आप पूर्वजों के चरित्र का आचरण करते हुए मुझे यमलोक जाने दीजिये (मनुष्य के जीवन की

अनाज से तुलना अत्यन्त सुन्दर है। यह तुलना जीवन की अल्पता का बोध तो कराती ही है, जन्म-मरण का सिलसिला चलता रहता है, यह भी बताती है)।

अस्तु, इस तरह पिता को समझाकर बालक नचिकेता यमलोक पहुँच गया। किन्तु उस समय यमदेवता यमलोक में नहीं थे। तीन दिन बाद जब वे लौटे तो उन्हें बताया गया कि एक ब्राह्मण बालक बिना कुछ खाये-पिये उनके द्वार पर तीन दिनों से बैठा है। यह सुन यम अत्यन्त दुःखी हुए। तत्काल जल लेकर नचिकेता के पास पहुँचकर उसके आने का कारण पूछे बिना ही कहा, 'मेरे द्वार पर तुम तीन रात्रि से भूखे-प्यासे बैठे हो, यह तो मुझसे अपराध हुआ है। अतः तुम मुझसे तीन रात्रि के बदले तीन वर माँग लो। तभी मुझे शान्ति मिलेगी (कठ. उप. 1.1.9)।'

(तीन दिन के सन्दर्भ में प्रो. सत्यव्रत सिद्धान्तालंकार लिखते हैं कि वैदिक साहित्य में उल्लेख है कि आचार्य शिष्य को तीन दिन और तीन रात गर्भ में धारण करके उसे नया जन्म देता है। नचिकेता भी तीन दिन और तीन रात बिना खाये-पिये मृत्यु के यहाँ रहा, वैसे ही रहा जैसे ब्रह्मचारी आचार्य के गर्भ में रहता है, अपने पिछले रूप को मारकर और नये जन्म की तैयारी में।)[2]

यम की भावना को समझकर नचिकेता वर माँगने को तैयार हो गया। उसने पहला वर माँगा कि उसके वियोग में उसके पिता अत्यन्त दुःखी होंगे, अतः यमराज सबसे पहले तो उसके पिता के दुख को दूर कर दें...और जब वह वापस पृथ्वी लोक जाये तो उस पर विश्वास करते हुए कि यह मेरा ही पुत्र है, उसके साथ प्रेमपूर्वक व्यवहार करें (उसे भूत-प्रेत समझकर भयभीत न हों)।

यम द्वारा 'तथास्तु' कहने पर नचिकेता ने दूसरे वर के रूप में स्वर्ग प्राप्त करानेवाली अग्नि का रहस्य पूछा (कठ. उप. 1.1.13)। पर स्वर्गलोक के सम्बन्ध में प्रचलित धारणा के अनुसार तो स्वर्ग में सारे भोग मिलते हैं, सुरा-सुन्दरियों का भी अभाव नहीं होता। यह देवताओं का लोक है जो कई जन्मों के पुण्यों के फलस्वरूप प्राप्त होता है। किन्तु नचिकेता क्या ऐसे ही स्वर्ग की प्राप्ति चाहता था? आगे हम देखेंगे कि नचिकेता यम द्वारा दिये गये सारे भोगों को ठुकराता है। पर तब फिर वह स्वर्ग-प्राप्ति का साधन यम से क्यों पूछता है?

नारायण स्वामी के अनुसार जिस स्वर्गप्राप्ति का विधान ब्राह्मण तथा उपनिषद् ग्रन्थों में किया गया है उस स्वर्ग के सम्बन्ध में प्रश्न न तो नचिकेता ने किया था और न यम ने उसकी प्राप्ति के साधन बताये। नचिकेता ने ब्रह्मलोक (मोक्ष) की प्राप्ति का साधन पूछा था और यम ने ब्रह्म की प्राप्ति का साधन ही उसको बताया था।[3]

आगे स्वयं नचिकेता के स्वर्ग के वर्णन से यह बात स्पष्ट हो जाती है। वह कहता है कि स्वर्ग भय और दुःख रहित स्थान है, **स्वर्गलोका अमृतत्वं भजन्ते**...अर्थात् स्वर्ग को प्राप्त हुए लोग अमृतत्त्व को प्राप्त करते हैं, उन्हें यहाँ से फिर संसार में नहीं आना पड़ता जबकि प्रचलित स्वर्गलोक के विषय में सामान्यतया यही कहा जाता है कि पुण्यों के द्वारा

प्राप्त यह लोक जीव को पुण्यक्षीण हो जाने पर छोड़ना पड़ता है, उसे पुनः संसार में भेज दिया जाता है।[4]

फिर यमराज ने नचिकेता को स्वर्ग प्राप्त करानेवाली अग्नि के विषय में विस्तार से बताया तथा एक अच्छे गुरु की भाँति नचिकेता से अपने दिये ज्ञान को दोहराने को कहा। तीव्र स्मरणशक्तिवाले नचिकेता ने जब यम से सुनी बातें यथावत् दोहरा दीं तब अत्यन्त प्रसन्न हो यम बोल उठे, 'वत्स, आज से यह अग्नि तुम्हारे नाम से अर्थात् **नचिकेता अग्नि** के नाम से प्रसिद्ध होगी, यह मैं तुम्हें अतिरिक्त वर देता हूँ (वही, 1.1.10-16)।'

अब तीसरा वर माँगने की पारी थी। इस बार नचिकेता ने कहा, **येयं प्रेते विचिकित्सा मनुष्येऽस्तीत्येके नायमस्तीति चैके**...अर्थात् मृत्युलोक के निवासी हम मनुष्य प्रायः इस विषय में विवाद करते हैं कि मृत्यु के बाद आत्मा का क्या होता है? कोई कहता है कि उसका अस्तित्व रहता है तो कोई कहता है कि उसका अस्तित्व नहीं रहता। मैं इस विषय में सत्यता जानना चाहता हूँ (वही, 1.1.20)।'

यह सुन यमराज पहले दो वरों की भाँति नचिकेता पर प्रसन्न-दृष्टि नहीं डालते। कुछ टालते हुए वे कहते हैं कि यह विषय तो अत्यन्त गूढ़ है। देवताओं को भी पहले इस विषय पर सन्देह था। अतः तुम इसकी चर्चा न ही करो तो ही ठीक है, तुम कोई दूसरा वर माँग लो। क्या ऐसा नहीं हो सकता कि इस वर के बदले तुम पृथ्वी भर की सम्पदा माँग लो? मैं तुम्हें समस्त भूमण्डल का स्वामी बना देता हूँ। स्वर्ग की अप्सराएँ तक तुम्हारी सेवा में देता हूँ, तुम्हें चाहे जितने वर्ष तक जीवित रहने का वर भी देता हूँ...सौ वर्ष की आयु के पुत्र-पौत्र होने का वर भी देता हूँ...बहुत-से पशु, हाथी, सुवर्ण और घोड़े तुम माँग लो, मनुष्यलोक के लिए जो-जो भोग दुर्लभ हैं, तुम निःसंकोच माँग लो पर मुझसे यह मरणसम्बन्धी प्रश्न मत पूछो। तुम अपना यह तीसरा वर छोड़ दो (वही, 1.1. 23-25)।

किन्तु जो स्वयं जीवन का प्रलोभन त्यागकर यम के पास पहुँचा हो उसे पृथ्वी के भौतिक सुख देनेवाले आकर्षण भला कैसे लुभा सकते थे? अतः विद्वान् बालक ने कहा, 'हे मृत्यो! जिन वस्तुओं को आप मुझे ग्रहण करने को कह रहे हैं वे तो **श्वोभावा** है अर्थात् कल उनका अभाव होनेवाला है, यानी वे नश्वर हैं। और फिर ये सारे भोग तो **सर्वेन्दियाणां जरयन्ति तेजः** अर्थात् सभी इन्द्रियों के तेज को नष्ट करनेवाले हैं। इसके अतिरिक्त क्या धन-दौलत से कभी कोई व्यक्ति तृप्त हुआ है? **न वित्तेन तर्पणीयो मनुष्यः** अर्थात् धन से मनुष्य तृप्त नहीं किया जा सकता। अतः **तवैव वाहास्तव नृत्यगीते** अर्थात् आप अपने वाहनादि एवं नृत्यगीत अपने ही पास रखिये...हमें तो आप हमारा माँगा वर ही दीजिये। कोई अन्य वर हम नहीं लेंगे (वही, 1.1.26-27)।'

यहाँ कोई सोच सकता है कि नचिकेता की बात सुनकर यमराज रुष्ट हुए होंगे। नहीं...बल्कि वे मन-ही-मन प्रसन्न हुए। वस्तुतः वे तो नचिकेता की परीक्षा ले रहे थे। वे जानना चाहते थे कि नचिकेता क्या वास्तव में आत्मविद्या की जिज्ञासा रखता है। इसीलिए वे नचिकेता को तरह-तरह से प्रलोभित कर रहे थे। अन्ततः उन्होंने नचिकेता

की दृढ़ता की प्रशंसा की और फिर तीसरे वर के रूप में नचिकेता के प्रश्न का उत्तर देना प्रारम्भ किया...कि मृत्यु के बाद आत्मा की क्या स्थिति होती है?

सर्वप्रथम यम नचिकेता को 'श्रेय' और 'प्रेय' नामक सुख देनेवाले दो साधनों में अन्तर बतलाते हैं। श्रेय अर्थात् जो श्रेष्ठ हो, श्रेयस्कर हो, कल्याणकारी हो और प्रेय का अर्थ है जो प्रिय लगे, अच्छा लगे। इस तरह दोनों ही मानव को सुख प्रदान करते हैं किन्तु श्रेय जहाँ मनुष्य को समस्त दुखों से छुड़ाकर आत्मिक सुख देता है, परमात्मा से मिलाता है, वहाँ प्रेय उसे भौतिक सुख ही उपलब्धि कराता है, जो नाशवान् हैं, अपने साथ दुःख भी लाता है। ये दोनों ही मनुष्य को अपनी ओर खींचते है। किन्तु बुद्धिमान् मनुष्य श्रेय को ग्रहण करते हैं जबकि मूर्ख प्रेय को ग्रहण कर बार-बार यम के पास जाते हैं अर्थात् पुनर्जन्म के फेर में पड़ते हैं। ऐसे अज्ञानी लोग नाना योनियों में भटकते हुए वैसे ही ठोकरें खाते हैं जैसे **अन्धेनैव नीयमाना यथान्धाः** (कठ. उप. 1.2.5) अर्थात् अन्धे के द्वारा ले जानेवाले अन्धे। इसके विपरीत श्रेय मार्ग है जो जीव को परब्रह्म तक पहुँचाता है (शंकराचार्य यहाँ टिप्पणी करते हैं कि अभ्युदय अर्थात् लौकिक उन्नति की इच्छावाला प्रेय से और अमृतत्त्व की इच्छावाला श्रेय से प्रवृत्त होता है)।

श्रेय की आगे व्याख्या करते हुए यम कहते हैं कि इसका प्रतीक अक्षर ॐ है।

एतद् एव हि अक्षरं ब्रह्म एतद् एव हि अक्षरं परम्।

एतद् एव हि अक्षरं ज्ञात्वा यो यदिच्छति तस्य तत्॥ (कठ. उप.1.2.16)

यह अक्षर ही ब्रह्म है यही परम् है। इस अक्षर को जानकर साधक **यदिच्छति तस्य तत्** अर्थात् जो चाहता है वह प्राप्त कर लेता है। आगे यम इसके आश्रय लेने की प्रशंसा करते हुए कहते हैं :

एतदालम्बनं श्रेष्ठमेतदालम्बनं परम्।

एतदालम्बनं ज्ञात्वा ब्रह्मलोके महीयते॥ (कठ. उप.1.2.17)

अर्थात् इसका आलम्बन (आश्रय) श्रेष्ठ है, परम है। इस आलम्बन को भलीभाँति जानकर **ब्रह्मलोके महीयते** अर्थात् ब्रह्मलोक में महिमान्वित होता है।

इससे स्पष्ट है कि मृत्यु के बाद प्रेयमार्गी आत्मा बार-बार जन्म लेती है जबकि श्रेयमार्गी आत्मा जन्ममरण के बन्धन से मुक्त हो जाती है।

यम यह भी कहते हैं कि ब्रह्म को पाने के लिए कहीं दूर जाने की आवश्यकता नहीं होती। वह तो प्रत्येक जीवात्मा के हृदयरूपी गुफा में अंगुष्ठमात्र रूप में अर्थात् अँगूठे के बराबर रहता है। किन्तु इतने करीब होते हुए भी हम उसे नहीं देख पाते हैं। ऐसा क्यों है? क्या इसलिए कि इसे देखना सरल नहीं है? यम कहते हैं, 'इसे तो वही देख सकता है जो कामनारहित एवं शोकरहित हो, जो समस्त बुरे आचरण से विरत हो तथा जिसका हृदय एवं मन इन्द्रिय सहित संयमित हो।' इससे स्पष्ट है कि परमेश्वर

की प्राप्ति का कोई सरल मार्ग नहीं है। इसके लिए कठोर तप करना होगा। इन्द्रिय रूपी घोड़ों पर मन की लगाम लगानी होगी।

उल्लेखनीय है कि भगवद्गीता का प्रसिद्ध श्लोक, जिसमें शरीर को रथ तथा आत्मा को रथी, बुद्धि को सारथी, इन्द्रियों को घोड़े और मन को लगाम कहा गया है, इस उपनिषद् से ही लिया गया है। यह श्लोक है :

आत्मानं रथिनं विद्धि शरीरं रथमेव तु।
बुद्धिं तु सारथिं विद्धि मनः प्रग्रहमेव च॥ (कठ. उप.1.3.3)

इसके अगले श्लोक भी भगवद्गीता में कुछ अन्तर के साथ लिये गये हैं।

अविवेकी एवं असंयत चित्त से युक्त व्यक्ति के अधीन इन्द्रियाँ उसी तरह नहीं रहती जिस तरह असावधान सारथी के अधीन दुष्ट घोड़े, इसके विपरीत जो व्यक्ति कुशल एवं सर्वदा संयमित चित्त से युक्त होता है उसके अधीन इन्द्रियाँ उसी प्रकार रहती हैं जैसे सावधान सारथी के अधीन अच्छे घोड़े (वही, 1.3.5)।

आगे ऐसी दो आत्माओं की गति बताते हुए कहा गया है कि एक असंयतचित्त चालक परमपद को प्राप्त न कर पुनः संसारचक्र में फंसता है जबकि दूसरा संयतचित्त चालक **तत्पदमाप्नोति यस्माद् भूयो न जायते॥** अर्थात् उस पद को प्राप्त कर लेता है जहाँ से वह फिर संसारचक्र में नहीं आता (वही, 1.3.7-8)।

आत्मा की अमरता के सम्बन्ध में यहाँ कहा गया है :

न जायते म्रियते वा विपश्चिन्नायं कुतश्चिन्न बभूव कश्चित्।
अजो नित्यः शाश्वतोऽयं पुराणो न हन्यते हन्यमाने शरीरे॥ (वही, 2.18)

अर्थात् मेधावी आत्मा न उत्पन्न होती है न मरती है। यह अजन्मा नित्य शाश्वत और पुरातन है तथा शरीर के मारे जाने पर भी नहीं मरती। भगवद्गीता में भी यह श्लोक शब्दशः आया है।[5]

यहाँ शंकराचार्य अपने भाष्य में कहते हैं कि उत्पन्न होनेवाली वस्तुओं में अनेक विकार होते हैं। यहाँ आत्मा में सब प्रकार के विकारों का प्रतिषेध करने के लिए **न जायते म्रियते वा** ऐसा कहकर सबसे पहले उसमें से जन्म और विनाशरूप मरण अर्थात् आदि और अन्त के विकारों का निषेध किया जाता है। आत्मा के चैतन्यरूप स्वभाव के कारण आत्मा को **विपश्चित्** (मेधावी) कहा गया है। इस महान् एवं सर्वव्यापक आत्मा को जानकर **धीरो न शोचति,** धैर्यवान् पुरुष शोक नहीं करता।

हन्ता चेन्मन्यते हन्तुं हतश्चेन्मन्यते हतम्।
उभौ तौ न विजानीतो नायंहन्ति न हन्यते॥[6]

अर्थात् यदि मारनेवाला आत्मा को मारने का विचार करता है और मारा जानेवाला मारा हुआ समझता है तो वे दोनों ही उसे नहीं जानते क्योंकि यह न तो मारता है और न मारा जाता है।

एक स्थान पर यम आत्मा के विषय में कहते हैं कि यह अंगुष्ठमात्र पुरुष धूमरहित ज्योति के समान है जो आज भी है और कल भी रहेगा अर्थात् वह अमर है। निश्चय ही यही वह अर्थात् ब्रह्म है (वही, 2.1.13)।

यहाँ यम द्वारा कहा गया प्रसिद्ध वाक्य भी उल्लेखनीय है :

उत्तिष्ठत जाग्रत प्राप्य वरान्निबोधत ।

क्षुरस्य धारा निशिता दुरत्यया दुग ' पथस्तत्कवयो वदन्ति ॥ (वही, 1.3.14)

अर्थात् उठो, जागो और अपने से श्रेष्ठ पुरुषों के पास जाकर उस परब्रह्म परमेश्वर का ज्ञान प्राप्त करो। इस पथ पर चलना तलवार की धार पर चलने के समान है, इसलिए विद्वत्जन इसे दुर्गमपथ कहते हैं।

उल्लेखनीय है कि स्वामी विवेकानन्द को यह श्लोक बहुत पसन्द था। युवकों को प्रेरित करने के लिए वे उन्हें यह श्लोक सुनाया करते थे।

शंकराचार्य इस पद के भाष्य में लिखते हैं, 'अरे अनादि काल से सोये हुए जीवों! उठो, आत्मज्ञान के प्रति अभिमुख होओ, घोर अज्ञान-निद्रा से जागो। सम्पूर्ण अनर्थों की बीजभूत उस अज्ञाननिद्रा का क्षय करो। किस प्रकार? श्रेष्ठ आचार्यों के पास जाकर। उनके उपदेश किये हुए आत्मा को 'मैं यही हूँ' ऐसा जानो।

यहाँ एक प्रश्न उठता है कि जो हमारे अपने भीतर स्थित है, यानी आत्मा, उसे देखना, जानना, अनुभूत करना तलवार की धार पर चलने के समान कठिन क्यों है? नचिकेता यम से यह प्रश्न तो नहीं करता पर यम स्वयं कहते हैं कि परमात्मा ने इन्द्रियों को बाहर की तरफ जानेवाली बनाया है (जैसे हमारी आँखें बाहर के दृश्य देखती हैं, कान बाहर के शब्द सुनते हैं, त्वचा बाहर से स्पर्श ग्रहण करती है) इसीलिए मनुष्य बाहर की तरफ देखता है, भीतर की ओर नहीं, जहाँ आत्मा का वास है। अमृत की चाहना करनेवाला कोई धीर ही होता है जो बाह्य विषयों की ओर से आँख मूँद लेता है और मुड़कर आत्मा को देखता है (वही, 2.1.1)। जो व्यक्ति आत्मा की ओर यानी अन्दर की ओर जा सकता है वह अपने अनुष्ठान से शोक में नहीं पड़ता, और जब शरीर छोड़ता है तब शोक से सदा के लिए मुक्त हो जाता है। **एतद्वै तत्** अर्थात् आत्मा का यही रूप है।

अस्तु, यम के इन वचनों को सुन नचिकेता परम सन्तुष्ट हुआ। इनका मनन-चिन्तन कर वह अन्ततः ब्रह्मयुक्त हो मृत्यु से रहित हो गया।

यह सुन्दर उपनिषद् कृष्णयजुर्वेद की कठ शाखा के अन्तर्गत है। कठ शाखा में होने के कारण ही इसका नाम कठोपनिषद् है।

इस उपनिषद् का **शान्तिपाठ** है–

ॐ सह नाववतु। सह नौ भुनक्तु। सह वीर्य करवावहै। तेजस्वि नावधीतमस्तु। मा विद्विषावहै।

ॐ शान्तिः ! शान्तिः !! शान्तिः!!![7]

अर्थात् वह परमात्मा हम दोनों (आचार्य और शिष्य) की साथ-साथ रक्षा करें। हम दोनों का साथ-साथ पालन करें। हम साथ-साथ सब प्रकार से सामर्थ्य प्राप्त करें। हम दोनों की पढ़ी हुई विद्या तेजपूर्ण हो। हम द्वेष न करें अर्थात् हम स्नेहसूत्र में बँधे रहें। त्रिविध तापों की शान्ति हो।

सन्दर्भ

1. नचिकेता को यहाँ ऋषि वाजश्रवस का पुत्र कहा गया है किन्तु इसी उपनिषद् में उसे ऋषि उद्दालक का पुत्र भी कहा गया है । यम एक स्थान पर नचिकेता को औद्दालक (उद्दालक का पुत्र) के नाम से सम्बोधित करते हैं (कठ. उप.1.11)। किन्तु नचिकेता के पिताओं में इस तरह दो पुरुषों का नाम क्यों कहा गया जबकि ये दोनों बिल्कुल अलग-अलग दो ऋषि थे? शंकाराचार्य यहाँ एक संभावना यह बताते हैं कि नचिकेता **द्वयामनुष्याण** था। यह शब्द उस व्यक्ति के लिए प्रयुक्त होता था जो दोनों पिताओं की सम्पत्ति का स्वामी और दोनों को पिण्डदान करने का अधिकारी होता है। जैसे, पुत्र के रूप में स्वीकार किया गया पुत्री का पुत्र अथवा अन्य दत्तक पुत्र। यह परम्परा हिन्दू समाज में आज भी चल रही है।
2. एकादशोपनिषद्, पृ. 25.
3. उपनिषद् रहस्य, पृ. 140.
4. भगवद्गीता में कहा गया है, **ते तं भुक्त्वा स्वर्गलोकं विशालं क्षीणे पुण्ये मर्त्यलोकं विशन्ति** अर्थात् वे उस विशाल स्वर्गलोक को भोगकर पुण्यक्षीण होने पर मृत्युलोक में आ जाते हैं।–9.21.
5. **न जायते म्रियते वा कदाचिन्नायं भूत्वा भविता वा न भूयः। अजो नित्यः शाश्वतोऽयं पुराणो न हन्यते हन्यमाने शरीरे॥ -भगवद्गीता 2.20**
6. **य एनं वेत्ति हन्तारं यश्चैनं मन्यते हतम्। उभौ तौ न विजानीतो नायं हन्ति न हन्यते॥ –भगवद्गीता 2.19** (वही, 1.2.19)
7. अशान्तस्य कुतः सुखम्–भगवद्गीता 2.66.

18. छान्दोग्य उपनिषद् से

सत्यकाम जाबाल एवं महर्षि हारिद्रुमत में संवाद : चतुष्पाद ब्रह्म

छान्दोग्य उपनिषद् की अनेक कथाएँ हमने पूर्व संवादों में देखी है। यहाँ पर आयी एक और सुन्दर कथा देखते हैं। यह कथा सत्यकाम जाबाल और उनके गुरु महर्षि हारिद्रुमत की है। यह कथा सत्य का महत्त्व तो बताती ही है, गुरु की श्रेष्ठता भी बताती है जो एक अनाम पिता के बालक को भी सादर शिष्यरूप में स्वीकार करते हैं। कथा इस प्रकार है :

एक बार एक किशोर होते बालक ने ब्रह्मचर्याश्रम में प्रवेश करने की इच्छा अपनी माता के सामने प्रकट की। बालक गुरु के पास रहकर उनसे ब्रह्मविद्या सीखना चाहता था किन्तु उसे न अपने पिता का, न कुल का, न ही गोत्र का पता था। गुरुकुल में प्रवेश हेतु गुरु को यह सब बताना आवश्यक होगा, यह वह समझता था। इसलिए उसने अपनी माता से इनके विषय में पूछा। इस पर माता ने उत्तर दिया, 'हे तात! तू किस गोत्रवाला है, यह मैं नहीं जानती। यौवनकाल में मैं बहुत-से अतिथियों की सेवा-टहल किया करती थी, उन्हीं दिनों मैंने तुझे प्राप्त किया था। मेरा नाम जबाला है और तेरा नाम सत्यकाम है। अतः गुरु यदि तेरा नाम और गोत्र पूछे तो कह देना–सत्यकाम जाबाल (छां. उप. 4.4.1-2)।'

यहाँ शंकराचार्य (तथा कुछ अन्य विद्वान् भी) इसका तात्पर्य यह लेते हैं कि माँ जबाला का भाव था कि पति के घर में आये बहुत-से अतिथियों की मैं सेवा किया करती थी। परिचर्या में चित्त लगा रहने के कारण पति के गोत्रादि को याद रखने में मेरा चित्त नहीं था। उसी समय तेरे पिता का देहान्त हो गया, मैं अनाथा हो गयी, इसी से मुझे गोत्र का पता नहीं चला कि तू किस गोत्रवाला है (शांकरभाष्य)।

किन्तु यहाँ माता स्पष्टता से कहती है **बह्वहं चरन्ती परिचारिणी यौवने त्वामलभे** अर्थात् बहुतों की सेवा करते हुए मैंने यौवनकाल में तुझे प्राप्त किया है, अतः **साऽहंयेतन्न वेद यद्गोत्रस्त्वमसि** अर्थात् इसलिए मैं यह नहीं जानती कि तू किस गोत्र का है (वही, 4.4.2)। यहाँ कहीं पिता के देहान्त की बात भी नहीं है, जैसा कि शंकराचार्य ने

लिखा है। इसीलिए अनेक विद्वानों ने इसका अर्थ यही किया है कि सत्यकाम अनाम पिता की सन्तान था। यही सच उसने गुरु से कहा था, जैसा कि हम आगे देखते हैं और सच कहने के कारण गुरु से प्रशंसित भी हुआ था।

स्वामी विवेकानन्द का भी यही मत था कि सत्यकाम अविवाहित माता की सन्तान था। लन्दन में दिये गये एक व्याख्यान में उन्होंने कहा था, 'ऐसी सन्तान भारत में जाति बहिष्कृत मानी जाती थी, समाज उसे अंगीकार नहीं करता था। उसे वेदों के अध्ययन का अधिकार नहीं था। किन्तु उसकी सत्यवादिता से प्रसन्न गुरु ने उसे क्षणभर में अपना शिष्य बना लिया क्योंकि ऐसा लांछनकारी सत्य ब्राह्मण के अतिरिक्त और कोई नहीं कर सकता।'[1]

इस प्रसंग को उद्धृत करते हुए डॉ. राधाकृष्णन् टिप्पणी करते हैं कि कोई ब्राह्मण व्यक्ति जन्म से नहीं अपितु आचरण से ब्राह्मण माना गया है। उपनिषदों के समस्त दार्शनिक ज्ञान का झुकाव विभागों के संघर्ष को नरम करने एवं जातिगत द्वेष और विरोधों के उन्मूलन की ओर है। परमेश्वर सब जातियों में एक समान अन्तर्यामीरूप आत्मा है। इस प्रकार सब एक समान ही सत्य को ग्रहण कर सकते हैं और इसीलिए सबको सत्य की शिक्षा ग्रहण करने का अधिकार समानरूप से है।[2] नारायण स्वामी यहाँ लिखते हैं कि जबाला ने गोत्र के अज्ञान का जो हेतु दिया है वह साफ जाहिर है। सच्चा विवरण सत्यता की दृष्टि से आदर करने की बात है। उसके एक या दूसरे प्रकार के अन्य अर्थ करने की कुछ भी जरूरत नहीं है।[3]

अस्तु, आज्ञाकारी पुत्र ने माता की बातें स्मृति में रख लीं और चल पड़ा हारिद्रुमत नामक एक प्रसिद्ध गुरु के आश्रम की ओर। वहाँ पहुँचकर उसने विनीत हो गुरु को प्रणाम कर कहा, 'मैं पूज्य श्रीमान् के आश्रम में ब्रह्मचर्यपूर्वक वास करना चाहता हूँ। इसी से आपकी सन्निधि में आया हूँ। कृपया मुझे शिष्यरूप में स्वीकार करें।' इस पर गुरु ने उससे पूछा, 'हे सौम्य! तू किस गोत्रवाला है?' सत्यकाम ने गुरु से वही बताया जो उसकी माता ने उससे कहा था। इस तरह उसने बिना किसी दुराव-छिपाव के अपना नाम और गोत्र बताया, 'सत्यकाम जाबाल।'

सत्यकाम के स्पष्ट एवं निर्भीक उत्तर को सुन गुरु बोल पड़े, 'ऐसा निर्भीक एवं स्पष्ट भाषण कोई अब्राह्मण नहीं कर सकता। मैं तेरा उपनयन संस्कार अवश्य करूँगा क्योंकि तूने सत्य का त्याग नहीं किया है (छां. उप. 4.4.3-5)।'

तदन्तर गुरु ने सत्यकाम का उपनयन संस्कार विधिवत् किया और उसे अपना शिष्य स्वीकार कर लिया। किन्तु किसी भी तरह की शिक्षा देने के पूर्व उन्होंने सत्यकाम को चार सौ कृश एवं दुर्बल गौएँ देते हुए कहा, **सोम्यानुसंब्रजेति** अर्थात् 'हे सौम्य, इनका अनुगमन कर।' यहाँ गौओं के अनुगमन करने का तात्पर्य था कि सत्यकाम उन्हें जंगल ले जाये

और भलीभाँति उन्हें खिलाये-पिलाये, उनकी सेवा-टहल करे, उनकी रक्षा करे और उनका वर्द्धन करे (छां. उप. 4.4.5)।

सत्यकाम ने चुपचाप गुरु की आज्ञा शिरोधार्य की। किन्तु गौओं के पीछे चलते हुए उसने प्रतिज्ञा की कि जब तक ये चार सौ गाएँ एक सहस्त्र नहीं हो जायेंगी, तब तक मैं गुरु के पास नहीं लौटूँगा।

इस तरह वन में गायों की सेवा-टहल करते-करते कई वर्ष निकल गये। सत्यकाम गायों की रक्षा हेतु, उनकी संख्या बढ़ाने हेतु, सारी सावधानी बरतता। धीरे-धीरे गाएँ एक सहस्र हो गयीं।

तब सत्यकाम के तप और श्रद्धा से प्रसन्न होकर देवताओं ने उस पर कृपा करने का विचार किया। सबसे पहले एक ऋषभ (बैल) ने उससे कहा, 'सत्यकाम हम एक सहस्र हो चुके हैं, अब तू हमें आचार्यकुल में पहुँचा दे।' (हरिकृष्णदास गोयन्दका इसे वायुदेव कहते हैं जो बैल में प्रविष्ट हुए थे।) इसके साथ ऋषभ ने सत्यकाम पर प्रसन्न होकर उसे शिक्षा देने की इच्छा से कहा, 'ब्रह्म के चार पाद (अंश) होते हैं, मैं तुम्हें एक पाद बतलाता हूँ। इस पाद का नाम **प्रकाशवान्** है। जो ब्रह्म की प्रकाशवान् के रूप में उपासना करता है वह इस लोक में प्रकाशवान् होता है (छां.उप. 4.5.1-3)।' यहाँ प्रकाशवान् होने का तात्पर्य विख्यात होना है। आगे ऋषभ ब्रह्म के इस पाद की चार कलाएँ भी बताता है। ये चार कलाएँ चारों दिशाएँ, पूर्व (प्राची) पश्चिम (प्रतीची) दक्षिण और उत्तर हैं।

सत्यकाम ने ऋषभ से सादर शिक्षा ग्रहण की। किन्तु यह तो ब्रह्म का केवल एक ही पाद था। अन्य पादों की शिक्षा कौन देगा? सत्यकाम अभी यह सोच ही रहा था कि उस ऋषभ ने ही सत्यकाम से कहा कि अग्निदेव तुम्हें दूसरे पाद की शिक्षा देंगे।

अस्तु, उस ऋषभ को धन्यवाद देते हुए सत्यकाम गौओं को हाँकते हुए गुरुकुल की ओर चल पड़ा। रात्रि में ऋषभ की बातों का स्मरण कर उसने अग्नि स्थापित की और अग्नि के पीछे पूर्वाभिमुख होकर बैठ गया। तब अग्नि ने कहा, 'हे सौम्य! मैं तुझे ब्रह्म का दूसरा पाद बताऊँगा।' सत्यकाम तत्काल शिक्षा ग्रहण करने बद्धांजलि हो गया। तब अग्नि ने कहा, यह **अनन्तवान** नाम वाला है, जो ब्रह्म की अनन्तवान के रूप में उपासना करता है वह इस लोक में अनन्तवान होता है (छां.उप. 4.6.1-4)।' अनन्तवान होने का तात्पर्य अनन्तवान लोकों को जीत लेना है। ब्रह्म का यह पाद भी चतुष्कल अर्थात् चार कलाओंवाला है। इसकी चार कलाएँ हैं, पृथिवी, अन्तरिक्ष, द्युलोक एवं समुद्र।

सत्यव्रत सिद्धान्तालंकार यहाँ टिप्पणी करते हैं कि गौ चराते समय सत्यकाम का एक साथी बैल था जिसने उसे पहला उपदेश दिया। दूसरा अग्नि थी। वह दिन को अग्नि से खाना बनाता था और रात को उसे तापता था। अग्नि ने उसे भौतिक प्रकाश तो दिया ही साथ ही यह आध्यात्मिक प्रकाश भी दिया कि पृथिवी, अन्तरिक्ष, द्युलोक एवं समुद्र कितने विशाल हैं, मानो अनन्त है, इसी प्रकार ब्रह्म भी अनन्त है।[4]

अस्तु, सत्यकाम ने अग्नि से सादर शिक्षा ग्रहण की। किन्तु यह भी तो ब्रह्म का केवल एक ही पाद था। अन्य पादों की शिक्षा उसे कौन देगा? सत्यकाम के मन की बात समझ अग्निदेव ने उससे कहा कि तृतीयपाद की शिक्षा तुझे एक हंस देगा।

सो अग्नि को धन्यवाद दे दूसरे दिन सत्यकाम अपने गन्तव्य की ओर बढ़ चला। रात्रि में एक श्वेत हंस, (शंकराचार्य–जो अदित्यदेव थे)[5], उसके समीप आकाश से उतरा और बोला, 'हे सौम्य! क्या मैं तुम्हें ब्रह्म का तृतीय पाद बतलाऊँ?' सत्यकाम यही तो चाहता था। विनीत भाव से उसने कहा, 'भगवन् अवश्य बतायें।'

तब आदित्यदेव ने कहा कि ब्रह्म का तृतीयपाद **ज्योतिष्मान्** नाम वाला है। जो ब्रह्म की ज्योतिष्मान् के रूप में उपासना करता है वह इस लोक में ज्योतिष्मान् होता है (वही, 4.7.1-4)।' ज्योतिषवान् होने का तात्पर्य ज्योतिष्मान् लोकों को जीत लेना है। यहाँ आदित्यदेव ने यह भी कहा कि ज्योतिष्मान् ब्रह्म चतुष्कल है। ये चार कलाएँ हैं, अग्नि, सूर्य, चन्द्रमा और विद्युत्।

सत्यव्रत सिद्धान्तालंकार यहाँ टिप्पणी करते हैं कि वन-वन में भमण करनेवाले सत्यकाम का बैल और अग्नि के अतिरिक्त एक साथी सूर्य भी था। सूर्य ने भी उसे यही शिक्षा दी कि अग्नि, सूर्य, चन्द्रमा और विद्युत, सबमें ब्रह्म की ही ज्योति छिटक रही है। उसी की ज्योति से सब ज्योतिष्मान् है।[6]

अस्तु, सत्यकाम ने यह शिक्षा भी सादर ग्रहण की। किन्तु यह तो ब्रह्म का तीसरा ही पाद था। अभी एक पाद और बचा था। इसकी शिक्षा कौन देगा? इसकी शिक्षा के लिए आदित्यदेव ने बतलाया कि एक मद्गु (जलपक्षी) तुझे इसकी शिक्षा देगा।

दूसरे दिन फिर गुरुकुल की ओर गायों को हाँकते हुए सत्यकाम आगे बढ़ा। सन्ध्या समय उसने अग्नि प्रज्वलित की, उसमें समिधा रखी और अग्नि के पीछे पूर्व की ओर मुख करके बैठ गया। थोड़ी ही देर में एक मद्गु पक्षी वहाँ आकर बोला, 'सत्यकाम! क्या मैं तुझसे ब्रह्म का चौथा पाद कहूँ?' सत्यकाम इसीलिए तो वहाँ ध्यानमग्न बैठा था। उसने सादर मद्गु से शिक्षा हेतु आग्रह किया। तब मद्गु ने कहा, 'हे सौम्य! ब्रह्म का चौथा पाद **आयतनवान्** है। जो ब्रह्म की आयतनवान् के रूप में उपासना करता है वह इस लोक में आयतनवान् होता है। इससे वह आयतनवान् लोकों को जीत लेता है।' इस आयतनवान् ब्रह्म की मद्गु भी चार कलाएँ बताता है, इसकी पहली कला प्राण, दूसरी चक्षु, तीसरी श्रोत्र (कर्ण) और चौथी मन है (छां. उप. 4.8.1-4)।

सत्यव्रत सिद्धान्तालंकार इस सन्दर्भ में लिखते हैं कि गौ, अग्नि, सूर्य के अतिरिक्त सत्यकाम का चौथा साथी वायु (मद्गु) था। उसने भी उसे यही शिक्षा दी कि ब्रह्माण्ड का वायु, पिण्ड का प्राण है और जैसे शरीर के प्राण पर आँख, कान और मन का अवलम्ब है, वैसे ब्रह्माण्ड के वायु पर, जो ब्रह्माण्ड का प्राण है, संसार का अवलम्ब (आयतन) है। शरीर की प्राण-शक्ति ब्रह्माण्ड की वायु-शक्ति है और वायु-शक्ति ही ब्रह्म-शक्ति है।[7]

अस्तु, इस तरह सत्यकाम को वायुदेव, अग्निदेव, सूर्यदेव एवं मद्गु (जिसे शंकराचार्य ने अपने भाष्य में प्राण कहा है) ब्रह्म के अलग-अलग पादों की एवं उनकी चतुष्कलाओं की शिक्षा देते हैं। ऋषभ के रूप में वायुदेव इस पाद का नाम **प्रकाशवान्** बताते हैं, अग्निदेव अपने ही रूप में ब्रह्म का द्वितीय पाद **अनन्तवान्** बताते हैं, आदित्यदेव हंस के रूप में ब्रह्म का तृतीयपाद **ज्योतिष्मान्** बताते हैं और प्राण मद्गु के रूप में ब्रह्म का चौथा पाद **आयतनवान्** कहते हैं। चारों का अपना महत्त्व है। चारों का ध्यान मनुष्य को अलग-अलग सामर्थ्य प्रदान करता है किन्तु यह चार एक ही ब्रह्म का प्रतिनिधित्व करते हैं।

चार गुरुओं द्वारा दी गयी इस शिक्षा के सम्बन्ध में नारायण स्वामी लिखते हैं कि ये चार गुरु जगत्रचना की एक-एक श्रेणी का प्रतिनिधित्व करते हैं। ऋषभ पृथ्वी के पशुश्रेणी का प्रतिनिधि है, तो अग्नि पंचभौतिक जगत् के प्रतिनिधि के रूप में है। हंस पृथ्वी के पक्षी श्रेणी का प्रतिनिधि है तो मद्गु जलचर जगत् का प्रतिनिधि है। तात्पर्य यह है कि उपर्युक्त प्रत्येक श्रेणी अपनी मूक भाषा के द्वारा ईश्वर के व्यापकत्व की शिक्षा दे रही है। उसके व्यापकत्व का स्वरूप पाद और कलाओं से स्पष्ट है।[8]

स्वामी विवेकानन्द इसे कुछ दूसरे रूप में देखते हैं। उनके अनुसार हमें जिस महान् विचारधारा के बीज यहाँ मिलते हैं, वह यह है कि ये सारी ध्वनियाँ हमारे अन्दर ही हैं। इन तत्त्वों को और अधिक समझने से अन्त में यही तत्त्व पायेंगे कि यह वाणी वास्तव में हम लोगों के हृदय में से ही उठी है। शिष्य सारे समय यही समझता रहा कि वह सत्य के सम्बन्ध में उपदेश सुन रहा है किन्तु उसका ऐसा समझना ठीक नहीं है। उसने इन वाणियों को बाह्य जगत् से आती हुई समझा किन्तु वे सदा उसके अन्दर थीं।[9]

अस्तु, इस तरह चार-चार गुरुओं से शिक्षा लेकर इन्हें स्मरण करते हुए हजार गौओं को लेकर सत्यकाम गुरुकुल पहुँचा। हृष्टपुष्ट सहस्र गोवंश को देखकर गुरुदेव प्रसन्न हुए किन्तु सत्यकाम के तेजस्वी चेहरे ने उन्हें आश्चर्य में डाल दिया। उन्होंने पूछा, 'सौम्य! तुम तो ब्रह्मवेत्ता से भासित हो रहे हो! क्या तुम्हें किसी गुरु ने ब्रह्मज्ञान दिया है? शंकराचार्य अपने भाष्य में यहाँ ब्रह्मवेत्ता का लक्षण बताते हैं कि वह प्रसन्नइन्द्रिय, हासयुक्त और चिन्तारहित हुआ करता है। (तुलनीय-श्वेतकेतु के 12 वर्ष ब्रह्मचर्यावास के बाद लौटने पर उसके पिता महर्षि आरुणि उसका चेहरा देखकर समझ गये थे कि यह अभी ब्रह्मवेत्ता नहीं हैं क्योंकि उसके चेहरे पर उद्दण्डता के लक्षण दिख रहे थे, विनम्रता के नहीं। इसका अर्थ है कि व्यक्ति के चेहरे से उसका ज्ञान भी झलकता है।)

अस्तु, गुरुदेव का प्रश्न सुन सत्यकाम ने वन में उसे ऋषभ, अग्नि, हंस तथा मद्गु ने जो ज्ञान दिया, वह सब कह सुनाया, साथ ही विनम्रतापूर्वक यह भी कहा कि यह सब तो मनुष्येतर द्वारा दिये गये उपदेश हैं, अब मेरी इच्छा है कि आप पूज्यपाद ही मुझे ब्रह्मज्ञान दें क्योंकि मैंने श्रीमान् जैसे ऋषियों से सुना है कि आचार्य द्वारा प्राप्त विद्या ही अतिशय साधुता को प्राप्त होती है।

तब आचार्य ने उसे उसी विद्या का उपदेश दिया जो जंगल में ऋषभ आदि ने दिया था, **न किंचन वीयायेति वीयायेति** (छां. उप. 4.9.1-3) अर्थात् उसमें से कुछ भी न्यून नहीं हुआ, कुछ भी न्यून नहीं हुआ।

सत्यव्रत सिद्धान्तालंकार यहाँ सुन्दर टिप्पणी करते हैं कि प्रकृति में आँख खोलकर फिरते हुए जैसे सत्यकाम को बैल, अग्नि, सूर्य और वायु से आत्मज्ञान हो गया वैसे जो भी आँखें खोलकर देखेगा उसे ब्रह्मज्ञान हुए बिना नहीं रहेगा।[10]

उल्लेखनीय है कि आगे चलकर यही सत्यकाम जाबाल स्वयं भी आचार्य बना। अगली कथा उसके शिष्य उपकोसल और स्वयं सत्यकाम के मध्य संवाद है।

सन्दर्भ

1. विवेकानन्द साहित्य, खण्ड 8, पृ. 19.
2. भारतीय दर्शन, भाग 1, पृ. 182.
3. एकादशोपनिषद्, पृ. 278.
5. शांकरभाष्य, छां. उप.
6. वही, पृ. 2797 एकादशोपनिषद्, पृ. 281.
8. उपनिषद् रहस्य, पृ. 663.
9. विवेकानन्द साहित्य, खंड 8, पृ. 20.21.
10. एकादशोपनिषद्, पृ. 281.

उपकोसल एवं सत्यकाम जाबाल में संवाद : आत्मा का सौन्दर्य

छान्दोग्य उपनिषद् में प्रस्तुत यह संवाद गुरु सत्यकाम जाबाल और उनके शिष्य उपकोसल के मध्य है। कथा इस प्रकार है :

सत्यकाम जाबाल के आश्रम में अनेकों शिष्य रहते थे। इनमें उपकोसल नामक एक शिष्य अन्य शिष्यों के साथ उनके आश्रम में 12 वर्ष तक ब्रह्मचर्यावास करते हुए रहा। इस बीच वह आचार्य की अग्नियों की बराबर सेवा करते रहा। अब पारी समावर्तन[1] की थी। किन्तु पता नहीं क्यों आचार्य ने केवल उपकोसल को छोड़कर अन्य शिष्यों का समावर्तन संस्कार करते हुए उन्हें उनके घर बिदा किया। उपकोसल को इससे दुःख होना स्वाभाविक था। अब आचार्य से तो वह कुछ कह नहीं सकता था, अतः दुःखी होकर उसने अन्न का त्याग कर दिया यानी अनशन प्रारम्भ किया।

आश्रम में आचार्य को यह पता नहीं होता था कि शिष्य भोजन कर रहा है अथवा नहीं, अतः उन्होंने इस पर कोई प्रतिक्रिया नहीं की, किन्तु जिसे शिष्यों के भोजन की जिम्मेदारी थी, वह आचार्य की दयालु पत्नी अर्थात् आश्रम की गुरुमाता यह देख बहुत दुःखी हुईं। उन्होंने उपकोसल से जब इस अन्नत्याग का कारण पूछा तो उपकोसल ने सीधे तौर पर तो कारण नहीं बताया पर अप्रत्यक्ष रूप से मन की बात कह दी। उसने कहा, 'मानवमन में अनेकानेक इच्छाएँ होती हैं जो उसे विषयों की ओर ले जाती हैं। यही उसकी मानसिक चिन्ताओं का कारण बनती है। मेरी भी एक मानसिक चिन्ता है, इसीलिए मैं भोजन नहीं कर रहा हूँ (छां. उप. 4.10.1-3)।'

गुरुमाता उपकोसल के मन का दर्द समझ गयीं। कारण समझकर वह भी बड़ी दुःखी हुईं। अवसर देखकर उन्होंने पति से कहा, 'शिष्य उपकोसल ने हमारी अग्नियों की ठीक से सेवा की है। अग्निहोत्रियों के लिए वह समिधाओं का चयन करते रहा है, भोजनादि के लिए अग्नि जलाता रहा है, घर को सदा दीप्त रहनेवाली अग्नि की भी देख-रेख करते रहा है। कहीं ऐसा न हो कि अग्नियाँ क्रुद्ध होकर आपकी निन्दा करने लगे। अतः अन्य शिष्यों के समान उसे भी शिक्षा देकर उसका समावर्तन कीजिये।'

गुरुपत्नी की बात ठीक थी किन्तु गुरु ने कुछ नहीं कहा और उपकोसल को शिक्षा दिये बिना ही बाहर चले गये। यह देख अग्नियों[2] ने एकत्रित होकर कहा कि यह ब्रह्मचारी तपस्या कर चुका है, इसने हमारी भलीभाँति सेवा की है, अतः हम इसे उपदेश करें (वही, 4.10.4)।

ऐसा निश्चय कर विभिन्न अग्नियों ने अपने व्यापक स्वरूप का और विश्व के मूल का तथा आत्मविद्या का ज्ञान उपकोसल को दिया और कहा, 'हमने जो कुछ उपदेश तुम्हें दिया है उसके आगे का मार्ग गुरुगम्य है। वह आचार्य ही तुझे बतायेंगे (वही, 4.11-13)।'

पर अग्नियों ने आख़िर क्या ज्ञान दिया था उपकोसल को? अग्नियों ने कहा था, **प्राण** ब्रह्म है, **कं** ब्रह्म है **खं** ब्रह्म है।

प्राण ब्रह्म है, यह तो समझ में आता है, पर यह 'कं' और 'खं' क्या हैं? इन्हें क्यों ब्रह्म कहा गया? उपकोसल ने यही प्रश्न अग्नियों से किया था।

इस पर अग्नियों ने कहा, 'निश्चय ही जो कं है वही खं है और जो खं है वही कं है।' पर यह तो गोलमोल बात लगती है। किन्तु बात ऐसी गोलमोल भी नहीं है। वस्तुतः ऐसा हमें ऐसा इसलिए लग रहा है क्योंकि कं और खं का अर्थ हम नहीं समझ रहे हैं। उपकोसल भी नहीं समझ रहा था। तब अग्नि ने बताया कि 'कं' का अर्थ है, 'आनन्द' और 'खं' का अर्थ है, 'आकाश'। यानी प्राण जो कि ब्रह्म है, वही आनन्द है और वही आकाश है।

यहाँ नारायण स्वामी कहते हैं कि इस शिक्षा में ब्रह्मविद्या का गूढ़ रहस्य छिपा हुआ है। प्राण को ब्रह्म इसलिए कहा गया है क्योंकि शरीर में रहनेवाले प्राण के तीन काम हैं, शरीर को जीवित रखना, निःस्वार्थ होकर काम करना तथा प्रमादरहित होकर तत्परता से काम करना। ईश्वर का नाम प्राण इसलिए है क्योंकि उसके भी ऐसे ही तीन काम हैं। ईश्वर प्राणी-संसार का जीवनदाता है, वह निर्लेप रहते हुए समस्त जगत् का उपकार कर रहा है और उसके समस्त कार्य बिना आलस्य और प्रमाद के चल रहे हैं। आगे नारायण स्वामी लिखते हैं कि **ब्रह्म कं है अर्थात् वह आनन्दमय स्वरूप है**। जिस प्रकार अग्नि उष्ण है, इसीलिए जो भी उसके समीप जाता है वह उसकी उष्णता का कुछ-न-कुछ अंश ग्रहण कर लेता है, उसी प्रकार जो भी उपासना के द्वारा ब्रह्म के जितना समीप जायेगा वह उतना ही अंश आनन्द का ग्रहण करेगा। ब्रह्म को **खं** कहने का अर्थ है कि **वह आकाशवत् सर्वव्यापक** है। इसका निश्चयात्मक ज्ञान प्राप्त कर लेने से मनुष्य समस्त मानसिक, वाचिक और कायिक पापों से बचा रह सकता है।[3]

कं और **खं** इन दो शब्दों के प्रयोग पर प्रो. सत्यव्रत टिप्पणी करते हैं कि **खं** अर्थात् आकाश मात्रा (Quantity) को अभिव्यक्त करता है और **कं** सुख अर्थात् गुण (Quality) को अभिव्यक्त करता है। मात्रा में आकाश से बड़ी कोई वस्तु नहीं है और गुण में सुख से बढ़कर कुछ अभिप्रेत नहीं है। ब्रह्म की मात्रा आकाश के समान है, ब्रह्म का गुण सुख के समान है। पिण्ड (Subjectivity) में प्राण को ब्रह्म कहा और ब्रह्माण्ड (Objectivity)

में गुण की दृष्टि से **कं** अर्थात् सुख को ब्रह्म कहा। मात्रा की दृष्टि से **खं** अर्थात् आकाश को ब्रह्म कहा।[4]

अस्तु, कुछ काल बाद जब गुरु आश्रम लौटे तो उपकोसल का दीप्तिमान मुख देख चकित रह गये। उन्होंने उससे पूछा, 'हे सौम्य! तेरा मुख ब्रह्मवेत्ता का सा दिखायी दे रहा है, किसने तुझे उपदेश दिया?' इस पर बात को टालते हुए उपकोसल ने पहले कहा, **को नु माम् अनुशिष्यात्**, अर्थात् कौन मुझे शिक्षा देगा (छां. उप. 4.1-3)?

किन्तु गुरु की आँख से सत्य अधिक देर तक छिपा नहीं रह सकता, सम्भवतः यह सोचकर उपकोसल ने थोड़ी झिझक के बाद अग्नियों द्वारा प्राप्त उपदेश की बात तथा अग्नियों द्वारा दिये गये उपदेश को भी गुरु को बतलाया। यह सुनकर गुरु सत्यकाम जाबाल अत्यन्त प्रसन्न हुए और उपकोसल को वह उपदेश देकर बिदा किया, जिसे जाननेवाला पापकर्म से उसी प्रकार लिप्त नहीं होता जिस प्रकार कमलपत्र जल से लिप्त नहीं होता (वही, 4.14)।

आचार्य अपने उपदेश में कहते हैं कि आँख में जो पुरुष दिखायी देता है, वह आत्मा है। वह अमृत है, अभय है, ब्रह्म है। जैसे आँख में घी या जल छोड़ने से वे आँख में नहीं रहकर निकल जाते हैं वैसे ही यह आत्मा भी आँख में (शरीर में) रहता हुआ भी उससे अलग रहता है।

इस आत्मा को **संयद्वाम** कहा जाता है क्योंकि सब वाम (शोभा) इसमें संयत् (सिमट) जाती है। आत्मा के स्वरूप से बढ़कर कोई दिव्य आभा नहीं है। जो ऐसा जानता है उसके चरणों पर सृष्टि के सभी सौन्दर्य लोट-पोट हो जाते हैं।

आगे इसे गुरु **वामनी** और **भामनी** भी कहते हैं। वामनी इसलिए कि सृष्टि के समस्त सौन्दर्य की यह नेता है, सबमें अग्रणी है और भामनी इसलिए कि समस्त लोकों में यह अपनी आभा से प्रकाशित हो रही है। जो ऐसा जानता है वह सब लोकों में प्रकाशित हो जाता है। ऐसा ब्रह्मविद् जब मर जाता है तो उसका संस्कार किया जाये या न किया जाये, वह ज्योति को ही प्राप्त होता है। ब्रह्म द्वारा प्रदर्शित मार्ग पर चलनेवाले मानव इस संसार में लौटकर नहीं आते, लौटकर नहीं आते (वही, 4.15)।

चक्षु में पुरुष की व्याख्या में नारायण स्वामी यहाँ कहते हैं कि इसका अभिप्राय कनीनिका (पुतली) से है जिसे कहीं-कहीं छाया-पुरुष भी कहते हैं। मनुष्य शरीर में यह कनीनिका ईश्वर की सूक्ष्म और महान् सूक्ष्म रचना का विलक्षण उदाहरण है। इसलिए उसे आँखों की आत्मा कहा गया है। स्थूल शरीर के साथ गोलक नष्ट हो जाता है पर असली चक्षु इन्द्रिय नष्ट नहीं होती। इसलिए उसे गोलक की अपेक्षा से अमृत कहा गया है। इसी तरह असली इन्द्रिय भयरहित है, भय आँखों को होता है, यही कारण है कि संकट आने पर पलक झपक जाती है। इस चक्षु में स्थित पुरुष को अभय कहा गया है। अभय और महान् होने से ही उसे ब्रह्म कहा गया है।[5]

सत्यकाम जाबाल और उपकोसल को पशुओं और अग्नि द्वारा दी गयी शिक्षा के सम्बन्ध में काका कालेलकर लिखते हैं कि यूनान में शिष्य को प्रथम पदार्थ विज्ञान (फिजिक्स) पढ़ाकर बाद में दर्शन या तत्त्वज्ञान पढ़ाया जाता था। छान्दोग्य उपनिषद् की उपर्युक्त दोनों ही कथाओं में औपनिषदिक शिक्षा का भी यही क्रम मालूम होता है। पहले ढोर, पशु, पक्षी, अग्नि आदि का लौकिक ज्ञान अपने प्रयत्न से, निरीक्षण, परीक्षण और प्रयोग के द्वारा प्राप्त करने के बाद ही गुरु औपनिषदिक विद्या यानी ब्रह्मज्ञान देते थे।[6]

सन्दर्भ

1. प्राचीन काल में गुरुकुलों में 12 वर्ष तक ब्रह्मचर्य व्रत का पालन करते हुए जब शिष्य की शिक्षा पूरी हो जाती थी तो गुरु उसे उसके घर वापस भेजते थे। यह भी एक संस्कार होता था। इसे ही समावर्तन संस्कार कहते थे। (इसके विपरीत उपनयन संस्कार होता था जब बालक को पिता गुरु के पास शिक्षा हेतु पहली बार लाते थे।) समावर्तन के लिए कोई शुभ दिन चुना जाता था। उस दिन विद्यार्थी को प्रातः से ही एक कोठरी में बन्द रहना पड़ता था। यह एक अनोखी बात थी। इसका उद्देश्य सूर्य को उस अपमान से बचाना था जो सूर्य को अपने से भी अधिक देदीप्यमान के दर्शन से सहना पड़ेगा। लोक विश्वास था कि स्नातक के तेज से ही सूर्य चमकता है। शिक्षा का इससे बड़ा आदर और क्या हो सकता था! मध्याह्न में ब्रह्मचारी कमरे से बाहर निकलता था। हाथ-मुँह धो लेने पर केश मुड़ाता था और तब वह मेखला, अजिन आदि ब्रह्मचर्य के चिह्नों का परित्याग करता था। अब से प्रतिबन्ध का जीवन समाप्त होता था। आचार्य स्वयं उसे भोग की ऐसी सामग्री देते थे जो ब्रह्मचर्य के जीवन में कभी नहीं देते थे। उसे अपने हाथों से सुगन्धित जल से स्नान कराते थे तथा नये वस्त्र एवं आभूषण आदि भेंट करते थे जो उसके लिए पिता द्वारा पहले से ही भेजे जाते थे। फिर इन्हें धारण करवाकर रथ या हाथी में बिठाकर पण्डितों की सभा में आचार्य उसका परिचय करवाते थे। फिर शिष्य यथाशक्ति आचार्य को दक्षिणा दे उनसे बिदा लेकर अपने गृह की ओर प्रस्थान करता था। -अनन्त सदाशिव अलतेकर, प्राचीन भारतीय शिक्षण पद्धति, पृ. 218.
2. अग्नियाँ तीन प्रकार की बतायी गयी हैं। पहली **गार्हपत्य अग्नि,** वह अग्नि जो घर में सदा स्थिर बनी रहती है, कभी बुझती नहीं है। दूसरी **अन्वाहार्यपचनाग्नि** अर्थात् वह अग्नि जो गार्हपत्य अग्नि से आंच ग्रहण कर भोजन पकाने के काम आती है और तीसरी **आहवनीय अग्नि** अर्थात् वह अग्नि जो अग्निहोत्र यज्ञ के काम आती है। यह भी गार्हपत्य अग्नि से ही आँच ग्रहण करती है।
3. उपनिषद् रहस्य, पृ. 673.
4. एकादशोपनिषद्, पृ. 283.
5. उपनिषद् रहस्य, पृ. 675.
6. उपनिषदों का बोध, पृ. 11.

20. बृहदारण्यक उपनिषद् से

काशिराज अजातशत्रु तथा दृप्त बालाकि में संवाद : ब्रह्मोपदेश

हम सब जानते हैं कि हमारे देश की वर्णव्यवस्था अत्यन्त प्राचीन है। वेदों में इस बात का उल्लेख मिलता है कि उस काल में समाज ब्राह्मण, क्षत्रिय, वैश्य और शूद्र, इन चार वर्णों में बँटा हुआ था। हम यह भी जानते हैं कि सैद्धान्तिक एवं व्यावहारिक दोनों ही दृष्टि से ब्राह्मण इन सब वर्णों में सर्वोपरि रहे हैं। प्राचीन काल में ब्रह्मविद्या एक गुह्यविद्या थी जिसके ज्ञाता ब्राह्मण ही हुआ करते थे। क्षत्रिय सामान्यतया अपने बाहुबल से राज्य का संचालन करते थे। किन्तु गुह्य विद्या के प्रति उनके मन में पर्याप्त जिज्ञासा रहती थी। उपनिषदों से पता चलता है कि जनक जैसे राजा ब्रह्मविद्या जानने के लिए प्रायः अपने दरबार में शास्त्रार्थ करवाते थे तथा विजेता को पर्याप्त धन भी देते थे। किन्तु उपनिषदों से यह भी ज्ञात होता है कि स्वयं राजागण भी इस विद्या की उपासना करते थे और इसमें पारंगत भी हो जाते थे।[1] ऐसे राजाओं का शिष्यत्व ब्राह्मणगण बिना झिझक, बल्कि विनयपूर्वक स्वीकार करते थे। इस सम्बन्ध में बृहदारण्यक उपनिषद् की यह कथा प्रसिद्ध है जो गर्ग कुल में उत्पन्न बालाकि नामक ब्राह्मण तथा काशिराज अजातशत्रु के मध्य संवाद के रूप में है। वैसे यहाँ बालाकि अन्य ब्राह्मणों के समान विनयी नहीं है, बल्कि वह इनके विपरीत घमण्डी है। इसीलिए उसे **दृप्त बालाकि** कहा गया है।

अस्तु, कथा इस प्रकार है :

एक बार बालाकि नामक एक ब्राह्मण काशिराज अजातशत्रु के पास पहुँचा और बोला, 'राजन्! **ब्रह्म ते ब्रवाणि** अर्थात् मैं आपको ब्रह्म का उपदेश दूँगा।' यह सुन काशिराज प्रसन्न हो बोल उठा, 'इसी बात पर मैं तुम्हें सहस्त्र गौएँ देता हूँ। लोग व्यर्थ ही जनक-जनक कहते हुए उसके पीछे दौड़ते हैं। वे सोचते हैं कि जनक ही बड़ा दानी है (बृ. उप. 2.1.1)।'

(बृहदारण्यक उपनिषद् की ही एक कथा में मिथिला-नरेश जनक द्वारा सर्वश्रेष्ठ ब्रह्मवादी के लिए सहस्त्र गाएँ, जिनके सिंगों पर स्वर्णमुद्राएँ बँधी थी, पारितोषक में देने

का उल्लेख है।[2] इसी उपनिषद् की एक अन्य कथा में भी राजा जनक द्वारा याज्ञवल्क्य को उनके प्रत्येक तात्त्विक प्रश्नों के लिए पारितोषक देने का उल्लेख है, अन्त में तो जनक अपना समूचा राज्य ही याज्ञवल्क्य के चरणों में समर्पित कर देते हैं।[3])

अस्तु, फिर बालाकि ने राजा को ब्रह्म के विषय में बताना प्रारम्भ किया कि ब्रह्म क्या है। इसके उत्तर में सबसे पहले वह कहता है कि यह जो आदित्य में पुरुष है[4] यही ब्रह्म है। मैं इसकी ही ब्रह्म के रूप में उपासना करता हूँ (वही, 2.1.2)।

किन्तु अजातशत्रु इस उत्तर से सन्तुष्ट नहीं हुआ। उसने तुरन्त कहा, **मा मा एतस्मिन् संवदिष्ठा अतिष्ठाः सर्वेषां भूतानाँ मूर्धा राजेति वा...**अर्थात् इसके विषय में ऐसा मत कहो। यह आदित्य तो सबका अतिक्रमण करके स्थित है, यह समस्त भूतों का राजा एवं मस्तक है। इसकी मैं इसी रूप में उपासना करता हूँ।...और जो कोई इसको ऐसा ही जानकर उपासता है वह सर्वोपरि स्थित होता है तथा समस्त प्राणियों का मूर्धा और राजा होता है अर्थात् चहुँ ओर प्रकाशमान होता है (वही, 2.1.2)।'

तब बालाकि ने कहा, 'यह जो चन्द्रमा में स्थित पुरुष है, उसकी मैं ब्रह्मरूप में उपासना करता हूँ। यही ब्रह्म है।' किन्तु राजा इस उत्तर से भी सन्तुष्ट नहीं हुआ। पूर्ववत् उसने कहा, 'नहीं नहीं ऐसा मत कहो। यह तो छिटकती हुई चांदनी के मानो शुक्लवस्त्र धारण करनेवाला सोमराजा है, इसकी मैं इसी रूप में उपासना करता हूँ। जो इसकी इस प्रकार उपासना करता है, उसके लिए नित्यप्रति सोम सुत और प्रसुत होता है अर्थात् वह चन्द्रमा की कृपा से पुत्र तथा पौत्रवान होता है और उसका अन्न कभी क्षीण नहीं होता।' (चन्द्रमा की कलाओं के साथ ही सोमरस बढ़ता है और उसकी कला के साथ ही अन्न में रस भरता है, इससे पुत्र और पौत्रवान् होने की सम्भावना बढ़ती है।)

राजा की बात का बालाकि ने खण्डन नहीं किया पर आगे फिर ब्रह्म को अन्य स्थान पर स्थित बताया। इस बार वह कहता है कि विद्युत् में जो पुरुष है, वही ब्रह्मरूप है, पर अजातशत्रु इससे भी सहमत नहीं हुआ। वह बोला, 'विद्युत की तो मैं तेजस्वी रूप में उपासना करता हूँ। जो ऐसा जानकर इसकी उपासना करता है, वह तेजस्वी होता है तथा उसकी सन्तान भी तेजस्वी होती है, किन्तु यह ब्रह्म नहीं हो सकता (बृ. उप. 2.1.3)।'

इस बार भी बालाकि ने राजा की बात का खण्डन नहीं किया पर आगे फिर ब्रह्म को अन्य स्थान पर स्थित बताया। अब की बार वह कहता है कि आकाश में जो पुरुष है वही ब्रह्मरूप है, पर अजातशत्रु ने फिर असहमति प्रकट की। वह बोला, **'मा मा एतस्मिन् संवदिष्ठा...**अर्थात् न-न ऐसा न कहें। इसे तो मैं पूर्ण और निष्क्रिय मानता हूँ और इसी रूप में इसकी उपासना करता हूँ (निष्क्रिय इसलिए क्योंकि आकाश किसी वस्तु का प्रारम्भ नहीं कर सकता)। जो ऐसा जानकर इसकी उपासना करता है वह सन्तान और पशुओं से पूर्ण होता है। उसकी सन्तान परिपक्व आयु होने से पूर्व इस

लोक से नष्ट नहीं होती, किन्तु यह ब्रह्म नहीं हो सकता (वही, 2.1.5)।'

इसके बाद बालाकि क्रमशः वायु में, अग्नि में, दर्पण में, प्रतिध्वनि में, दिशा में, छाया में तथा आत्मा में स्थित पुरुष को ब्रह्मरूप कहता गया किन्तु हर बार अजातशत्रु उसके विचार का खण्डन करता गया। अन्ततः थककर बालाकि बोल उठा, 'अच्छा राजन्! अब तुम्हीं मुझे बताओ कि ब्रह्म क्या है? मैं तुम्हारा शिष्यत्व ग्रहण करता हूँ। तुम मेरे गुरु बनो और मुझे ब्रह्मज्ञान दो (वही, 2.1.14)।'

बालाकि यद्यपि घमण्डी था किन्तु यह बात उसने विनयपूर्वक राजा से कही थी, इसलिए थोड़ी हिचकिचाहट के बाद राजा ने उसका गुरु बनना स्वीकार कर लिया। हालाँकि राजा ने यह भी कहा कि यह तो उल्टी बात होगी कि क्षत्रिय ब्राह्मण को ब्रह्मविद्या दे पर फिर भी मैं आपको ब्रह्मविद्या कहूँगा (वही, 2.1.15)।

अपनी बात व्यावहारिक रूप से समझाने के लिए राजा ने बालाकि का हाथ पकड़ा और उसे एक सोते हुए आदमी के पास ले गया। पास जाकर उसने उस सुप्त व्यक्ति को आवाज दी, हे महाभाग! 'हे शुभ्रवसन! हे प्रकाशवान्! हे सोम राजा (शान्त पुरुष)...' उक्त व्यक्ति को ऐसा सम्बोधित कर राजा वस्तुतः उसे उठाने का प्रयत्न कर रहा था किन्तु गहरी नींद में सोया वह पुरुष सोया ही रहा। फिर राजा ने उसका हाथ दबाया। हाथ दबाते ही वह उठ बैठा। तब राजा ने बालाकि से पूछा, 'यह जो विज्ञानमय पुरुष है, बुद्धि और चेतना से युक्त पुरुष, जब यह सोया हुआ था तब कहाँ था? और अब जागने पर यह कहाँ से आया है?'

बालाकि इसका उत्तर नहीं जानता था, अतः अचम्भित होकर वह राजा को देखने लगा। तब अजातशत्रु ने समझाया, 'जब यह निद्रावस्था में रहता है तब स्वात्मा (अपनी ही आत्मा, जिसे हृदयाकाश भी कहते हैं) में विद्यमान रहता है तथा इच्छानुसार विभिन्न देशों में विचरण करता रहता है (स्वप्न में प्रायः हम इस बात का अनुभव करते हैं)। सुषुप्तावस्था (नींद की ऐसी अवस्था जब स्वप्न भी न आते हों, गाढ़ निद्रा की अवस्था) में यह आनन्द की चरम अवस्था में रहता है।'

राजा आगे यह भी बताता है कि जिस प्रकार मकड़ी अपने भीतर से जाले का निर्माण करती है और उस पर चलती है तथा अग्नि से जैसे चिंगारियाँ निकलती हैं, उसी प्रकार इस आत्मा से समस्त प्राण, समस्त भूत, समस्त लोक तथा समस्त देवगण उत्पन्न होते हैं।

इस प्रकार क्षत्रिय राजा अजातशत्रु से शिक्षा ग्रहण कर अन्ततः सन्तुष्ट होकर ब्राह्मण बालाकि अपने आश्रम लौट जाता है।

लौटते समय बालाकि की मनःस्थिति क्या थी यह तो उपनिषद्कार ने नहीं लिखा है पर निश्चय ही अपना अभिमान राजा के महल में छोड़कर ही वह लौटा होगा, यह हम अनुमान से कह सकते हैं।

सन्दर्भ

1. उपनिषदों के सिद्धान्त पर्वतों की गुफाओं से निकलकर कोलाहलपूर्ण नगरों की व्यस्तताओं में भी कार्यान्वित हुए हैं। इन सिद्धान्तों की एक विशेषता यह है कि ये निर्जन अरण्यवास के फलस्वरूप प्राप्त नहीं हुए हैं। जिन व्यक्तियों को हम सबसे अधिक कर्मण्य मानते हैं वे ही राजसिंहासन पर बैठनेवाले राज-राजर्षि इनके प्रणेता रहे हैं।—विवेकानन्द, विवेकानन्द साहित्य, अष्टम खण्ड, पृ 3.
2. देखिये संवाद क्र. 4.
3. देखिये संवाद क्र. 28.
4. पुरुष का तात्पर्य है, **पुरि शरीरे शेते इति पुरुषः** अर्थात् शरीर या पिण्ड में रहनेवाली विशेष शक्ति। इस अर्थ में स्त्री-पुरुष दोनों ही पुरुष हैं।

21. बृहदारण्यक उपनिषद् एवं तैत्तिरीय ब्राह्मण[1] से

ऋषि दध्यङ् का इन्द्र एवं अश्विनी कुमारों से संवाद : मधुविद्या

बात सदियों पुरानी है। एक थे महर्षि अथर्वण। इन्होंने वैदिक कर्मकाण्ड के विकास में विशेष योगदान दिया है। इनके सुयोग्य पुत्र थे ऋषि दध्यङ्।[2] एक बार वे अपने आश्रम में शिष्यों के साथ यज्ञकर्म की तैयारी कर रहे थे। अचानक आश्रम की शान्ति को भंग करता रथ की घरघराहट का स्वर उन्हें सुनायी पड़ा। यह बिना सूचना दिये कौन अतिथि आया होगा? उत्सुकतावश उन्होंने कुछ आगे बढ़कर देखा तो देवराज इन्द्र रथ से उतरकर उनकी ओर ही आ रहे थे। तब ऋषि ने अपने शिष्यों के साथ देवराज की अगवानी की और फिर अतिथि के अनुरूप अर्घ्य[3], आसन और मधुपर्क प्रस्तुत कर उनका स्वागत किया।

ऋषि के इस स्वागत से प्रसन्न इन्द्र ने कहा, 'ऋषिवर! मैं जानता हूँ कि आपको किसी चीज की कामना नहीं है तथापि यदि आप मुझसे कुछ ग्रहण करते तो मैं कृत-कृत्य होता। कृपया आप मुझे अपनी सेवा का अवसर दीजिये।'

इन्द्र के यह वचन सुन ऋषि मौन रहे। उन्हें इस तरह मौन देख इन्द्र ने पुनः कहा, 'ऋषिवर आप त्याग की मूर्ति हैं। यदि तपस्या अथवा सत्य के विकास में मेरी सहायता कहीं वांछित हो तो उसे करने में प्रसन्नता का अनुभव करूँगा।'

तब कुछ सोचकर दध्यङ् ऋषि ने कहा, 'देवराज! तुम्हारे वचनों से मैं कृतार्थ हुआ। मुझे किसी भी भौतिक सुख की कामना नहीं है। सांसारिक भोगों से मैं विरक्त हूँ...किन्तु अभी मेरी एक इच्छा अपूर्ण है।'

इस पर उत्साहित इन्द्र ने कहा, 'कहिये कहिये ऋषिवर! मैं आपकी हर इच्छा पूर्ण करने हेतु वचनबद्ध हूँ।'

तब दध्यङ् ऋषि ने कुछ संकोच से कहा, 'देवराज! तुम मधुविद्या के ज्ञाता हो ना? मैं तुमसे इसी विद्या का रहस्य जानने की इच्छा रखता हूँ...क्या तुम मेरी वह इच्छा पूरी करोगे?'

ऋषि की बात सुन इन्द्र दुविधा में पड़ गये। दरअसल वे यह विद्या ऋषि को नहीं देना चाहते थे...इसलिए नहीं कि ऋषि उस श्रेष्ठ विद्या के ज्ञाता हो जायेंगे जो केवल उनके

पास है...वह इसे उन्हें इसलिए नहीं देना चाहते थे क्योंकि वह जानते थे कि ऋषिगण दयालु और भोले होते हैं, कहीं ऐसा न हो कि कोई अपात्र उनसे इसे छलपूर्वक ले ले! ...किन्तु उन्होंने ही तो ऋषि को कुछ माँगने का आग्रह किया था, अब यदि ऋषि मधुविद्या चाह रहे हैं तो वह ना कैसे करें?

आख़िर किंचित् उहापोह के बाद इन्द्र ने कहा, 'ऋषिवर! मैंने आपकी इच्छा पूरी करने का वचन दिया है अतः मैं उसे अवश्य दूँगा, पर मेरी भी एक शर्त है।'

'तुम्हारी हर शर्त मुझे स्वीकार है देवराज।' ऋषि ने अविलम्ब कहा। तब गगन मण्डप की ओर देखते हुए देवराज ने कहा, 'आप इसे अपने तक ही सीमित रखेंगे ऋषिवर।'

'मुझे स्वीकार है, ऐसा ही होगा देवराज।'

पर इन्द्र को इससे सन्तोष नहीं हुआ इसलिए उन्होंने अपनी ओर से यह भी जोड़ दिया, 'यदि आप इस विद्या का उद्घाटन किसी पर भी करेंगे तो आपका सिर धड़ से कटकर नीचे गिर जायेगा।'

ऋषि ने बिना झिझक के इसे स्वीकारते हुए कहा, 'इन्द्र मुझे यह अनुबन्ध भी स्वीकार है।'

इसके बाद देवराज ने निश्चिन्त होकर ऋषि को मधुविद्या का उपदेश देकर कृतार्थ किया। ऋषि दध्यङ् मधुविद्या को प्राप्त कर अत्यन्त प्रसन्न थे। वे इन्द्र के प्रति कृतज्ञ थे और दिल से चाहते थे कि वे इन्द्र को दिये गये वचनों की रक्षा करें। किन्तु मुनि के दुर्भाग्य से थोड़े ही समय बाद कुछ ऐसी होनी हुई कि मुनि को यह विद्या किसी और को देनी पड़ी। पर तब क्या उनका सिर उनके धड़ से छिन्न हो गया? तब तो वे मृत्यु को प्राप्त हो गये होंगे? कहानी विचित्र है, मुनि का सिर घड़ से अलग तो हुआ पर वे मृत्यु को प्राप्त नहीं हुए, बल्कि फिर से उनका सिर उनके घड़ पर आ विराजमान हुआ! किन्तु यह चमत्कार हुआ कैसे...और किसे मधुविद्या देने मुनि ने इन्द्र को दिया वचन भंग किया? आइये पूरी कथा देखें।

सूर्य के दो जुड़वाँ पुत्र थे, दोनों अश्विनी कुमार कहलाते थे। ये अतिसुन्दर सूर्यपुत्र देवताओं के चिकित्सक थे। देवताओं के ये चिकित्सक सूर्यपुत्र देवताओं के समान ही सम्मानित थे। ये भी यज्ञ में अन्य देवताओं के समान ही भागीदार थे। किन्तु एक बार इन्होंने विद्या के अभिमान में चूर होकर इन्द्र का अपमान किया था। इससे कुपित हुए इन्द्र ने इन्हें यज्ञों के भाग से वंचित कर दिया था। इस कारण से ये बड़े दुखी रहते थे। अब मधुविद्या ही वह ज्ञान था जो उन्हें देवताओं के समान यज्ञ का भागी बना सकता था! किन्तु मधुविद्या तो केवल इन्द्र को पता थी जो उन्हें यह ज्ञान देने से रहे। एक बार इन्हें कहीं से पता चला कि ऋषि दध्यङ् मधुविद्या के ज्ञाता हो गये हैं। अतः वे बड़े विनीत हो महर्षि के पास पहुँचे। सादर मुनि को प्रणाम किया। ऋषि ने भी इन चिरयुवा युगल बन्धुओं का अर्घ्यादि से सम्मान किया। आख़िर वे कोई मामूली तो थे नहीं, सूर्यपुत्र थे, देवताओं के चिकित्सक थे! फिर बड़े स्नेह से उन्होंने उनके आगमन का कारण पूछा।

किन्तु आने का कारण बताने के पूर्व अश्विनी कुमारों ने ऋषि के दानी स्वभाव की प्रशंसा करते हुए बड़ी चालाकी से उनसे वचन ले लिया कि वे जो माँगे ऋषि उन्हें देंगे ...और भोलेभाले ऋषि ने अतिथिदेवों की मनोवांछा पूरी करने का वचन दे भी दिया। तब कुमारों ने बद्धांजलि हो कहा, 'प्रभो! आप हमें मधुविद्या का रहस्य बताकर कृतार्थ करें।'

मधुविद्या! ऋषि हत्प्रभ रह गये। इन्हें कैसे मालूम हुआ कि यह विद्या मुझे ज्ञात है? अब क्या करूँ? ऋषि सोच में पड़ गये। यदि वे कुमारों को मधुविद्या देते हैं तो इन्द्र के वचन-भंग के दोषी होंगे...दण्ड-स्वरूप उनका सिर कटकर गिर जायेगा।...और यदि नहीं देते हैं तो उनके उस वचन का क्या होगा जो उन्होंने अभी-अभी इन दोनों बन्धुओं को दिया है? बड़ी विकट स्थिति में फँस गये बेचारे दध्यङ्!

अन्ततः अपने प्राणों का मोह त्याग उन्होंने अश्विनी कुमारों को मधुविद्या देने का निर्णय लिया। उन्होंने कुमारों से कहा, 'ठीक है, मैं तुम्हें मधुविद्या का उपदेश दूँगा, पर यह जान लो कि यह मेरा आख़िरी उपदेश होगा क्योंकि इसके बाद इन्द्र आकर वचनभंग के आरोप में मेरा सिर काट लेगा।'

यह सुनकर अश्विनी कुमार बड़े दुखी हुए। अब क्या होगा? अब क्या वे मधुविद्या के इतने निकट पहुँचकर उससे वंचित हो जायेंगे? ऋषि को वे अपने स्वार्थ हेतु मृत्यु के मुख में कैसे डाल सकते थे? अभी वे यह सब सोच ही रहे थे कि उन्हें अपनी एक ऐसी विद्या का स्मरण हो आया जिससे साँप भी मरेगा और लाठी भी बची रहेगी। वे ऋषिप्रवर से अपनी मनचाही विद्या ले भी लेंगे और उन्हें मरने भी नहीं देंगे। आख़िर वे यूँ ही तो देवताओं के चिकित्सक नहीं बन बैठे हैं! वे ऋषि को प्राणदान तो नहीं दे सकते थे किन्तु किसी अन्य तरीके से उनके प्राण बचा सकते थे। और फिर ऐसा उन्होंने किया भी।

पर यह कैसे सम्भव हुआ था? क्या थी अश्विनीकुमारों को ज्ञात वह विद्या?...यह थी शल्यक्रिया। उन्होंने ऋषि को समझाया कि उन्हें कटे सिर को शल्यक्रिया द्वारा पुनः जोड़ने की विद्या आती है। वे इन्द्र के आने के पहले ही उनका सिर काट लेंगे और उसी समय एक अश्व का सिर भी काटेंगे। फिर वे दोनों के सिरों की तत्काल अदलाबदली कर देंगे अर्थात् अश्व का सिर मुनि के धड़ में और मुनि का सिर अश्व के धड़ में लगा देंगे। तब मुनि उन्हें अश्वमुख से मधुविद्या का दान देंगे...इन्द्र को जैसे ही यह बात पता चलेगी कि मुनि ने किसी को मधुविद्या सिखा दी है तो वह क्रोधित हो तलवार लेकर आयेगा और क्रोधित अवस्था में ही वह मुनि के अश्व के सिर को धड़ को अलग कर देगा। ...और तब हम बन्धुद्वय शल्यक्रिया द्वारा ऋषि के सिर को पुनः उनके धड़ से जोड़ देंगे ...इस तरह ऋषि पुनः अपने पूर्वरूप में आ जायेंगे!

सचमुच फिर सब-कुछ वैसा ही हुआ जैसा युवा बन्धुओं ने कहा था। पाठकों को इस कथा में अविश्वास हो सकता है। भला एक कटा हुआ सिर फिर से धड़ में जोड़ा जा सकता है? हो सकता है यह मात्र काल्पनिक गल्प हो किन्तु जब आधुनिक शल्य चिकित्सक कटे हुए अंगों को, जैसे हाथ, पैर आदि को पुनः शरीर से जोड़ सकते हैं, तब देववैद्य कटा

सिर जोड़ सकते थे, यह मानने में क्या बुराई है। हालाँकि प्राचीन भारत में ऐसी किसी चिकित्सा का उल्लेख तो नहीं है किन्तु पुराण कथाओं में ऐसे उदाहरण अवश्य है। पार्वती पुत्र गणेश के सिर काटे जाने पर भगवान् शिव द्वारा हाथी के सिर को गणेश के धड़ पर लगाने का उदाहरण प्रसिद्ध है।

किन्तु बात यहाँ कटे सिर को जोड़ने की नहीं, उस मधुविद्या की है, जिसे दध्यङ् ऋषि ने अश्विनी कुमारों को दिया था और जिसे लेकर इतना बवाल हुआ था। क्या थी वह मधुविद्या? आइये देखते हैं :

बृहदारण्यक उपनिषद् में मधुविद्या के विषय में कथन है, **यह पृथ्वी समस्त भूतों का मधु है और समस्त भूत इस पृथ्वी के मधु है अर्थात् इस पृथ्वी के समस्त पदार्थ मधु के समान रसीले हैं। इस पृथ्वी में जो यह तेजोमय अमृतमय पुरुष है और यह जो अध्यात्म शरीर में स्थित तेजोमय पुरुष है, वही यह आत्मा है। यह ब्रह्म है, यह सर्व है (बृह. उप. 2.5.1)।**

(सत्यव्रत सिद्धान्तालंकार इसकी व्याख्या में लिखते हैं कि यह पृथ्वी सब प्राणियों को मधु के समान प्यारी है और पृथ्वी को सभी प्राणी मधु के समान प्यारे है। पृथ्वी में व्याप रहा जो तेजोमय, अमृतमय पुरुष है, वह ब्रह्माण्ड का आत्मा है। शरीर में व्याप रहा जो तेजोमय, अमृतमय पुरुष है वह पिण्ड का आत्मा है। आत्मा ही अमृत है, आत्मा ही ब्रह्म है, आत्मा ही यह सब-कुछ है।[4])

अस्तु, मधुविद्या को लेकर उपनिषद् के ये वाक्य बहुत महत्त्वपूर्ण हैं। उपनिषदों में जो बार-बार ब्रह्म की सर्वव्यापकता और आत्मा तथा परमात्मा की एकता का पाठ है, वह यहाँ भी प्रतिध्वनित हो रहा है। वस्तुतः यह पाठ ही मधुविद्या है जो जीवन को मधु के समान मीठा बना देती है जो जीवात्मा के लिए आनन्दमय जगत् की सृष्टि करती है। (आज दुनिया-भर में सुख-सुविधाओं की संख्या बढ़ते जाने के बाद भी लोगों में काम-क्रोध एवं लोभ आदि की प्रवृत्ति बढ़ती जा रही है। इसका परिणाम प्रायः हत्या और आत्महत्या के रूप में सामने आता है। यह प्रवृत्ति निश्चय ही सांसारिक जीवन को जहर बना देती है। ऐसी परिस्थिति में उपनिषद् का यह मधुविद्या का पाठ निश्चय ही तपते रेगिस्तान में शीतल बयार के समान है। मधुविद्या को जानने और समझनेवाला फिर किसी लौकिक सुख के पीछे भागते हुए मोह के दलदल में नहीं फँसता। वह उस आनन्द की अवस्था को प्राप्त होता है जो उसे जीवन के परमलक्ष्य तक ले जाती है। यह मधुविद्या उसे सफल जीवन जीने की सन्तुष्टि देती है। वस्तुतः ब्रह्म से आत्मा की एकता जाननेवाला ब्रह्मानन्द को प्राप्त करता है।)

आगे उपनिषद्कार इसी प्रकार क्रमशः जल, अग्नि, वायु, सूर्य, चन्द्र, विद्युत्, वज्र, आकाश, धर्म, सत्य, मानवात्मा आदि को समस्त भूतों का मधु और समस्त भूतों को इनका मधु बताते हुए इनमें स्थित तेजोमय अमृतमय पुरुष को अमृतमय ब्रह्म बताते हैं। अन्ततः वे परमात्मा को **सर्वेषां भूतानामधिपतिः सर्वेषां भूतानां राजः** अर्थात् सभी भूतों का

अधिपति तथा सभी भूतों का राजा कहते हैं। रथ-चक्र का दृष्टान्त देते हुए वे कहते हैं कि जिस प्रकार रथ के केन्द्र में सारे अरे समर्पित रहते हैं उसी प्रकार परमात्मा में समस्त भूत, समस्त देव, समस्त प्राण और समस्त आत्माएँ समर्पित हैं (वही, .2.5.1-15)। सचमुच अति मधुमयी है यह मधुविद्या।

अश्विनीकुमारों द्वारा दध्यङ् ऋषि को अश्व की ग्रीवा से मधुविद्या ग्रहण करने का उल्लेख पहले-पहल ऋग्वेद में मिलता है। यहाँ अश्विनीकुमारों की स्तुति करते हुए कहा गया है, 'अथर्व ऋषि के पुत्र दध्यङ् ऋषि ने तुम्हारे सामर्थ्य से अश्व की ग्रीवा धारण करके मधुर वचन बोले थे, यह तुम्हारे उग्र कर्म को उसी प्रकार प्रकट करता है जिस प्रकार बादल का गर्जन बादल के भीतर के जल को बताता है।'[5] ऋग्वेद में अन्य स्थानों पर भी अश्विनीबन्धुओं के इस कृत्य का उल्लेख है। इसके अतिरिक्त भी उनके द्वारा किये गये अन्य अनेक चिकित्सकीय कृत्यों का वर्णन यहाँ देखने को मिलता है, जैसे कुष्ठरोग से पीड़ित अधिक आयु की घोषा नामक कन्या को स्वस्थ करना जिससे वह पति प्राप्त कर सकी।[6] दृष्टिहीन कण्व को नेत्र प्रदान करना, नृषद के बहरे पुत्र को कान प्रदान करना, वृद्ध च्यवन ऋषि को युवा बनाना। इतना ही नहीं उनके द्वारा कटे पैर में लोहे के पैर लगाने का भी कृत्य किया गया। यहाँ उनकी स्तुति करते हुए कहा गया है कि जिस प्रकार पक्षी का पंख कटकर अलग हो जाता है उसी प्रकार खेल नामक राजा की पत्नी विश्पला का पैर युद्ध में कट गया था तब तुमने शत्रुओं द्वारा छिपाये गये धन को प्राप्त करने के लिए रात-भर में विश्पला के लिए लोहे का पैर बना दिया था।[7]

पर ये अश्विनी कुमार थे कौन? पौराणिक कोश के अनुसार[8] अश्विनीकुमार सूर्य के दो जुड़वाँ पुत्र थे जो त्वष्टा की कन्या संज्ञा से उत्पन्न हुए थे। किन्तु इनके जन्म के पूर्व सूर्य को संज्ञा से तीन सन्तान प्राप्त हो चुकी थी। संज्ञा ने सूर्य की तीन सन्तानों को जन्म तो दिया किन्तु उसे सूर्य के तेज को सहने में बड़ी कठिनाई होती थी अतः एक बार उसने अपनी छाया सूर्य के पास छोड़ दी और घोड़ी का रूप धारण कर उत्तर कुरु में तप करने चली गयी। सूर्य छाया को ही संज्ञा समझते रहे। किन्तु सूर्य को जब यह भेद पता चला तो वे अश्व का रूप धारण कर संज्ञा के पास गये और तब दोनों अश्विनी कुमारों का जन्म हुआ। अतिसुन्दर ये जुड़वाँ सूर्यपुत्र देवताओं के वैद्य बने (सूर्य स्वयं चिकित्सक हैं, यह आज विज्ञान भी मानता है। सूर्य की किरणें अनेकानेक रोगों को दूर करने में सहायक होती हैं)। उल्लेखनीय है कि माता और पिता के अश्वरूप में सहवास करने के कारण जन्में इन बन्धुओं के नाम अवश्य अश्विनी थे पर उनमें अश्व के कोई लक्षण नहीं बताये गये हैं। हाँ, दध्यङ् ऋषि की अश्व के मुख से निकली मधुविद्या को सम्भवतः इसीलिए वे समझ पाये थे।

नारायण स्वामी इस सन्दर्भ में दध्यङ् और उनके पिता अथर्वा एवं अश्वि शब्द की व्याख्या करते हुए लिखते हैं कि **अथर्वणः न थर्वा** अर्थात् अथर्वा वह है जो हिंसा या कम्पन से रहित है। यह ईश्वर का नाम है। अथर्वा का भक्त आथर्वण कहा जाता है। दध्यङ् ऋषि

को यहाँ आथर्वण कहा गया है। दध्यङ् ध्यानरत ज्ञानी पुरुष को कहते हैं। दोनों अश्विनीकुमार **अश्वस्य अपत्यम्** अश्वपुत्र हैं। ये दिन और रात के प्रतीक हैं। सूर्य से उत्पन्न होने के कारण ये उनकी सन्तति हैं ही। **अश्वस्य शीर्ष्णा** 'अश्व के सिर से' कहने का भाव यह कि अश्व के पुत्र को अश्व के सिर से अर्थात् अनुकूल सिर से शिक्षा दी जानी चाहिए जिससे विद्यार्थी अध्यापक को समझ सके। जिस प्रकार ज्ञानी गुरु बालकों को बालकों के मस्तिष्क जैसा अपना मस्तिष्क बनाकर शिक्षा देता है उसी प्रकार दध्यङ् ऋषि ने अश्वियों के अनुकूल ही अपना सिर बनाकर इस मधुविद्या की शिक्षा दी थी।[9]

सन्दर्भ

1. इस संवाद का कथा-पक्ष तैत्तिरीय ब्राह्मण में मिलता है।
2. पुराणों में इनका एक नाम दधीचि भी मिलता है। इन्द्र ने इन्हीं की अस्थियों से वृत्रासुर का वध किया था।–भागवतपुराण
3. किसी सम्माननीय अतिथि को सादर फल, फूलादि या अन्य उपहार देना।
4. एकादशोपनिषद्, पृ. 461.
5. ऋग्वेद, 1.116.10.
6. ऋग्वेद 1.117.7.
7. ऋग्वेद 1.116.15.
8. पौराणिक कोश, पृ. 28.
9. उपनिषद् रहस्य, पृ. 990-991.

22. छान्दोग्य उपनिषद् से

राजा जानश्रुति का गाड़ीवाले रैक्व से संवाद : संवर्ग विद्या

छान्दोग्य उपनिषद् की यह कथा राजा जानश्रुति और एक विद्वान् किन्तु रंक विचारक रैक्व को लेकर है। चूँकि रैक्व किसी घर में न रहकर एक गाड़ी के नीचे ही रहता था इसलिए इसे गाड़ीवाला रैक्व कहा जाता था। इसी रैक्व की ख्याति सुनकर उसके पास धन-दौलत लेकर एक बार राजा जानश्रुति के जाने की यह कथा है। उल्लेखनीय है कि इसी प्रकार चौथी शताब्दी ई.पू. के ग्रीक दार्शनिक डायोजीनिस के विषय में कहा जाता है कि उसका कोई घर नहीं था। एक टब ही उसका निवासस्थान था जहाँ वह सोता, रहता और खाता-पीता था। उसे किसी की परवाह नहीं थी। एक बार उसकी ख्याति सुनकर विश्वविजयी सिकन्दर महान् भारी मात्रा में धन-दौलत लेकर उससे मिलने गया तो उसने सिकन्दर की दौलत की ओर सिर उठाकर देखा तक नहीं। जब सिकन्दर ने उससे पूछा कि क्या मैं तुम्हारे लिये कुछ कर सकता हूँ, तो उसका उत्तर था, 'हाँ, आपने मुझ तक पहुँचनेवाली धूप रोक रखी है, कृपया सामने से हट जाइये ताकि मुझ तक धूप आ सके।' इस पर बादशाह यह कहते हुए हट गया कि मैं अगर सिकन्दर न होता तो अवश्य डायोजीनिस बनना पसन्द करता।

अस्तु, छान्दोग्य उपनिषद् की हमारी कथा में राजा का नाम जानश्रुति है। वह भी अत्यन्त प्रसिद्ध था किन्तु सिकन्दर के समान विश्वविजय के लिए प्रसिद्ध नहीं था, हाँ, अपनी दानशीलता के लिए सिकन्दर के समान ही चारों ओर चर्चित एवं प्रशंसित अवश्य था। उसकी पाकशाला में बहुत-सा अन्न पकाया जाता था। उसने राज्य-भर में स्थान-स्थान पर धर्मशालाएँ बना रखी थीं ताकि लोग वहाँ ठहरें और उसका ही अन्न खायें। उसके इस कृत्य से राज्य के लोग तो लोग, पशु-पक्षी भी परिचित थे।

एक रात राजा अपने महल की छत पर बड़ी सन्तुष्टि के साथ लेटा हुआ था। उसी समय दो हंस उसकी छत के ऊपर से गुजरे। उनमें से एक ने दूसरे को सम्बोधित कर कहा, 'अरे भल्लाक्ष (मन्ददृष्टि)! सँभलकर उड़। देख, राजा जानश्रुति का तेज द्युलोक के समान फैला हुआ है, तू उसका स्पर्श न कर, कहीं वह तेज तुझे भस्म न कर दे (छां. उप.4.1.2)!'

राजा के लिए ये बड़े कर्णप्रिय शब्द रहे होंगे पर क्षण-भर बाद ही दूसरे हंस ने जो

कहा उसे सुन राजा बेचैन हो गया, उसकी सारी खुशी हवा हो गयी। दूसरे हंस ने अपने साथी से कहा, 'अरे! तू यह क्या कह रहा है? इस राजा में ऐसी क्या बात है जो उसके लिए तू ऐसी सम्मानित बातें कर रहा है? क्या तू इसे गाड़ीवाले रैक्व के समान सम्मानित बतला रहा है?'

इस पर दूसरे ने पूछा, 'यह गाड़ीवाला रैक्व कौन है, कैसा है?' भल्लाक्ष ने उत्तर दिया, 'उस रैक्व का तेज इतना है कि प्रजा जो कुछ भी सत्कर्म करती है वह सब उसको प्राप्त हो जाता है। जिस प्रकार द्यूतक्रीड़ा में कृत नामक पासे के द्वारा जीतनेवाले पुरुष के अधीन उससे निम्नश्रेणी के सभी पासे हो जाते हैं उसी प्रकार प्रजा के सत्कर्म उसके अधीन हो जाते हैं (वही, 4.1.4)।'

यह सुन दूसरे हंस ने क्या प्रतिक्रिया दी यह तो यहाँ नहीं लिखा है, पर हाँ, हंसों का संवाद सुन रहे राजा जानश्रुति को फिर रात में नींद नहीं आयी। आख़िर ऐसा क्या है उस गाड़ीवाले रैक्व में कि उसका तेज मुझसे भी बढ़कर है?

(सत्यव्रत सिद्धान्तालंकार इन हंसों को परमहंस महात्मा कहते हैं अर्थात् ये मनुष्य थे, पक्षी नहीं।)[1]

दूसरे दिन प्रातःकाल ही राजा ने अपनी स्तुति करनेवाले बन्दियों से कहा, 'नहीं, मेरी स्तुति मत करो, क्या तुम मुझे गाड़ीवाले रैक्व के समान बतला रहे हो? स्तुति करने योग्य तो वही है, मैं नहीं (वही, 4.1.6)।'

बेचारे चारणगण! चुप हो गये...पर समझ नहीं पाये कि हमारा राजा यह क्या कह रहा है? वे तो किसी गाड़ीवाले रैक्व को नहीं जानते थे।

अस्तु, फिर राजा ने अपने सेवक को बुलवाया और रैक्व के विषय में पूछा। वह भी रैक्व को नहीं जानता था। इस पर राजा ने कहा, 'पता करो कि यह गाड़ीवाला रैक्व कौन है, कहाँ रहता है? मैं उससे मिलना चाहता हूँ।'

सेवक तत्काल रैक्व की खोज में निकल पड़ा। पूरा शहर छान मारा पर कहीं उसे रैक्व नामक गाड़ीवान का पता नहीं चला। सो अपना-सा मुँह लिये वह लौट आया। इस पर राजा ने उसे डाँटते हुए कहा, 'अरे जहाँ ब्राह्मण की खोज की जाती है, वहाँ जाकर पता कर (वही, 4.1.7)।' शंकराचार्य यहाँ भाष्य में लिखते हैं कि राजा का तात्पर्य था कि एकान्त जंगल में, नदी के तीर या शून्य स्थान में ब्रह्मवेत्ता ब्राह्मण रहते हैं, ऐसे स्थान में जाकर सेवक रैक्व की खोज करें (शांकरभाष्य)।

सेवक राजा की बात समझ गया। शून्य स्थानों में खोजते-खोजते आख़िर उसने रैक्व को पा ही लिया। हुआ यूँ कि एक गाड़ी के नीचे उसने एक व्यक्ति को बैठे देखा जो अपने शरीर की खाज खुजला रहा था। सेवक ने नम्रतापूर्वक उसके समीप जाकर पूछा, 'क्या श्रीमान् ही गाड़ीवाले रैक्व हैं?'

इस पर उस व्यक्ति ने स्वीकार किया कि वह ही गाड़ीवाला रैक्व है। तब सेवक यह

सोचकर कि मैंने रैक्व और उसके निवास को पहचान लिया है, अब जाकर राजा को बताऊँगा, रैक्व को बिना कुछ कहे चुपचाप राजा के पास लौट गया। सेवक से रैक्व का स्थान जानकर राजा को प्रसन्नता हुई कि अन्ततः उसे रैक्व का पता चल गया है।...और वह रैक्व से मिलने चल पड़ा। पर रैक्व की स्थिति जानकर वह खाली हाथ उससे मिलने नहीं गया। छह सौ गौएँ, एक स्वर्णहार और एक खच्चरियों से जुता हुआ रथ, रैक्व को भेंट देने राजा साथ लेते गया।

रैक्व के पास पहुँचकर राजा ने सारी वस्तुएँ रैक्व को भेंट की और फिर नम्रतापूर्वक कहा, 'हे भगवन्! मुझे उस देवता का उपदेश दीजिये, जिसकी आप उपासना करते हैं।' रैक्व ने राजा पर और उसकी लायी भेंट पर नजर डाली और कुछ झिड़कते हुए राजा से कहा, 'ऐ शूद्र! गौओं के सहित यह हार तथा रथ तेरे ही पास रहे। तू जा।'

किसी भी राजा के लिए यह सम्बोधन निश्चय ही अपमानजनक था। ऐसे सम्बोधन पर कोई राजा किसी को प्राणदण्ड दे सकता था, पर राजा जानश्रुति ने रैक्व से कुछ नहीं कहा...चुपचाप अपने महल लौट आया। किन्तु मन में उसके मन्थन जारी रहा।...क्या उस ब्राह्मण के लिए मेरी भेंट अपर्याप्त थी? क्या मुझे और कुछ ले जाना चाहिए था? ...शायद मेरी भेंट में ही कुछ कमी थी।

राजा को अपने मन की बात जँची। दूसरे दिन वह और भी अधिक भेंट लेकर रैक्व के पास पहुँचा। इस बार राजा क्या-क्या ले गया था, यह जानने के पहले आइये हम इस बात पर विचार करें कि रैक्व ने राजा को शूद्र क्यों कहा? राजा के तामझाम को देखकर इतना तो वह समझ गया होगा कि यह राजा है, राजा है तो यह क्षत्रिय होगा...यह भी वह समझ गया होगा। इसके अतिरिक्त रैक्व यह भी जानता होगा कि ब्राह्मण के पास जाकर विद्या ग्रहण करने का शूद्र को अधिकार नहीं है अतः यह शूद्र नहीं हो सकता, फिर उसने उसे शूद्र क्यों कहा? शंकराचार्य यहाँ लिखते हैं कि इसके दो कारण हो सकते हैं– एक तो हंस से रैक्व की महिमा सुनकर राजा द्रवीभूत (निर्बल) हो रहा था, रैक्व ने अपनी परोक्षज्ञता प्रदर्शित करने के लिए अर्थात् यह जताने के लिए कि तुम मेरी महिमा से निर्बल हो रहे हो यह मैं जान रहा हूँ, उसे शूद्र कहा हो। अथवा दूसरा कारण यह हो सकता है कि शूद्र के समान केवल धन द्वारा या केवल थोड़े धन द्वारा राजा विद्या ग्रहण करने आया था, इसलिए उसे शूद्र कहा हो (शांकरभाष्य)।

किन्तु नारायण स्वामी यहाँ शूद्र का अर्थ दूसरा ही लेते हैं। उनके अनुसार यजुर्वेद में **तपसे शूद्रम्** कहा गया है अर्थात् यहाँ तपस्वी को शूद्र कहा गया है। राजा जानश्रुति ने प्रशंसा का कार्य किया था, वह धर्म की जिज्ञासा से रैक्व के पास आया था और अपने सामर्थ्य के अनुसार उसने रैक्व को भेंट भी दी थी, फिर अप्रसन्नता की कोई बात नहीं थी, अतः रैक्व ने राजा को अच्छा समझकर ही शूद्र कहा था।[2] किन्तु यदि ऐसी बात थी तो उसने पहली बार राजा को झिड़क क्यों दिया था और दूसरी बार राजा द्वारा और

अधिक धन लेकर आने पर उसने राजा को ज्ञान क्यों दिया? यहाँ नारायण स्वामी के बजाय शंकराचार्य की बात कि राजा केवल थोड़े धन द्वारा विद्या ग्रहण करने आया था, अधिक उचित प्रतीत होती है।

सत्यव्रत सिद्धान्तालंकार इस सन्दर्भ में लिखते हैं कि रैक्व ने राजा को शूद्र इसलिए कहा क्योंकि वह भोला (राजा) समझता था कि ऐसे प्रलोभनों से ऋषि को वश में किया जा सकता है। इनमें से उसने कुछ नहीं लिया किन्तु राजा का उत्साह देखकर उसे उपदेश दे दिया।[3]

अस्तु, राजा इस बार अधिक धन तथा एक अनुपम रत्न लेकर रैक्व की सेवा में उपस्थित हुआ। यह अनुपम रत्न था, उसकी सुन्दरी कन्या, जिसे वह पत्नीरूप में देने हेतु रैक्व के पास लाया था।

इस बार रैक्व प्रसन्न हुआ और उसने राजा को तत्त्वज्ञान दिया। उसने राजा को 'संवर्ग विद्या' बतलायी। रैक्व कहता है कि वायु[4] ही संवर्ग है, **वायुर्वाव संवर्गः** (वही, 4.3.1)। जल सूखता है तो वायु में ही लीन होता है, जब अग्नि बुझती है तो वायु में ही लीन हो जाती है, जब सूर्य अस्त होता है तो वायु में लीन होता है और जब चन्द्रमा अस्त होता है तो वायु में ही लीन हो जाता है (वही, 4.3.1)।

पर यह संवर्ग क्या है?

नारायण स्वामी के अनुसार संवर्ग का अर्थ है, खोलनेवाला, अपने अन्दर समा लेनेवाला, जज्ब कर लेनेवाला। ईश्वर ही वह अन्तिम शक्ति है जो अन्त में सबको अपने अन्दर ले लिया करती है। इसलिए संवर्ग विद्या का दूसरा नाम **ब्रह्म विद्या** समझना चाहिए।[5]

शंकराचार्य के अनुसार अग्नि आदि देवताओं को वायु अपने स्वरूप में मिला लेता है, इसलिए यह संवर्ग है। अग्नि शान्त होने पर वायु में मिल जाता है अर्थात् वायु के स्वभाव को प्राप्त होता है। किन्तु सूर्य और चन्द्रमा तो अस्त होने पर भी अपने ही स्वरूप में स्थित रहते हैं...तब इन्हें वायु में लय होना कैसे कहा जा सकता है? इसके उत्तर में शंकराचार्य लिखते हैं कि अस्त होने पर ये अदर्शन को प्राप्त होते हैं अर्थात् अदृश्य हो जाते हैं। यह अदर्शन वायु के कारण ही होता है क्योंकि गति वायु का ही कार्य है अथवा प्रलय काल में तेजोरूप सूर्य और चन्द्रमा के स्वरूप का नाश होने पर भी उनका वायु में ही लय हो सकता है (शांकरभाष्य)।

अगले श्लोक में यही बात रैक्व अध्यात्म क्षेत्र में कहता है। **प्राणो वाव संवर्गः** अर्थात् प्राण ही संवर्ग है। जिस समय पुरुष सोता है, प्राण में ही वाक् इन्द्रिय लीन हो जाती है। प्राण को ही चक्षु, प्राण को ही श्रोत्र और प्राण को ही मन प्राप्त होता है। प्राण ही इन सबको अपने में लीन कर लेता है (छां. उप. 4.3.3)। नारायण स्वामी इस सन्दर्भ में लिखते हैं कि अध्यात्म जगत में जिसका नाम प्राण है, उसी को शरीर से बाहर अधिदैवत् जगत्

में वायु कहते हैं, अतः प्राण और वायु एक ही है। वायु भी ईश्वर का ही नाम है और प्राण भी उसी का नाम है। इसलिए संवर्ग विद्या की शिक्षा यह हुई कि अन्त में वायु नाम वाले ईश्वर में यह समस्त ब्रह्माण्ड लीन हो जाता है, यही जानकर उसकी उपासना करनी चाहिए। यही शिक्षा रैक्व ने राजा जानश्रुति को दी।[6]

अन्त में रैक्व कहता है कि इस तरह **तौ वा एतौ द्वौ संवर्गौ वायुरेव देवेषु प्राणः प्राणेषु** (वही, 4.3.4) अर्थात् वे ये दो ही संवर्ग हैं, देवताओं में वायु और इन्द्रियों में प्राण अर्थात् वाक् आदि प्राणों में मुख्य प्राण।

सन्दर्भ

1. एकादशोपनिषद्, पृ. 267.
2. उपनिषद् रहस्य, पृ. 654.
3. एकादशोपनिषद्, पृ. 270.
4. तुलना-ग्रीक दर्शन का प्रारम्भ आयोनिया से हुआ था। यहाँ के ही एक दार्शनिक एनेक्जिमेनीज ने वायु को मूलतत्त्व माना था। उसके अनुसार जब वायु विरल हो जाती है पवन (विण्ड) की उत्पत्ति होती है जो अग्नि बन जाती है। इसी अग्नि से सूर्य, चन्द्र आदि आकाृीय पिण्डों का निर्माण होता है। दूसरी ओर वायु के सघन होने से जल, बादल, पृथ्वी और पत्थर जैसे ठोस पदार्थों की उत्पत्ति होती है।
5. उपनिषद् रहस्य, पृ. 653.
6. उपनिषद् रहस्य, पृ. 653.

23. बृहदराण्यक उपनिषद् से

महर्षि याज्ञवल्क्य और मैत्रेयी में संवाद : अमरता का साधन

बात सदियों पुरानी है। महर्षि याज्ञवल्क्य[1] गृहस्थाश्रम का त्याग कर संन्यासाश्रम में प्रवेश की तैयारी कर रहे थे। उनकी दो पत्नियाँ थीं, मैत्रेयी और कात्यायनी। इनमें से मैत्रेयी ब्रह्मवादिनी थी जबकि कात्यायनी स्त्रीप्रज्ञा अर्थात् स्त्रियों की-सी बुद्धिवाली थी।[2]

अस्तु, संन्यासग्रहण करने के पूर्व याज्ञवल्क्य ने मैत्रेयी को बुलाकर अपना मन्तव्य सुनाया और कहा कि मेरी जो भी सम्पत्ति है उसे मैं तुम दोनों में बराबर बाँट रहा हूँ। तुम दोनों अपनी-अपनी सम्पत्ति को जान लो। दोनों ने अपनी-अपनी सम्पत्ति को देखा। इनमें से कात्यायनी अपनी सम्पत्ति से सन्तुष्ट थी किन्तु मैत्रेयी कुछ विचलित थी। महर्षि याज्ञवल्क्य की दृष्टि से मैत्रेयी के चहेरे के ये भाव छिपे नहीं रहे। अतः उन्होंने उससे पूछा, 'क्या बात है मैत्रेयी, क्या तुम अपने हिस्से की सम्पत्ति से सन्तुष्ट नहीं हो?' इस पर मैत्रेयी ने प्रतिप्रश्न किया, **भगोः सर्वा पृथिवी वित्तेन पूर्णा स्यात्कथं तेनामृता स्यामिति।** अर्थात् भगवन्, यदि यह धन से सम्पन्न सारी पृथ्वी मेरी हो जाये तो क्या उससे मैं अमर हो जाऊँगी (बृ.उप. 2.4.2)?' इस पर महर्षि याज्ञवल्क्य ने कहा, **नेति...अमृतत्वस्य तु नाशास्ति वित्तेन** अर्थात् नहीं, धन से अमरता की आशा नहीं की जा सकती। हां, भोग सामग्रियों से सम्पन्न मनुष्यों का जैसा जीवन होता है वैसा ही तेरा भी जीवन होगा (वही, 2.4.2)।'

पति के वचन सुन मैत्रेयी व्याकुल हो गयी। यह क्या देना चाह रहे हैं उसे स्वामी! बोली, **येनाहं नामृता स्यां किमहं तेन कुर्याम्** (वही, 2.4.3) अर्थात् जिससे मैं अमर नहीं हो सकती उसे लेकर मैं क्या करूँगी? श्रीमान तो मुझे वे साधन बताएं जिससे अमृतत्व की प्राप्ति की जा सकती है।

मैत्रेयी की बात सुन महर्षि याज्ञवल्क्य अत्यन्त प्रसन्न हुए। प्रेम से उसे अपने निकट बैठाया और बोले, 'अयि प्रियभाषिणी मैत्रेयी! तू पहले भी मेरी प्रिय थी और अभी भी मेरी प्रिय है। जैसा तू चाहती है, तेरे प्रति मैं उस ज्ञान की व्याख्या करूँगा जिससे अमृतत्व की प्राप्ति हो सकती है। आ, मेरे समीप बैठ और मेरी व्याख्या को ध्यान से ग्रहण कर।'

आगे महर्षि कहते हैं कि पति के प्रयोजन के लिए पति प्रिय नहीं होता, अपनी ही कामना के लिए पति प्रिय होता है। इसी तरह पत्नी के प्रयोजन के लिए पत्नी प्रिय नहीं होती, अपने हित की कामना से ही पत्नी प्रिय होती है। महर्षि अन्य रिश्तों तथा वस्तुओं के विषय में भी यही बात कहते हैं। 'पुत्र, धन, ज्ञान, बल, लोक, देव तथा जगत् की अन्य वस्तुएँ उनके लिए नहीं, आत्मा की कामना के लिए ही प्रिय होती हैं।'

सम्भवतः यहाँ पर महर्षि वैराग्य का उपदेश देने के लिए, इनका त्याग करवाने के लिए आम व्यक्ति की स्वार्थी प्रवृत्ति को देखते हुए इन्हें स्वार्थवश प्रिय कहते है। यहाँ आत्मा शब्द जीवात्मा के लिए प्रयुक्त हुआ है। आत्मा के लिए पति, पत्नी, पुत्रादि न तो प्रिय होते हैं न अप्रिय। शंकराचार्य अपने भाष्य में यहाँ लिखते हैं कि अमृतत्त्व का साधन वैराग्य है। हमें सच्ची निर्लिप्त आत्मा को जानना चाहिए।

स्वामी विवेकानन्द महर्षि याज्ञवल्क्य के इस कथन कि पति के प्रयोजन के लिए पति प्रिय नहीं होता वरन् अपने प्रयोजन के लिए ही प्रिय होता है...आदि, के सन्दर्भ में लिखते हैं कि यह विचित्र दर्शन लगता है। यहाँ कहा जा रहा है कि प्रत्येक प्रकार का प्रेम स्वार्थपरता है, स्वार्थपरता का जितना निम्नतम अर्थ हो सकता है, उस अर्थ में। किन्तु हम अपने से प्रेम करते हैं, इसी कारण दूसरे से प्रेम करते हैं, ऐसा नहीं हो सकता। हालाँकि आधुनिक काल में अनेक ऐसे दार्शनिक हैं जिनका मत है कि स्वार्थ ही जगत् में सब कार्यों की एकमात्र प्रवृत्तिदायिनी शक्ति है। यह सत्य भी है किन्तु फिर भी असत्य है। यह स्व के पीछे रहनेवाले सच्चे स्व की छाया मात्र है। वह क्षुद्र होने के कारण ही अशुभ और असत् प्रतीत होता है...यह क्षुद्रपरता वास्तव में आत्मपरता अथवा आत्मप्रीति का क्षुद्र अंश मात्र है। जब कोई किसी से प्रेम करता है तो वह उस आत्मा में और उसके माध्यम से ही प्रेम करता है। अतः इस आत्मा को जानना होगा। जो आत्मा का स्वरूप जाने बिना उससे प्रेम करते हैं, उनका प्रेम स्वार्थपरता है। [3]

इसीलिए आगे मुनि कहते हैं, **आत्मा वा अरे द्रष्टव्यः श्रोतव्यो मन्तव्यो निदिध्यासितव्यो** ...(वही, 2.4.5)। अर्थात् आत्मा ही वास्तव में दर्शन करने योग्य है, श्रवण करने योग्य है, मनन करने योग्य है और निश्चय से ध्यान करने योग्य (निदिध्यासितव्य) है।[4]

आत्मा के श्रवण, मनन आदि के सम्बन्ध में शंकराचार्य लिखते हैं कि आत्मा का श्रवण तो गुरु के द्वारा होता है पर मनन तर्क से करना चाहिए। मनन के बाद निदिध्यास अर्थात् ध्यान का क्रम आता है। जिस समय इन सब साधनों की एकता होती है, उस समय ही आत्मा और ब्रह्म की एकता के विषय में सम्यक् दर्शन का प्रसाद होता है, अन्यथा केवल श्रवण मात्र से उसकी स्फुटता नहीं होती (शांकरभाष्य)।

अस्तु, आगे याज्ञवल्क्य कहते हैं, इसे जान लेने पर सब-कुछ ज्ञात हो जाता है। इसी का ज्ञान और ध्यान अमृतत्त्व की प्राप्ति कराता है।

उल्लेखनीय है कि याज्ञवल्क्य और मैत्रेयी के बीच यह संवाद इस उपनिषद् में आगे

भी (अध्याय 4 में) कुछ विस्तार से आया है। यहाँ नवीन बात यह है कि आत्मा ही दर्शन, श्रवण और मनन करने योग्य है, कहने के अनन्तर ऋषि आगे मैत्रेयी से कहते हैं कि जो भी आत्मा को अपनी शक्ति, यथा, ब्राह्मण, क्षत्रिय आदि से भिन्न जानता है, उसे ब्राह्मण, क्षत्रिय आदि शक्ति परास्त कर देती है। देवता, भूत, ज्ञान, बल, लोक आदि उसे परास्त कर देते हैं जो इन्हें आत्मा से भिन्न जानता है। कहने का तात्पर्य यह कि ये सब आत्मा से अन्यत्र नहीं है, ये सब आत्मा ही है।

आगे याज्ञवल्क्य अपनी बात और अधिक स्पष्ट करने के लिए तीन उदाहरण देते हैं। वे कहते हैं जैसे बजायी जाती हुई दुन्दुभि से बाहर निकलनेवाले शब्दों को पकड़ने में कोई समर्थ नहीं होता किन्तु दुन्दुभि को पकड़ लेने अथवा दुन्दुभि बजानेवाले को पकड़ लेने से ध्वनि पकड़ ली जाती है। इसी तरह बजाये जाते हुए शंख और वीणा से निकलनेवाले शब्द को पकड़ने में कोई समर्थ नहीं होता किन्तु शंख एवं वीणा (अथवा इन्हें बजानेवाले) को पकड़ लेने से ध्वनि पकड़ ली जाती है (वही, 2.4.7-9)।

नारायण स्वामी के अनुसार इसका अर्थ है कि मुख्य वस्तु आत्मा है। ज्ञान, बल आदि उससे ही प्रकट होते हैं। यदि कोई इन्हें पकड़ना चाहे तो आत्मज्ञ होने से ये सभी उसके अधिकृत हो जाते हैं।[5] **सत्यव्रत सिद्धान्तालंकार** यहाँ लिखते हैं कि आत्मा इन्द्रियरूपी दुन्दुभि आदि को बजाकर संसार के ढोल के से तमोगुणी शब्दों को उत्पन्न कर रहा है। संसार को पकड़ना है तो इन्द्रियों को पकड़ लो और उससे बढ़कर आत्मा को पकड़ लो।[6]

अस्तु, अगली कण्डिका में याज्ञवल्क्य कहते हैं कि जैसे सब जलों का आश्रय समुद्र है, समस्त स्पर्श का आश्रय त्वचा है, समस्त रसों का आश्रय जिह्वा है, उसी तरह आत्मा समस्त इन्द्रियों का आश्रय है।

आत्मा की सर्वव्यापकता को समझाने के लिए याज्ञवल्क्य आगे उदाहरण देते हैं कि जैसे जल में नमक का एक ढेला डालने से वह जल में ही विलीन हो जाता है इसका फिर ग्रहण सम्भव नहीं है, किन्तु उस जल को जहाँ से भी चखा जाये वह नमकीन ही महसूस होता है, इसी तरह आत्मा भी, जो अनन्त, अपार और विज्ञानमय है, इन्हीं भूतों से उठकर उन्हीं में लीन हो जाती है। मृतात्मा की संज्ञा नहीं रहती (वही, 2.4.12)।

इस सन्दर्भ में नारायण स्वामी दो बात कहते हैं–

1. जीवात्मा स्थूल शरीर में प्रविष्ट होने पर कहीं दिखायी नहीं देती परन्तु शरीर के जिस अंग को भी देखें उसमें चेतना का प्रकाश नमक की तरह मिलेगा।

2. प्रेत्य की संज्ञा नहीं रहती। मनुष्य मरने के बाद शव रूप में रहकर प्रेत्य कहा जाता है। प्राणी न केवल आत्मा होता है और न केवल शरीर किन्तु दोनों का संघात होता है। इसी संघात को प्राणी कहा गया है। जब यह संघात संघात रूप में बाकी नहीं रहता अर्थात् जीव और शरीर पृथक् हो जाते हैं तब वह प्राणी तो सचमुच नष्ट हो जाता है और उसका नाम-रूप बाकी नहीं रहता।

अस्तु, याज्ञवल्क्य की इस बात से कि प्रेत्य की संज्ञा नहीं रहती, मैत्रेयी थोड़ी भ्रमित हो बोल उठती है कि आपकी इस बात ने मुझे मोहित कर दिया है। इस पर याज्ञवल्क्य कहते हैं कि यह भ्रम की बात नहीं है। मैं मोह का उपदेश नहीं कर रहा हूँ। यह तो उस महद्भूत का विज्ञान कराने के लिए पर्याप्त है।

शंकराचार्य यहाँ सन्देह प्रकट करते हुए लिखते हैं कि पहले याज्ञवल्क्य ने कहा कि वह आत्मा विज्ञानघन है, फिर कहते हैं कि देहपात के अनन्तर इसकी कोई संज्ञा नहीं रहती, पर यह तो विरुद्ध कथन हुआ ना? एक ही अग्नि उष्ण और शीतल दोनों कैसे हो सकती है? अपने उठाये सन्देह का स्वयं ही समाधान करते हुए शंकराचार्य लिखते हैं कि याज्ञवल्क्य ने यहाँ कोई विरोधी कथन नहीं किया है। उन्होंने तो कहा है कि आत्मा अविद्या के द्वारा प्रस्तुत किया हुआ देह एवं इन्द्रिय सम्बन्धी ठोस भाव है। इसका विद्या द्वारा नाश कर दिये जाने पर उस पर जो शरीरादि संबंधी अन्यत्व दर्शन (आत्मा को शरीर समझने का अज्ञानजनित भ्रम) है, वह नष्ट हो जाता है। जिस प्रकार जल में प्रतिबिम्बित चन्द्रमा तब नष्ट हो जाता है जब उसका आधार जल हटा दिया जाता है (शांकरभाष्य)।

आगे याज्ञवक्ल्य लम्बी किन्तु बड़ी महत्त्वपूर्ण बात कहते हैं जो शंकर के अद्वैत दर्शन का बड़ा आधार है, **यत्र हि द्वैतमिव भवति तदितरः इतरं जिघ्रति तदितर इतरं पश्यति तदितरः इतरं शृणोति तदितरः इतरं मभिवदति...**अर्थात् जहाँ द्वैत होता है वहाँ दूसरा दूसरे को सूँघता है, दूसरा दूसरे को देखता है, दूसरा दूसरे को सुनता है, दूसरा दूसरे का अभिवादन करता है, दूसरा दूसरे का मनन करता है, दूसरा दूसरे को जानता है, किन्तु जहाँ इसके लिए सब आत्मा ही हो गया वहाँ किसके द्वारा कौन किसे सूँघे, कौन किसे देखे, कौन किसे सुने तथा कौन किसका अभिवादन करे, कौन किसका मनन करे और कौन किसे जाने? हे मैत्रेयि! जिसके द्वारा वह इस सबको जानता है उसे किसके द्वारा जाने? **विज्ञातारमरे केन विजानीयात्** अर्थात् विज्ञाता को किसके द्वारा जाने (वही, 2.4.14)?

स्पष्ट है कि यहाँ याज्ञवल्क्य अद्वैतवाद का समर्थन कर रहे हैं।

सन्दर्भ

1. महर्षि याज्ञवल्क्य उपनिषदों के सर्वश्रेष्ठ ऋषि हैं। पॉल डायसन उन्हें उपनिषद्लोक का सर्वश्रष्ठ व्यक्ति कहते हैं। ज्ञानियों में श्रेष्ठ इस महर्षि का नाम मुख्यतः बृहदारण्यक उपनिषद् (जहाँ से हमने यह कथा ली है) और आरण्यक के साथ जुड़ा हुआ है। इसी उपनिषद् में हम देखते हैं कि उपनिषदों के अन्य अनेक प्रसिद्ध ऋषि, जैसे उद्दालक, उषस्ति आदि भी जनक की सभा में इनके प्रश्नों पर मौन देखे जाते हैं।
2. कात्यायनी को स्त्रियों की-सी बुद्धिवाली कहना उस काल में स्त्रियों के प्रति हीन भावना रखने का उदाहरण कहा जायेगा। यह विचार आज भी भारतीय पुरुषों में आम है।

3. विवेकानन्द साहित्य, खण्ड 7 पृ. 126.

4. इस आत्मा के बारे में पहले सुनना चाहिए। दिन-रात श्रवण करो कि तुम्हीं वह आत्मा हो। दिन-रात अपने में यही भाव व्याप्त किये रहो, यहाँ तक कि वह तुम्हारे रक्त के प्रत्येक बूँद में और तुम्हारी नस-नस में समा जाये। सम्पूर्ण शरीर को इसी एक आदर्श के भाव से पूर्ण कर दो, मैं अज, अविनाशी, आनन्दमय, सर्वज्ञ, सर्वशक्तिमान, नित्यज्योतिर्मय आत्मा हूँ। दिन-रात यही चिन्तन करते रहो, जब तक कि यह भाव तुम्हारे जीवन का अविच्छेद्य अंग न बन जाये। इसी का ध्यान करते रहो। –विवेकानन्द साहित्य, खण्ड 7 पृ. 13.

5. उपनिषद् रहस्य, पृ. 976.

6. एकादशोपनिषद्, पृ. 458.

24. ईशावास्योपनिषद् से

ब्रह्म का वासस्थान : सर्वव्यापक ब्रह्म

एक प्रश्न जो सामान्यतया आस्तिकों की जिज्ञासा को अतृप्त ही छोड़ता है, वह है, ईश्वर है तो रहता कहाँ है? सामान्यतया धर्म ईश्वर को स्वर्ग में स्थित बतलाते हैं किन्तु स्वर्ग तो किसी ने देखा नहीं है, अतः इसमें शंका उठती रहती है। ईशावास्योपनिषद् अत्यन्त मनोरम शब्दों में बताता है कि परमात्मा का वास कहाँ है।

इस उपनिषद् को उपनिषद्-भवन की आधारशिला माना जाता है। वस्तुतः इसी उपनिषद् की शिक्षाओं को लक्ष्य कर आगे के उपनिषद् रचे गये हैं।[1] इसे सबसे पहला उपनिषद् माना जाता है। उल्लेखनीय है कि यह उपनिषद् केवल 18 मन्त्रों[2] का है किन्तु अत्यन्त सारगर्भित है। इसका प्रत्येक मन्त्र लाभप्रद है, ज्ञानवर्द्धक है, ईश्वर का अभिनन्दन है।

उल्लेखनीय है कि इस उपनिषद् के एक पन्ने ने राजा राममोहन राय को राजा राममोहन राय बनने में महत्त्वपूर्ण भूमिका निभायी थी। उनके हाथ अचानक एक बार इस उपनिषद् का एक पन्ना हवा में उड़ता हुआ आ पड़ा था। उन्होंने जब इसे पढ़ा तो जैसे उनकी दृष्टि को एक नया जीवन-दर्शन देखने को मिला। उन्होंने स्वयं स्वीकार किया है कि इस पन्ने ने उनके जीवन को एक नूतन जीवन में परिणत कर दिया। विनोबा भावे इस उपनिषद् पर लिखित छोटी-सी पुस्तिका की प्रस्तावना में लिखते हैं कि यह एक पूर्ण उपनिषद् है। पारमार्थिक जीवन का परिपूर्ण नक्शा इसमें थोड़े में खींचा गया है। वेदों का यह सार है और गीता का बीज है।[3]

अस्तु, प्रायः सभी प्रमुख उपनिषदों में एक या एक से अधिक कथाओं के माध्यम से सत्यज्ञान का दर्शन कराया गया है किन्तु इस छोटे-से उपनिषद् में कोई कथा नहीं है। निश्चय ही अन्य उपनिषदों में कथाओं के द्वारा रोचकता से अपनी बात कही गयी है किन्तु कथा के अभाव में भी यह अत्यन्त रोचक है।

इसका पहला मन्त्र **'ईशावास्य'** शब्द से प्रारम्भ होता है इसीलिए इसे यह नाम दिया गया है। 'ईशावास्य' शब्द का अर्थ है, ईश्वर का व्याप्ति स्थान। इसका पहला मन्त्र है :

ईशावास्यमिदं सर्वं यत्किञ्च जगत्यां जगत्।
तेन त्यक्तेन भुञ्जीथा मा गृधः कस्यचित्धनम् ॥1 ॥

अर्थात् इस सारे ब्रह्माण्ड में जो कुछ भी है, वह ईश्वर से व्याप्त है। अतः जगत् की वस्तुओं का उपभोग त्यागपूर्वक करो। **मा गृधः कस्य स्विद् धनम्,** किसी के भी धन का लालच मत करो।

उपर्युक्त मन्त्र के अन्तिम अर्द्धश्लोक का एक अर्थ यह भी किया जाता है कि **कस्य स्विद्धनं** याने भोग्य पदार्थ किसका है? अर्थात् किसी का भी नहीं है, अतः **मा गृधः** लालची मत बनो।

सत्यव्रत सिद्धान्तालंकार इस सन्दर्भ में लिखते हैं, 'संसार की सारी वस्तुएँ परमेश्वर की है अतः उसकी वस्तु को अपना समझना चोरी के समान है। जो अपने पास है जब उसे अपना मानना चोरी के समान है तो जो दूसरे के पास है उसे अपनाने का प्रयत्न करना तो उसकी दृष्टि में दोहरी चोरी है।'[4]

उल्लेखनीय है कि यह मन्त्र महात्मा गाँधी को बहुत पसन्द था। पसन्द तो यह सबको आता है किन्तु इसके अनुसार जीवन जीना अत्यन्त कठिन है। गाँधी ने ऐसा जीवन जिया था।

इसका दूसरा मन्त्र कर्मयोग की शिक्षा देता है। वैसे तो भारतीय मनीषियों ने भौतिक सुख-सुविधाओं से युक्त जीवन से कभी प्रेम नहीं रखा किन्तु संसार छोड़कर भागने का दर्शन भी उनका नहीं रहा है। उन्होंने तो सौ वर्ष तक जीने की कामना की है...किन्तु यह सौ वर्ष कैसे होने चाहिए?

कुर्वन्नेवेह कर्माणि जिजीविषेच्छतं समाः।
एवं त्वयि नान्यथेतोऽस्ति न कर्म लिप्यते नरे॥ 2॥

अर्थात् इस संसार में **कर्म करते हुए सौ वर्ष तक जीने की इच्छा करें**। इस प्रकार कर्म करनेवाले तुझ नर में कर्म लिप्त नहीं होगा। इसका अर्थ है कि कर्म इस प्रकार करें कि वह करनेवाले को लिप्त न करे। इससे भिन्न और कोई मार्ग नहीं है। विनोबा भावे लिखते हैं कि **अदीनाः स्याम शरदः शतं** अर्थात् दीन न होते हुए 100 वर्ष तक जियें, यह वेदों की शिक्षा है।

उल्लेखनीय है कि कर्म की शिक्षा हमारे प्राचीन ग्रन्थों में स्थान-स्थान पर दी गयी है। ऋग्वेद का सुन्दर वाक्य है **न ऋते श्रान्तस्य सख्याय देवाः।**[5] अर्थात् जब तक मनुष्य काम करते-करते थक नहीं जाता, देवता सखा भाव नहीं रखते। **चरैवेति मधु विन्दन्ति** अर्थात् चलनेवाला मधु की प्राप्ति करता है।

भगवद्गीता के कर्मयोग की शिक्षा पर भी इस श्लोक का प्रभाव दिखता है। यहाँ निष्काम भाव से कर्म करने की शिक्षा दी गयी है। ऐसे कर्म मनुष्य को **न लिप्यते** अर्थात् बन्धन में नहीं डालते। **कर्मण्येवाधिकारस्ते मा फलेषु कदाचन। मा कर्मफलहेतुर्भूर्मा ते सङ्गोऽस्त्वकर्मणि॥**[6] यह गीता का प्रसिद्ध श्लोक है। यह भी कर्म करने की शिक्षा देता

है, ऐसे कर्म करने की जहाँ फल की लालसा न हो, जो केवल कर्त्तव्यभाव से किये गये हो।

गीता का अगला श्लोक कहता है कि आसक्ति का त्याग कर योगस्थ होकर कर्म करें। योग का अर्थ ही यहाँ समत्व कहा गया है। **समत्वं योगः उच्यते।**[7] ऐसे कर्म मनुष्य को कर्मबन्धन में नहीं बाँधते।

अस्तु, अगले मन्त्र में उपनिषद्कार आत्महन्ता लोगों के लिए कहते हैं :

असुर्या नाम ते लोका अन्धेन तमसाऽऽवृताः।
तांस्ते प्रेत्याभिगच्छन्ति ये के चात्महनो जनाः॥ 3॥

आत्महन्ता मनुष्य मर कर गहरे अँधेरे से आच्छादित लोक में प्रवेश करते हैं जो असुरों के लिए प्रसिद्ध हैं। ऐसे लोग बार-बार मर कर फिर से उन्हीं भयंकर लोकों को प्राप्त होते हैं।

यहाँ आत्महन्ता के दो अर्थ लिये जाते हैं, एक तो स्वयं की हत्या करनेवाले और दूसरे वे जो निम्न कार्य करते हुए अपनी श्रेष्ठ आत्मा का हनन करते हैं। वैसे सभी लोग आत्महत्या अर्थात् स्वयं की हत्या नहीं करते हैं किन्तु जीवित रहते हुए आत्महनन तो अधिकांश लोग करते हैं। पशुवत् निम्नकर्म करना आत्महनन ही है। मनुष्य तभी आत्मवान् होता है जब वह श्रेष्ठ कर्म करता है। तो आत्महत्यारों के साथ ही ऐसे निम्नकर्म करनेवाले आत्महन्ताओं के लिए भी यहाँ कहा गया है कि वे मर कर अन्धकारमय लोक में प्रवेश करते हैं। पर सच कहा जाये तो मरने के बाद ही नहीं, जीते जी भी ऐसे लोग नरक की यातना भुगतते हैं, उनके दुष्कर्म उन्हें सदा पीड़ित करते हैं।

स्वामी रंगनाथानन्द इस सन्दर्भ में लिखते हैं कि इस पद में हमे चेतावनी दी गयी कि यदि हम आत्मा को भूले और उसकी उपेक्षा करें और केवल क्षुद्र जीवन बिताये तो क्या होता है। एक गहरा आध्यात्मिक सत्य यहाँ रहस्यात्मक और प्रतीकात्मक भाषा में सज्जित किया गया है। अपने दिव्य स्वरूप की चेतना के बिना जीना क्षुद्रता है। ऐसा जीवन अन्धकारमय और दुःखपूर्ण है। साधारण आत्महत्या से हम केवल शरीर का नाश करते हैं...पर शरीर की मृत्यु उतनी संगीन नहीं होती जितनी आत्मा की...इससे हम एक अत्यन्त गम्भीर प्रकार की हत्या करते हैं।[8]

इस पद की व्याख्या में स्वामी **अखण्डानन्द सरस्वती** कहते हैं कि जिस वस्तु का जो स्वरूप है उसे उस स्वरूप से वंचित कर देना उस वस्तु का घात करना है। सोने को पीतल के भाव बेच दिया तो स्वर्णत्व का नाश हो गया। इसी प्रकार मनुष्य शरीर का मुख्य उद्देश्य अपने शुद्ध, बुद्ध स्वरूप का ज्ञान है। यह ज्ञान अन्य किसी देह में प्राप्त नहीं हो सकता। इसे न प्राप्त करके जीवन को भोगों में लगाये रहें तो यह आत्मघात ही तो हुआ।[9]

परमेश्वर के लिए सामान्यतया कहा जाता है कि वह दूर स्वर्गलोक में रहता है। किन्तु हर कोई वहाँ तक नहीं पहुँच सकता, इसीलिए धर्मों में तरह-तरह के कर्मकाण्ड उस तक

पहुँचने के लिए करने के निर्देश मिलते हैं। किन्तु ईशावास्योपनिषद् का अगला मन्त्र परमात्मा को सर्वत्र उपस्थित बताता है। परमात्मा अचल एवं एकरस है तथा मन से भी अधिक वेगवाला है क्योंकि सब जगह वह पहले से ही पहुँचा हुआ है। वह इन्द्रियों का विषय नहीं है, इसीलिए हम उसे इन्द्रियों से प्राप्त नहीं कर सकते। वह विरोधी गुणों से युक्त हैं। वस्तुतः वह कोई व्यक्ति नहीं है, वह समष्टि-रूप है। उपनिषदों के ऋषियों का यह प्रिय विचार रहा है। अन्य उपनिषदों में भी ऐसे ही सुन्दर उच्च विचार दिखायी देते हैं।

तदेजति तन्नैजति तद्दूरे तद्वन्तिके।
तदन्तरस्य सर्वस्य तदु सर्वस्यास्य बाह्यतः॥ 5॥

अर्थात् वह ब्रह्म गति करता है किन्तु स्वयं गति में नहीं आता।[10] वह दूर भी है वह समीप भी है। वह इस सबके अन्दर और बाहर है।

ब्रह्म का सबके अन्दर और सबके बाहर होना महत्त्वपूर्ण गुण है। इसका अर्थ हुआ कि ब्रह्म सर्वत्र है।

अगले दो मन्त्रों में उस व्यक्ति की सुन्दर मनःस्थिति का वर्णन है जो सर्वत्र ईश्वर को देखता है, उसका अनुभव करता है :

यस्तु सर्वाणि भूतान्यात्मन्येवानुपश्यति।
सर्वभूतेषु चात्मानं ततो न विजुगुप्सते॥ 6॥
यस्मिन् सर्वाणि भूतान्यात्मैवाभूद् विजानतः।
तत्र को मोहः कः शोक एकत्वमनुपश्यतः॥ 7॥

अर्थात् जो सम्पूर्ण प्राणिसमुदाय को परमात्मा में देखता है और जो परमात्मा को सम्पूर्ण प्राणियों में देखता है वह कभी किसी से घृणा नहीं करता। जिस स्थिति में परमात्मा को जाननेवाले के लिए सम्पूर्ण प्राणी एकमात्र परमात्मास्वरूप हो जाते हैं, उस परमात्मा का निरन्तर साक्षात् करनेवाले के लिए कौन-सा मोह और कौन-सा शोक रह जाता है? कहने का तात्पर्य कि परमात्मा का सर्वत्र साक्षात्कार करनेवाले के लिए कोई भी पदार्थ या व्यक्ति या घटना न तो शोक का कारण बनते हैं और न ही उसे मोहित करते हैं।

इस सन्दर्भ में स्वामी अखण्डानन्द सरस्वती एक लघुकथा बताते हैं। कथा है कि एक बार भगवान् शंकर पार्वती के साथ वृषभ पर सवार होकर कहीं जा रहे थे। मार्ग में सनत्कुमार मिल गये। पर वे अपनी तन्मयता में थे अतः उन्होंने शंकर-पार्वती को प्रणाम नहीं किया। पार्वती ने इसे शंकर का अपमान समझा अतः नाराज होकर उन्हें शाप दिया, 'ऊँट की भाँति सिर उठाये जा रहे हो अतः ऊँट हो जाओ।' सनत्कुमार तत्क्षण ऊँट हो गये।

कुछ दिनों बाद जब शंकर-पार्वती वहाँ से पुनः गुजरे तो पार्वती ने देखा कि वह ऊँट तो मजे से नीम की पत्तियाँ खा रहा है। शंकर जी ने पूछा, 'कहो क्या दशा है?'

इस पर ऊँट ने कहा, 'माता तो बड़ी दयामयी है। इन्होंने मुझ पर बड़ी कृपा की है, अब न कहीं उपदेश देने जाना है और न ही किसी की भिक्षा ग्रहण करनी है। अब मन किया, सिर उठाया और पत्ते खा लिये। बड़ा आनन्द हो गया है अपने लिये।'...कथा का भाव है कि तत्त्वज्ञानी के लिए कहीं घृणा नहीं है। न संशय है न भय है न **नित्यानित्यवस्तुविवेक** (क्या स्थायी है और क्या अस्थाई है, इसका ज्ञान) की आवश्यकता है।

वस्तुतः यही गीता के स्थितप्रज्ञ की, योगयुक्त पुरुष की, श्रेष्ठ मनःस्थिति है।

सर्वभूतस्थमात्मानं सर्वभूतानि चात्मनि। ईक्षते योगयुक्तात्मा सर्वत्र समदर्शनः।[11]

ऐसा समदर्शी योगी सर्वभूतों में आत्मा को और आत्मा में सर्वभूतों को देखता है।

अस्तु, परमेश्वर को इस प्रकार जाननेवाला ही परमेश्वर को प्राप्त करता है।

सामान्यतया आध्यात्मिक ज्ञान के क्षेत्र में माना जाता है कि मानव या तो अज्ञानी होता है या ज्ञानी। अज्ञानी मानो अविद्या की उपासना करते हैं और ज्ञानी विद्या की। हम सोचते हैं कि अज्ञानी निकृष्ट होते हैं जबकि ज्ञानी सर्वश्रेष्ठ होते हैं किन्तु यहाँ आगे उपनिषद्कार बहुत महत्त्वपूर्ण बात कहते हैं, जो इस विचार से उल्टी है। वह यह कि अज्ञानी व्यक्ति तो अपने कर्मों के कारण अज्ञानस्वरूप अन्धकार में प्रवेश करते हैं किन्तु ज्ञानी की भी कम दुःखद स्थिति नहीं होती...ज्ञान में रत तो और भी अधिक अन्धकार में गिरते हैं!

पर ऐसा कैसे सम्भव है? अज्ञानी की बात समझ में आती है पर विद्या के उपासक ज्ञानी कैसे और भी अधिक अन्धकार में प्रवेश करते हैं? फिर क्या स्वयं उपनिषदों में ही सर्वत्र ज्ञान की प्रशंसा नहीं की गयी है?

अस्तु, मन्त्र है–

अन्धं तमः प्रविशन्ति येऽविद्यामुपासते।
ततो भूय इव ते तमो य उ विद्यायां रताः ॥ 9 ॥

अर्थात् जो अविद्या की उपासना करते हैं वे अन्धकारमय तमस में प्रवेश करते हैं पर जो विद्या की उपासना करते हैं वे उससे भी अधिक तमस में प्रवेश करते हैं।

यहाँ विद्या के उपासक का तात्पर्य ऐसे ज्ञानी लोगों से है जो शास्त्रों को पढ़कर केवल उन्हें रटते रहते हैं, उनके अनुसार आचरण नहीं करते। तात्पर्य है कि ज्ञान का आचरण में प्रयोग ही ज्ञानप्राप्ति की कसौटी है और तभी ज्ञान की प्राप्ति लाभदायक है, सार्थक है, अन्यथा नुकसानदेह है। ऐसे विद्या के उपासक ज्ञानी व्यक्ति वस्तुतः मिथ्याज्ञानी हैं। ये मिथ्याज्ञानी स्वयं को ज्ञानी मानकर कर्त्तव्यकर्म भी नहीं करते, जिससे और भी अधिक निम्न लोकों को प्राप्त करते हैं।

वर्तमानकाल में धर्म के बड़े-बड़े ठेकेदारों की अन्त में क्या गति होती है, जो धर्म का प्रवचन कर अन्धभक्तों की भारी भीड़ तो जुड़ा लेते हैं किन्तु स्वयं उन पर आचरण नहीं

करते, इससे हम सब परिचित हैं।

उल्लेखनीय है कि कुछ भाष्यकारों ने इस मन्त्र में आये विद्या और अविद्या का कुछ दूसरा अर्थ किया है। **सत्यभूषण योगी** के अनुसार अविद्या का अर्थ है सांसारिक ज्ञान और विद्या का अर्थ है आध्यात्मिक ज्ञान। मनुष्य को दोनों ही प्रकार का ज्ञान प्राप्त करना चाहिए। यदि उसने सांसारिक ज्ञान प्राप्त नहीं किया तो भूख से तड़प-तड़पकर मर जायेगा पर यदि उसने भौतिक सम्पत्ति प्राप्त कर ली और आध्यात्मिक ज्ञान नहीं प्राप्त किया तो संसार में स्वार्थ और बेईमानी का राज्य हो जायेगा। अतः दोनों की आवश्यकता है।[12] प्रो. सत्यव्रत भी इसी प्रकार यहाँ अविद्या का अर्थ भौतिकवाद (Materialism) करते हैं और विद्या का अर्थ अध्यात्मवाद (Spiritualism) करते हैं।

अगले मन्त्र में विद्या और अविद्या के अलग-अलग फल बताये गये हैं।

अन्यदेवाहुर्विद्ययान्यदाहुरविद्यया।
इति शुश्रुम धीराणां ये नस्तद्विचचक्षिरे॥ 10॥

अर्थात् ज्ञान (विद्या) के अनुष्ठान से विद्वज्जन दूसरा ही फल बताते हैं और कर्म (अविद्या) के अनुष्ठान से दूसरा ही फल बताते हैं। इस प्रकार हमने धीर पुरुषों के वचन सुने हैं, जिन्होंने हमें इस विषय की व्याख्या कर भलीभाँति समझाया है।

विद्यां चाविद्यां च यस्तद् दोभयं सह।
अविद्यया मृत्युं तीर्त्वा विद्ययामृतमश्नुते॥ 11॥

विद्या और अविद्या इन दोनों के तत्त्वों को जो यथार्थतः जान लेता है वह कर्म के अनुष्ठान (अविद्या) से मृत्यु को पार कर ज्ञान (विद्या) के अनुष्ठान से अमृत को भोगता है।

कर्म और ज्ञान किस तरह मानव के लिए अपरिहार्य हैं, इसे समझाने के लिए **अखण्डानन्द सरस्वती** एक सुन्दर दृष्टान्त देते हैं। एक बार एक सेठ जी एक महात्मा के दर्शन के लिए गये। साथ में वह एक सुन्दर गुलदस्ता भी महात्मा को भेंट देने ले गये। महात्मा ने उस सेठ जी की ओर देखा तक नहीं, वे तो गुलदस्ता देखने में ही तल्लीन रहे। इस पर सेठ ने कहा, 'महात्मा जी, लगता है मैंने इस गुलदस्ते को लाकर भूल की। आप तो मेरी ओर देख ही नहीं रहे हैं।' इस पर महात्मा ने कहा, 'लो इसे फेंक देते हैं।' इस पर सेठ ने हड़बड़ाते हुए कहा, 'नहीं नहीं भगवन्, इसे मत फेंकिये। इसे मैं बड़ी श्रद्धा से आपके लिए लाया हूँ।' इस पर महात्मा ने हैरानी से कहा, 'तुम न मुझे इसे देखने देते हो और न ही फेंकने देते हो, तुम चाहते क्या हो?' सेठ ने कहा, 'भगवन्, मैं चाहता हूँ कि आप इसे देखें पर मुझे भी देखिये।'

आगे अखण्डानन्द सरस्वती लिखते हैं कि यह संसार ईश्वर का सुन्दर गुलदस्ता है और सेठ स्वयं ईश्वर है। तुम अपने को महात्मा मान लो। ईश्वर चाहता है कि तुम इस संसार रूपी गुलदस्ते को देखने में ही न लगे रहो। उसकी ओर भी देखो और गुलदस्ते को भी मत फेंको। अविद्या है कर्मेन्द्रिय और विद्या है ज्ञानेन्द्रिय। इन दोनों का समुच्चय

ही जीवन है।

अन्धं तमः प्रविशन्ति येऽसम्भूतिमुपासते।
ततो भूय इव ते तमो य उ सम्भूत्यां रताः॥ 12॥

यह मन्त्र भी कुछ-कुछ उपर्युक्त मन्त्र 9 के समान ही है। यहाँ कहा गया है कि जो असम्भूति की उपासना करते हैं वे अन्धकारमय लोक में गिरते हैं किन्तु जो सम्भूति की उपासना करते हैं वे उससे भी अधिक अन्धकारमय लोक में गिरते हैं।

यहाँ असम्भूति का अर्थ है विनाशशील देव, पितर, मनुष्य आदि। जो लोग सुख, धन, मान, कीर्त्ति आदि की लालसा में इनकी उपासना करते हैं उन असम्भूति के उपासकों की गति बुरी होती है। ऐसे भोगासक्त लोग भोगयोनियों को ही प्राप्त होते हैं। सम्भूति का अर्थ अविनाशी ईश्वर है। यदि असम्भूति के उपसकों की गति बुरी होती है तो सम्भूति के उपासक को सद्गति मिलनी चाहिए किन्तु यहाँ सम्भूति के उपासक की गति और भी बुरी कही गयी है। पर ऐसा क्यों? ईश्वर के उपासक तो सद्गति को प्राप्त होने चाहिए। किन्तु यहाँ भी विद्या के उपासक के समान ईश्वर के उपासक को मिथ्या-उपासक कहा गया है। वस्तुतः यह विशेषण विशेषकर ऐसे उपासकों के लिए है जो भगवान् के दिव्य गुणों को नहीं समझते इसलिए ये न तो भगवान् का भजन-ध्यान करते हैं और न ही श्रद्धा के अभाव में शास्त्र में बतायी गयी देवोपासना में प्रवृत्त होते हैं। मिथ्याभिमान के कारण ये देवताओं को तुच्छ बताते हैं। इतना ही नहीं, दूसरों को भी अपने वाग्जाल में फँसाकर उनके मन में भी देवोपासना के प्रति अश्रद्धा उत्पन्न करते हैं।

सत्यभूषण योगी ने कुछ हटकर इस मन्त्र का अर्थ लिया है। उन्होंने सम्भूति का अर्थ 'इकट्ठा होना' कहा है, जो मानव का 'सामाजिक जीवन है' और असम्भूति का अर्थ मानव का 'व्यक्तिगत जीवन' कहा है। इस अर्थानुसार असम्भूति के उपासक, जो केवल अपनी उन्नति चाहते हैं, वे अन्धकार में प्रवेश करते हैं किन्तु जो केवल सामाजिक विकास की ओर ध्यान देते हैं वे और भी अधिक अन्धकार में जाते हैं क्योंकि जिसने स्वयं की उन्नति नहीं की, वह परिवार को और दूसरों को क्या पालेगा? अतः दोनों आवश्यक है। कहने का मतलब कि व्यक्ति को स्वयं की उन्नति करना आवश्यक है तभी वह समाज की उन्नति कर सकता है। पुष्प यदि स्वयं नहीं खिला तो वह दूसरों को क्या सौरभ देगा? पर खिलकर भी यदि वह दूसरों को सुगन्ध न दे तो उसका खिलना निरर्थक है। व्यर्थ ही उसने धरती का रस पिया।[13]

आगे ऋषि परमेश्वर की सुन्दर प्रार्थना करते हैं–

हिरण्मयेन पात्रेण सत्यस्यापिहितं मुखम्।
तत्त्वं पूषन्नपावृणु सत्यधर्माय दृष्टये॥ 15॥

यहाँ ईश्वर को पूषण कहा गया है। पूषण का अर्थ है सबका पोषण करनेवाला। ब्रह्माण्ड को पुष्टि देनेवाला।[14] इसका मुख सत्य का मुख है किन्तु इसे देखना सरल

नहीं है क्योंकि इसका मुख हिरण्यमय पात्र से ढका हुआ है। हिरण्यमय पात्र से ढके होने का अर्थ है कि सत्य का मुख दुनिया की चकाचौंध से आवृत है इसीलिए हम इसके वास्तविक स्वरूप को नहीं देख पाते। यहाँ उपनिषद्कार ईश्वर से प्रार्थना करते हैं, 'सत्य धर्म का अनुष्ठान करनेवाले हे पूषण! मेरे लिये आप इस चकाचौंध को हटा लीजिये, ताकि मैं आपका दर्शन कर सकूँ।'

यहाँ दिलचस्प बात यह है कि स्वर्णिम आवरण की चकाचौंध होते हुए भी इस पात्र पर तमस् का परदा भी है तभी तो उपनिषद् के ऋषि यह प्रार्थना भी करते हैं **तमसो मा ज्योतिर्गमय**। यह वाक्य भारतीय मानस में रचा-बसा रहा है।

अस्तु, **विनोबा भावे** इस मन्त्र की प्रशंसा में लिखते हैं कि इस महान् मन्त्र में दर्शन का सार आ गया है। दर्शन का सार है कि दुनियाँ में सत्य छिपा हुआ है। वह मोह के आवरण से ढका हुआ है। जब तक हम मोह के आवरण का भेद नहीं करते तब तक सत्य का दर्शन नहीं होता।...यह मोह कांचन मोह है। बाहर और अन्दर भी इस मोह के कारण परदे पड़ते हैं। इसी को **हिरण्यमय पात्र** अर्थात् सोने का ढकना कहते हैं। अगर सत्य के दर्शन करना हो तो सोने का यह ढकना हटा देना चाहिए।[15]

आज के सन्दर्भ में यह बात और भी अधिक गहराई से लागू होती है क्योंकि मानव में भौतिक पदार्थों की चकाचौंध के प्रति लालसा अत्यधिक बढ़ गयी है। आज तो भगवान् के मन्दिरों को भी स्वर्ण से मढ़ा जाता है और उनकी मूर्तियाँ भी चमकीली धातुओं से बनाकर स्वर्ण के सिंहासन पर विराजमान की जाती हैं। उन्हें चमकीले वस्त्र और रत्नजटित स्वर्ण अलंकार पहनाये जाते हैं। भव्य रौशनी से पूरे मन्दिर को सजाया जाता है। ऐसे में हम उनके वास्तविक रूप का दर्शन कैसे कर सकते हैं? लोग भी हीरे-जवाहर तथा तरह तरह के स्वर्णाभूषण भगवान् को चढ़ाकर स्वयं को बड़ा धर्मात्मा मानते हैं और प्रदर्शित भी करते हैं। ऐसी स्थिति में परमात्मा के वास्तविक स्वरूप का ज्ञान कैसे हो सकता है...और जब हम उसके वास्तविक स्वरूप से अपरिचित हैं तो उसे पा ही कैसे सकते हैं?

प्रो. सत्यव्रत सिद्धान्तालंकार इसका कुछ हटकर अर्थ बताते हैं। उनके अनुसार यहाँ पूषण अपनी पुष्टि चाहनेवाले उपासक के लिए प्रयुक्त है। इस मन्त्र में मन्त्रकार जीव को कहते हैं कि यदि तू सत्यधर्म को देखना चाहता है तो उस हिरण्यमय ढकने को हटा दे, पर्दे को उठा दे।

अस्तु, अगला मन्त्र मनुष्य को उसके अन्तकाल का स्मरण कराता है। जहाँ इस जगत् से अन्तिम प्रस्थान करनेवाले अर्थात् मृत्युलोक का त्याग करनेवाले साधक व्यक्ति की मनोभावना का सुन्दर चित्रण है–

वायुरनिलममृतमथेदं भस्मान्तं शरीरम्।
ॐ क्रतो स्मर कृतं स्मर क्रतो स्मर कृतं स्मर॥ 17॥

कहते हैं मृत्यु के समय मानव अपने भूत का, अपने अब तक किये कृत्यों का स्मरण करता है। प्रायः जैसा जिसका जीवन व्यतीत हुआ रहता है, वैसे ही अन्तिम समय में उसकी भावना होती है। भोगी व्यक्ति के लिए शरीर त्यागना बड़ा कष्टकर होता है किन्तु योगी वैसे ही शरीर का त्याग करता है जैसे व्यक्ति कपड़े बदलता है या जैसे हाथी को पता ही नहीं चलता कब उसके गले में पड़ी माला गिर गयी। जीवन भर प्रभु का स्मरण करनेवाला ही अन्तिम समय में उसका स्मरण कर सकता है। इस मन्त्र में मृत्युशय्या पर पड़ा जीव कह रहा है, अब ये वायु (पंच प्राण एवं इन्द्रियाँ) अविनाशी समष्टि अनिल (वायुतत्त्व) में प्रविष्ट हो जाये। यह स्थूलशरीर अग्नि में जलकर भस्म हो जाये। हे यज्ञमय परमात्मा (**ॐ क्रतो**)! आप मेरे द्वारा किये गये कर्मों का स्मरण करें, स्मरण करें। हे यज्ञमय प्रभु! स्मरण करें। मेरे कर्मों का स्मरण करें।

ॐ क्रतो स्मर...के विद्वानों ने अलग-अलग अर्थ किये हैं। विनोबा भावे इसके अर्थ में लिखते हैं कि पहले मैं भी इसका यही (उपर्युक्त) अर्थ लेता था किन्तु यह प्रकरण के अनुसार नहीं है। यहाँ जीव दशा का लोप अभीष्ट है, अतः यहाँ ईश्वर के चरित्र का, उसके महान् उपकार का स्मरण करने की बात है।[16]

सत्यभूषण योगी इसका अर्थ करते हैं, 'हे विविध कर्म करनेवाले जीवात्मा! ओम् को स्मरण कर अपने किये हुए को स्मरण कर, किये हुए को स्मरण कर।'[17]

सत्यव्रत सिद्धान्तालंकार इस सन्दर्भ में लिखते हैं, 'हे कर्म करनेवाले जीव! क्रतु (Future Action) को, प्रयत्न को, जो तूने आगे करना है, उसे स्मरण कर और कृत (Past Action) को, जो तू अब तक कर चुका है, उसे स्मरण कर।[18]

नारायण स्वामी इसका अर्थ इस प्रकार करते हैं, 'शरीर में आने-जानेवाला जीव अमर है किन्तु यह शरीर केवल भस्मपर्यन्त है, इसलिए अन्त समय में हे जीव (क्रतो) ॐ का स्मरण कर, निर्बलता दूर करने के लिए स्मरण कर और अपने किये हुए का स्मरण कर।'

अस्तु, इसके सभी अर्थ सुन्दर है। निश्चय ही इसे पढ़ने वाला हर समझदार व्यक्ति ऐसी सुन्दर भावना के साथ अन्तिम सफर पर जाना अपना अहोभाग्य मानेगा।

इस उपनिषद् के आख़िरी मन्त्र में अग्नि (परमेश्वर) से प्रार्थना है कि वह हमें शुभमार्ग पर ले चलें–

अग्ने नय सुपथा राये अस्मान्विश्वानि देव वयुनानि विद्वान्।
युयोध्यस्मज्जुहुराणमेनो भूयिष्ठां ते नमउक्तिं विधेम ॥18॥

अर्थात् हे अग्ने![19] (परमेश्वर) हमें परम ऐश्वर्य की प्राप्ति के लिए (राये) शुभ मार्ग (सुपथा) से ले चलिये। हे देव! आप हमारे सम्पूर्ण कर्मों (विश्वानि) को जाननेवाले (वयुनानि) हैं अर्थात् हमारे जितने भी शुभाशुभ कर्म हैं वे आपसे छिपे नहीं है। हमारे इस मार्ग के प्रतिबन्धक जो पाप हों, उन सबको दूर कर दें (युयोधि)। हम आपको

बारम्बार नमस्कार कहते हैं।

विनोबा भावे सुपथा की व्याख्या में लिखते हैं कि साध्य ठीक होना चाहिए साधन चाहे जैसा भी हो, यह भ्रम आदिकाल से चला आ रहा है। उसका निवारण 'सुपथा' शब्द कर रहा है। साधनगत अपवित्रता साध्य को दूषित किये बिना नहीं रहती, यह शास्त्र है।

अन्त में इस उपनिषद् का सुन्दर **शान्तिपाठ** है जो उपनिषद् के प्रारम्भ में भी है–

ॐ पूर्णमदः पूर्णमिदं पूर्णात् पूर्णमुदच्यते।
पूर्णस्य पूर्णमादाय पूर्णमेवावशिष्यते॥
ॐ शान्ति! शान्ति!! शान्ति!!!

अर्थात् ॐ यह सच्चिदानन्द परमात्मा सब प्रकार से पूर्ण है। यह जगत् भी पूर्ण है अर्थात् यह जगत् उस परब्रह्म से ही पूर्ण है। उस पूर्ण (ब्रह्म) से ही यह पूर्ण (जगत्) निकला है। पूर्ण से पूर्ण निकाल लेने पर पूर्ण ही बच रहता है।

यह शान्तिपाठ बृहदारण्यक उपनिषद् में भी है।

इस शान्तिपाठ पर विनोबा भावे टिप्पणी करते हैं, 'शान्तिपाठ का उद्देश्य अध्ययन के अनुकूल चित्त वृत्ति तैयार करना है। इसका ग्रन्थ के प्रतिपाद्य विषय से सम्बन्ध जोड़ने की आवश्यकता नहीं है। किन्तु फिर भी इस शान्तिपाठ में ईशावास्य का मानो सार ही कह दिया गया है।'[20]

सन्दर्भ

1. ईशवास्योपनिषद् शुक्ल यजुर्वेदसंहिता का चालीसवाँ अध्याय होने से मन्त्रोपनिषद् कहा जाता है। अन्य प्रायः सभी उपनिषद् किसी-न-किसी ब्राह्मण या आरण्यक ग्रथों के अंश हैं। इसलिए ये मन्त्रोपनिषद् नहीं कहे जाते।
2. ईशावास्य से छोटा केवल एक उपनिषद् है, वह है 12 श्लोकों का माण्डूक्यउपनिषद्। पर गम्भीरता में ये दोनों उपनिषद् किसी से कम नहीं हैं।
3. विनोबा भावे, ईशावास्य वृत्ति, प्रस्तावना
4. एकादशोपनिषद्, पृ. 17.
5. ऋग्वेद, 4.33.11.
6. भगवद्गीता, 2.47.
7. वही, 2.48.
8. उपनिषदों का सन्द्गेश, पृ. 92.
9. ईशावास्योपनिषद्.
10. प्रसिद्ध ग्रीक दार्शनिक अरस्तू ने भी इसी तरह ईश्वर को गतिहीन गतिदाता (Unmoved mover) कहा है।
11. भगवद्गीता, 6.29.
12. सत्यभूषण योगी, ईशावास्य, पृ 66.

13. सत्यभूषण योगी, ईशोपनिषद्, पृ. 73.
14. शुद्धाद्वैती वल्लभाचार्य के पुष्टिमार्ग के बीज यहाँ देखे जा सकते हैं। उन्होंने भी परमेश्वर को संसार को पुष्टिप्रदान करनेवाला कहा है।
15. विनोबा भावे, ईशावास्य वृत्ति, पृ. 12.
16. विनोबा भावे, ईशावास्य वृत्ति, पृ. 59.
17. सत्यभूषण योगी, ईशावास्योपनिषद् 17.
18. सत्यव्रत सिद्धान्तालंकार, एकादशोपनिषद्, पृ. 8.
19. आध्यात्मिक दृष्टि से अग्नि का अर्थ है बुद्धि, संकल्पशक्ति। मनुष्य की बुद्धि ठीक रहे तो सब-कुछ ठीक होता है।—सत्यभूषण योगी, ईशावास्योपनिषद्, पृ. 88
20. विनोबा भावे, ईशावास्य वृत्ति, पृ. 18.

25. बृहदारण्यक उपनिषद् से

राजा प्रवाहण का श्वेतकेतु एवं ऋषि आरुणि से संवाद : जीवात्माओं की नियति

एक बार गौतम वंश के प्रसिद्ध ऋषि आरुणि का पुत्र श्वेतकेतु पांचाल देश के राजमहल में गया। उस समय प्रवाहण नामक राजा पांचाल देश[1] में राज्य करता था। श्वेतकेतु अभिमानी है, यह पांचालनरेश प्रवाहण सुन चुका था, इसीलिए श्वेतकेतु के आने पर उसने न उसका खड़े होकर स्वागत किया न अर्घ्य आसन आदि देकर उसका सम्मान किया। राजा सेवकों से अपनी सेवा करवा रहा था, श्वेतकेतु के आने पर भी उसकी परिचर्या चलती रही, यह भी श्वेतकेतु के प्रति राजा का असम्मान था। हाँ, उसने श्वेतकेतु से कुछ प्रश्न अवश्य किये।

पहले तो उसने पूछा, 'क्या तुम्हारे पिता ने तुम्हें अनुशिष्ट (समुचित) शिक्षा दी है?' इस पर श्वेतकेतु ने गर्व से कहा, 'हाँ मेरे पिता ने मुझे समुचित शिक्षा दी है (बृ. उप.6.2.1)।'

यह सुन राजा ने उसकी परीक्षा लेते हुए उससे एक के बाद एक पाँच प्रश्न किये। राजा का पहला प्रश्न था, 'श्वेतकेतु! क्या तुम जानते हो कि मरने पर यह प्रजा किस मार्ग से जाती है?'

प्रश्न सुन श्वेतकेतु अचम्भित रह गया। उसे तो इसका उत्तर नहीं मालूम था, सो उसने कहा कि वह इसका उत्तर नहीं जानता।

इस पर राजा ने उससे दूसरा प्रश्न किया, 'क्या तुम जानते हो कि परलोक गमन के बाद जीवात्मा इस लोक में किस प्रकार आती है?' श्वेतकेतु को इसका उत्तर भी नहीं मालूम था सो उसने स्वीकार किया कि वह इसका उत्तर नहीं जानता।

फिर राजा ने उससे तीसरा प्रश्न किया, 'क्या तुम जानते हो कि इस संसार में जीवात्माएँ लगातार मृत्यु को प्राप्त कर परलोक-गमन करती हैं, पर वह मृत्युलोक फिर भी नहीं भरता?' श्वेतकेतु को इसका भी उत्तर नहीं मालूम था। सो उसने इसका उत्तर भी 'नहीं' में दिया।

तत्पश्चात् राजा ने उससे चौथा प्रश्न किया, 'क्या तुम जानते हो कि कितने बार की आहुति हवन करने पर आप (जल) पुरुष शब्द-वाच्य हो उठकर बोलने लगता है?' बेचारा श्वेतकेतु! फिर मौन रहा क्योंकि उसे इसका भी उत्तर नहीं मालूम था।

इसके बाद राजा ने श्वेतकेतु से देवयान और पितृयान मार्ग के विषय में अन्तिम प्रश्न किया। 'आख़िर कौन से कर्म व्यक्ति को देवयान मार्ग में ले जाते हैं और कौन से पितृयान मार्ग से ले जाते हैं?' श्वेतकेतु ने इसके उत्तर में भी अपनी अनभिज्ञता प्रकट करते हुए कहा कि वह इन दोनों मार्गों में से एक को भी नहीं जानता (वही, 6.2.2)। श्वेतकेतु के लिए यह अत्यन्त लज्जा की बात थी कि वह राजा के द्वारा पूछे गये एक भी प्रश्न का उत्तर नहीं दे सका, इसीलिए राजा द्वारा ठहरने की प्रार्थना करने पर भी वह उसके महल से निकल गया और सीधा अपने पिता ऋषिवर आरुणि के पास पहुँचा।

पिता के पास पहुँचकर श्वेतकेतु ने पिता को उलाहना भरे स्वर में कहा, 'आपने कहा था कि मैंने तुझे सारी शिक्षा दे दी है पर मैं पांचालनरेश द्वारा पूछे गये पाँच प्रश्नों में से एक का भी उत्तर नहीं दे सका।'

पिता को आश्चर्य हुआ कि ऐसे कौन से प्रश्न राजा ने पूछे जिनका उत्तर उनका पुत्र नहीं दे पाया! उनका पुत्र तो सुमेध (सुन्दर धारणा शक्ति से युक्त) है! अवश्य राजा ने ऐसे प्रश्न किये होंगे जिनकी शिक्षा उन्होंने पुत्र को नहीं दी है।

तब पिता ने विस्तार में राजा द्वारा पूछे गये प्रश्नों के विषय में श्वेतकेतु से पूछा। इस पर उसने राजा के सारे प्रश्नों को बताया (वही, 6.2.3)। सचमुच ये प्रश्न ऐसे थे जिनका उत्तर श्वेतकेतु नहीं दे सकता था क्योंकि ऐसी कोई शिक्षा आरुणि ने अपने पुत्र को नहीं दी थी।...पर क्यों नहीं दी? पुत्र के पूछने पर महर्षि ने कहा, 'मुझे जो कुछ ज्ञात था वह सारी शिक्षा मैंने तुझे दे दी थी, मुझे स्वयं इन प्रश्नों के उत्तर नहीं मालूम। चलो हम लोग राजा के पास ही चलते हैं और ब्रह्मचर्यावास कर अर्थात् उनका शिष्यत्व ग्रहण कर उनसे ही इनके उत्तर पूछते हैं।'

पर श्वेतकेतु के लिए यह और बड़ा अपमान था कि उसके पिता को भी इनके उत्तर नहीं मालूम! उसे राजा के पास जाने में, उनसे ही प्रश्नों का उत्तर पूछने में अपनी हेठी लगी, अतः उसने पिता को टका-सा उत्तर दिया, **भवानेन गच्छ इति** अर्थात् आप ही जाइये।

ऋषिवर की महानता देखिये...राजा के प्रश्नों का उत्तर जानने वे अकेले ही विनीत भाव से राजा की सभा में जा पहुँचे। महर्षि को आया देख राजा ने उठकर उनका अभिवादन किया, आसन मँगवाया और जल से उन्हें अर्घ्य दिया। फिर कहा, **वरं भगवते गौतमाय दद्म इति** अर्थात् मैं भगवन् गौतम को वर देता हूँ (बृ. उप. 6.2.4)।'

प्राचीन काल में ऋषिगण राजाओं के पास अधिकतर अपने आश्रमों के संचालन हेतु धन या गौ या अश्व की इच्छा से जाते थे किन्तु गौतम आरुणि तो कुछ और इच्छा से राजा के पास आये थे अतः उन्होंने इनमें से कुछ भी नहीं माँगा। उन्होंने वर के रूप में राजा से उन प्रश्नों के उत्तर जानने की माँग की जिसे राजा ने श्वेतकेतु से पूछे थे

(बृ.उप.6.2.5)। पर राजा ने यह कहते हुए महर्षि को वर देने में अनाकानी की कि यह वर तो देव-वर है, आप मनुष्योचित कोई अन्य वर माँग लें। इस पर गौतम ने अन्य वर लेने से इन्कार करते हुए कहा, 'जो चीजें मनुष्यों को चाहिए, वे सब मेरे पास हैं, मुझे धनादि नहीं चाहिए। आप इतने बड़े दाता हैं, कृपया मेरी माँग ठुकरा कर अदाता न बनें।'

तब राजा ने ससंकोच कहा कि इस वर को आप शास्त्रोक्त विधि से पाने की इच्छा करें। राजा की बात गौतम समझ गये। उन्होंने बिना संकोच कहा कि मैं आप श्रीमान् के प्रति शिष्यभाव से उपसन्न होता हूँ। (राजा यही चाहता था क्योंकि यही प्रथा थी, पर यह बात वह सीधे-सीधे गौतम को नहीं कह सकता था।)

अस्तु, प्राचीन काल में सामान्यतया शिष्य बनने के लिए व्यक्ति को समिधा लेकर गुरु के प्रति उपसन्न होना पड़ता था तथा गुरु इच्छानुसार काल तक शिष्य से ब्रह्मचर्यवास कराते थे किंतु जब कोई ब्राह्मण किसी क्षत्रिय का शिष्य बनने पहुँचता था तो उसे केवल वाणी से शिष्यत्व ग्रहण करना पर्याप्त होता था। सो आरुणि ने ऐसा ही किया। तब राजा ने भी नम्र बनते हुए उनसे कहा, 'गौतम! जिस प्रकार आपके पितामहों ने हमारे पूर्वजों का अपराध नहीं माना, उसी प्रकार आप भी हमारा अपराध न मानना। इसके पहले यह विद्या किसी ब्राह्मण के पास नहीं रही। उसे अब मैं आपके प्रति कहता हूँ। भला, इस प्रकार विनयपूर्वक बोलनेवाले आपको विद्या देने से कौन इन्कार कर सकता है (वही, 6.2.8)?'

सामान्यतया प्रश्नों का उत्तर उसी क्रम में दिया जाता है जिसमें प्रश्न पूछे जाते हैं किन्तु यहाँ राजा चौथे प्रश्न से प्रारम्भ करता है। शंकराचार्य यहाँ कहते हैं कि राजा ने यह इसलिए किया क्योंकि इस चौथे प्रश्न के उत्तर के अधीन ही अन्य प्रश्नों के उत्तर थे। राजा का चौथा प्रश्न था, 'क्या तुम जानते हो कि कितने बार की आहुति हवन करने पर आप (जल) पुरुष शब्द-वाच्य हो उठकर बोलने लगता है?'

अपने इस प्रश्न के उत्तर में राजा कहता है, 'हे गौतम! मृत्यु के बाद मनुष्य जिस लोक में पहुँचता है, वह अग्नि (द्युलोक) है। आदित्य उसका समिध अर्थात् ईंधन है, किरणें धूम है, दिन ज्वाला है, दिशाएँ अंगार है, अवान्तर दिशाएँ चिनगारियाँ हैं। इस अग्नि में देवगण श्रद्धा का हवन करते हैं। उस आहुति से सोम राजा होता है (वही 6.2.9)। इसी तरह क्रमशः इन्द्र, पृथ्वी, पुरुष को अग्नि कहने के अनन्तर राजा पाँचवें स्थान में स्त्री को रखते हुए कहता है, 'स्त्री ही वह अग्नि है, इसी अग्नि में देवगण प्रजनन शक्ति का हवन करते हैं जिससे गर्भ की उत्पत्ति होती है। इसीलिए पाँचवें हवन की आहुति पुरुष कहलाती है।'

इसके बाद राजा अन्य प्रश्नों के उत्तर देता है। दूसरा प्रश्न था कि मरने पर यह प्रजा किस मार्ग से जाती है और पहला प्रश्न था कि परलोक गमन के बाद जीवात्मा इस लोक में किस प्रकार आती है? इनके उत्तर में राजा कहता है कि प्रायः दस मास तक स्त्रीगर्भ की अग्नि में रहने के बाद प्राणी जन्म लेता है। जन्म लेने के बाद अपने पूर्व जन्म के कर्मों के अनुसार वह निश्चित आयु तक जीवन धारण करता है फिर मृत्यु के बाद अग्नि

के लिए ही अर्थात् अग्नि में अन्तिम आहुति देने (शव के दाहकर्म) के लिए ही ले जाया जाता है। इस आहुति से पुरुष अत्यन्त दीप्तिमान हो जाता है। इस तरह जन्म-मरण का यह चक्र चलता रहता है।

आगे राजा अन्तिम प्रश्न अर्थात् **देवयान** और **पितृयान** मार्ग का वर्णन करता है। पहले वह देवयान मार्ग के विषय में कहता है कि देवयान मार्ग देवलोक को प्राप्त कराता है। देवलोक से आदित्यलोक और फिर विद्युत्सम्बन्धी देवताओं के लोक होते हुए अन्ततः जीवात्माएँ ब्रह्मलोक जाती हैं जहाँ अनन्त काल तक रहती हैं। यहाँ से उनकी पुनरावृत्ति नहीं होती अर्थात् यहाँ जाने के बाद ऐसी आत्माएँ फिर पृथ्वीलोक में नहीं आतीं। यह देवयान मार्ग है।

यहाँ राजा देवयान मार्ग पर जाने का साधन भी बताता है। वह कहता है कि जो पंचाग्नि के रहस्य को जानते हैं तथा जो वन में जाकर श्रद्धायुक्त होकर सत्य ब्रह्म की उपासना करते हैं, ऐसे पुरुष देवयान मार्ग को प्राप्त होते हैं।

पितृयान के विषय में राजा कहता है कि सकाम कर्म करनेवाले व्यक्ति इस मार्ग से जाते हैं। सकाम कर्म में यज्ञ, दान, तप आदि कर्म आते हैं। ये ऐसे कर्म हैं जो प्रायः फल की आशा से किये जाते हैं। ऐसे कर्म करनेवाले मनुष्य मृत्यु के बाद धूम को प्राप्त होकर इस मार्ग से जाते हुए पितृलोक को प्राप्त होते हैं और पितृलोक से चन्द्रलोक को पहुँचते हैं। यहाँ पहुँचकर वे अन्न हो जाते हैं। देवगण इनका भक्षण करते हैं। जब इनके कर्म क्षीण होते हैं तो वे पुनः आकाश, वायु, वृष्टि और फिर पृथ्वी को प्राप्त होते हैं और अन्न के साथ पहले पुरुष में (पुरुष के शुक्र में) फिर स्त्री के गर्भ में पहुँचकर जन्म लेते हैं।

यहाँ एक जिज्ञासा होती है कि जो इन दोनों मार्गों से जाने योग्य कर्म नहीं करते वे कहाँ जाते हैं? इसके उत्तर में यहाँ कहा गया है कि ऐसे लोग कीट, पतंग, मच्छर आदि योनियों को प्राप्त होते रहते हैं (वही, 6.2.16)।

राजा का तीसरा प्रश्न था कि इस संसार में जीवात्माएँ लगातार मृत्यु को प्राप्त कर परलोक गमन करती हैं, पर वह मृत्युलोक फिर भी क्यों नहीं भरता?' इसके उत्तर में राजा कहता है कि कुछ मोक्षार्थी आत्माएँ देवयान मार्ग से देवलोक में जाती रहती हैं, अतः यह मृत्युलोक नहीं भरता। फिर कुछ जीवात्माएँ विभिन्न योनियों में पुनर्जन्म भी तो लेती रहती हैं।

अस्तु, राजा के इन तर्कसंगत उत्तर से सन्तुष्ट गौतम आरुणि ने प्रसन्नमन से राजा को आशीर्वाद दिया और राजमहल से अपने आश्रम की ओर प्रस्थान किया।

सन्दर्भ

1. वर्तमान कानपुर के आस-पास का इलाका

कुछ ब्रह्मवादियों का आपस में संवाद : ब्रह्म कौन है?

श्वेताश्वतर ऋषि द्वारा प्रणीत यह सुन्दर उपनिषद् मुख्य रूप से तात्त्विक प्रश्नों पर विचार करता है। इस उपनिषद् का प्रारम्भ कुछ संन्यासियों के मध्य परमतत्त्व को लेकर जिज्ञासा से होता है। वैसे प्रायः सभी उपनिषदों में इस तरह की जिज्ञासा किसी-न-किसी रूप में दिखायी देती है। प्रायः इनमें किन्हीं शिष्यों या किसी एक शिष्य का नाम होता है जो किसी श्रेष्ठजन या गुरुजन के पास समाधान पाने के लिए शिष्य-भाव से उनके पास जाते हैं। कहीं-कहीं अपनी जिज्ञासा वे परस्पर एक-दूसरे के सामने भी रखते हैं और स्वयं ही समाधान खोजने का प्रयत्न करते हैं। **श्वेताश्वतर उपनिषद्** के इस संवाद में भी ऐसा ही है। यहाँ भी कुछ संन्यासी अपने मन में उठे प्रश्नों को अपने सहपाठी संन्यासियों के सामने रखते हैं। वैसे यहाँ पर इन जिज्ञासुओं के नाम नहीं दिये गये हैं। बस प्रारम्भ में इतना उल्लेख है **हरिः ॐ ब्रह्मवादिनो वदन्ति** अर्थात् **हरि** और ॐ इसका उच्चारण करते हुए कुछ ब्रह्मवादी प्रश्न करते हैं :

किं कारणं ब्रह्म कुतः स्म जाता जीवाम केन क्व च सम्प्रतिष्ठाः।
अधिष्ठिताः केन सुखेतरेषु वर्तामहे ब्रह्मविदो व्यवस्थाम्॥ (श्वे. उप. 1.1)

अर्थात् इस जगत् का मुख्य कारण 'ब्रह्म' है या और कोई है? किससे हम लोग उत्पन्न हुए हैं ? किससे जी रहे हैं और किसमें हमारी सम्यक् प्रकार से स्थिति है? किसके अधीन रहकर हम लोग सुख और दुःखों में निश्चित व्यवस्था के अनुसार बर्तते हैं अर्थात् कौन हमारे सुख और दुःख के भोगने की व्यवस्था करता है?

ये सारे दार्शनिक प्रश्न अन्य उपनिषद्कारों ने तथा प्रायः सभी दार्शनिक सम्प्रदायों ने भी उठाये हैं। मानव-मन की सहज जिज्ञासा से भरे प्रश्न हैं ये। आज भी ऐसे प्रश्न लोगों के मन को मथते हैं। किन्तु इनके उत्तर ऐसे नहीं है कि किसी एक तत्त्व को जगत् का मूल कारण घोषित कर सबको सन्तुष्ट कर सके। इसीलिए अलग-अलग ढंग से इनके उत्तर मिलते हैं और इसीलिए हमारे देश में विभिन्न प्रकार के दर्शन अस्तित्तव में आये हैं।

अस्तु, इस उपनिषद् के पहले श्लोक में, जैसा कि हमने ऊपर देखा, कुछ चिन्तक

इन प्रश्नों पर विचार कर रहे हैं कि जगत् के मूल में क्या है। अगले श्लोक में हम उन्हें आपस में कहते देखते हैं कि क्या काल, स्वभाव (स्वाभाविक शक्ति), नियति, यदृच्छा (नियति का उल्टा, आकस्मिक घटना), या पंचभूत (पृथिवी, जल, अग्नि, वायु और आकाश) या फिर स्वयं जीवात्मा जगत् का कारण हैं? या इन सबका संयोग इनकी उत्पत्ति का कारण है?

पहले वे विचार करते हैं कि इनमें से प्रथम पाँच (काल, स्वभाव, कर्मफल, यदृच्छा और पंचभूत) जड़ होने के कारण स्वतन्त्र नहीं है। अतः ये कारण नहीं हो सकते। जहाँ तक जीवात्मा की बात है, वह अवश्य चेतन है पर वह भी स्वतन्त्र कहां है? स्वयं के सुख-दुःख का हेतु वह नहीं हो सकता। यदि हम कहें कि सुख-दुःख प्रारब्ध के अधीन है, तो वह भी चेतन नहीं है। इसका अर्थ हुआ कि कारणतत्त्व कुछ और ही है (वही, 1. 2)। पर वह है क्या?

एक मत से किसी निष्कर्ष पर पहुँच पाने में असमर्थ होने पर उन्होंने तय किया कि ध्यानयोग द्वारा इन प्रश्नों के उत्तर ढूँढे जायें और वे सब-के-सब ध्यानयोग में स्थित हो गये। उन्होंने अपने मन और इन्द्रियों को बाहर के विषयों से हटाकर मूल कारण पर ध्यान केन्द्रित किया...और फिर उन्होंने उस देवात्म-शक्ति का साक्षात्कार किया जो अकेला ही काल से लेकर जीवात्मा तक अर्थात् सम्पूर्ण कारणों पर शासन करता है (वही, 1.3)।

इस देवात्मा को वे ऋषिगण पहले एक चक्र के रूप में देखते हैं फिर एक नदी के रूप में।

चक्र के रूप

मानव जिस संसार में रहता है उसकी तुलना यहाँ किसी बैलगाड़ी के पहिये से की गयी है। किसी भी पहिये की एक नेमि होती है और एक नाभि होती है। उसमें कुछ अरे भी लगे होते हैं जो चक्र की नाभि और नेमि को बाँधकर रखते हैं। नेमि का अर्थ है चक्र का बाहरी घेरा और चक्र की नाभि का अर्थ है वह छोटा-सा घेरा जो चक्र की नेमि और अरों को बाँधे रखता है। यही संसार-चक्र है।

संसार-चक्र के विषय में उपनिषद् के ऋषि कहते हैं कि इसकी नेमि तीन घेरोंवाली है। जिस प्रकार लकड़ी के चक्के पर रक्षा हेतु लोहे का घेरा (हाल) चढ़ा रहता है वैसे ही इस संसार-चक्र की अव्याकृत (अविकसित, प्रारम्भिक) प्रकृति रूप नेमि पर सत्त्व, रज और तम इन तीन गुणों के घेरे हैं।

आगे इस नेमि को षोडशान्त कहा गया है। किसी गाड़ी के पहिये की गोलाई एक ही लकड़ी से नहीं बनती। इसमें सोलह टुकड़े जोड़कर उसे गोल बनाया जाता है, इस तरह ये षोडशान्त होते हैं। ऐसे ही यह प्रकृति रूपी नेमि भी **षोडशान्तं** है। शंकराचार्य के अनुसार ये षोडशान्त इस प्रकार हैं—पाँच महाभूत (पृथ्वी, जल, अग्नि, वायु और आकाश) और ग्यारह इन्द्रियाँ (पंच ज्ञानेन्द्रियाँ, पंच कर्मेन्द्रियाँ और एक मन)।

बैलगाड़ी के पहिये के समान इसमें भी अरे हैं जो कि पचास हैं। जीवों को एक चक्र से बाँधकर रखनेवाली अनेक रूपों में प्रकट आसक्तिरूप एक फाँसी है जो कि नाभि में है। यह चक्र तीन मार्गों, उत्पत्ति, स्थिति और प्रलयरूप का भेदन करनेवाला है। पुण्यकर्म और पापकर्म, ये दो प्रकार के कर्म इस जीव को इस चक्र में साथ-साथ घुमाते हैं। जिस प्रकार नाभि चक्के के केन्द्र में होती है, उसी तरह अज्ञान जगत् का केन्द्र है।

तो ऐसे संसार-चक्र को उन चिन्तकों ने समाधि में देखा।

नदी के रूप में

अगले श्लोक में इस संसार-चक्र का एक नदी के रूप में वर्णन किया गया है। इसे भव-सरिता कहा गया है। जैसे किसी नदी के स्त्रोत याने उद्गमस्थल होते हैं, इसकी चाल होती है, इसमें लहरें होती हैं और कहीं-कहीं बड़े कष्टकारी भँवर भी होते हैं। इनमें फँसने पर इनसे बाहर निकलना अत्यन्त दुष्कर होता है। वेगवती होने पर नदी के थपेड़े तैराक को कष्ट देते हैं, उसी तरह इस भव-सरिता की स्थिति है।

यह संसार-नदी पंचस्रोतों से युक्त है। श्री गोयन्दका इन पाँच स्रोतों को पंचज्ञानेन्द्रियाँ कहते हैं क्योंकि संसार का ज्ञान हमें इन्हीं से होता है। पंचस्रोतों के कारण यह संसार नदी बड़ी उग्र और वक्र यानी टेढ़ी-मेढ़ी हैं। इसी कारण संसार की चाल बड़ी वक्र है, कपट से भरी है। इसमें से निकलना कठिन है। यह नदी पंचप्राण रूपी लहरोंवाली कही गयी है क्योंकि पाँच प्राणों (अपान, समान, प्राण, उदान और व्यान) से ही जीवों की चेष्टा होती है। इसे पंचज्ञान से युक्त कहा गया है जो कि पाँच ज्ञानेन्द्रियों के कारण होते हैं। इनका आदि कारण मन है। मन से ही संसार की सृष्टि होती है। सारा ज्ञान मन की वृत्तियाँ हैं। मन उपस्थित न हो तो इन्द्रियों के सचेष्ट रहने पर भी किसी प्रकार का ज्ञान नहीं होता। पंच ज्ञानेन्द्रियों के पाँच विषय (शब्द, स्पर्श, रूप, रस, गन्ध) संसार-नदी के भँवर हैं। इनमें फँसकर ही जीव जन्ममरण के चक्र में फँसता है। इससे ही पंचदुःख (गर्भदुःख, जन्मदुःख, रोगदुःख, जरादुःख और मृत्युदुःख[1]) उत्पन्न होते हैं। ये पंचदुःख नदी के प्रवाह के वेगरूप हैं। इनके कारण ही भव-सरिता वेगवती होकर बहती है जिससे जीव को कष्ट होता है। इनके थपेड़ें जीवों को आकुल-व्याकुल किये रहते हैं और जन्म-मरण के चक्र में फिर-फिर लाते हैं। पंचक्लेश (अविद्या, अस्मिता अर्थात् अहंकार, राग, द्वेष और अभिनिवेश अर्थात् जीवित रहने की लालसा) ही इस नदी के पंचपर्व अर्थात् पाँच विभाग है और अन्तःकरण की पचास वृत्तियों (अनेक वृत्तियों) को लेकर ही संसार में भेद प्रतीत होता है (वही, 1.5)।

इस तरह इस भव-सरिता में पंचस्रोत, पंचप्राण, पंचज्ञान, पंचदुःख, पंचपर्व, पंचक्लेश और पंचाशभेद (पचास अर्थात् कई एक[2]) है।

अस्तु, इस प्रकार उन चिन्तकों ने समाधि की अवस्था में इस जीवन-सरिता का प्रत्यक्ष किया। यह संसार-चक्र और संसार-नदी हमें डराती है पर इसके ज्ञान से आश्वासन भी

मिलता है तथा मुक्ति का रास्ता भी दिखता है।

अगले श्लोक **सर्वाजीवे सर्वसंस्थे...** में कहा गया है कि सब जीवों के तथा सभी के आश्रयभूत इस संसार-चक्र में हंस अर्थात् जीवात्मा (इसी उपनिषद् में कहीं-कहीं हंस शब्द का प्रयोग परमात्मा के लिए भी हुआ है) सुख-दुःख का फल भोगने के लिए घुमाया जाता है। जब जीव अपने-आपको तथा सबके प्रेरक आत्मा को अभिन्न जानकर उस परमात्मा का प्रेमपात्र बन जाता है तब अमृतभाव को प्राप्त हो जाता है। फिर उसे मृत्यु का या किसी भी प्रकार के कष्टों का भय नहीं रह जाता अर्थात् तब वह इस संसार-चक्र और भवसरिता के दुःखों से पार पा लेता है (वही, 1.5)।

यहाँ ब्रह्म को जानने का साधन भी बताया गया है। इस हेतु ॐ का ध्यान महत्त्वपूर्ण बताया गया है। योगी को चाहिए कि वह अपने शरीर को नीचे की अरणि तथा ॐ को ऊपर की अरणि [3] के समान करके ध्यानरूपी रगड़ के निरन्तर अभ्यास से आत्मा के भीतर में स्थित परमात्मा को देखें (वही, 1.14)।

दूसरे अध्याय में ध्यानयोग की साधना कैसे करें, यह भी बताया गया है–

त्रिरुन्नतं स्थाप्य समं शरीरं हृदीन्द्रियाणि मनसा संनिवेश्य।
ब्रह्मोडुपेन प्रतरेत विद्वान् स्त्रोतांसि सर्वाणि भयावहानि॥

अर्थात् बुद्धिमान् पुरुष को चाहिए कि सिर, गला और छाती, ये तीनों अंग ऊँचे उठाते हुए शरीर को सीधा स्थिर करें और मन के द्वारा समस्त इन्द्रियों को हृदय में निरुद्ध करके ओंकाररूप नौका द्वारा सम्पूर्ण भयानक प्रवाहों को पारकर जाये (वही, 2.8)।[4]

अगले श्लोक में इस साधना को कुछ विस्तार से बताया गया है :

'बुद्धिमान् पुरुष को चाहिए कि उपर्युक्त योग साधना हेतु आहार-विहार आदि समस्त चेष्टाओं को यथायोग्य करते हुए (आहार-विहार में अति का त्याग ही यथायोग्य है) तथा योगशास्त्र की विधि के अनुसार प्राणायाम करते हुए जब प्राण अत्यन्त सूक्ष्म हो जाये तब नासिका द्वारा उसे बाहर निकाल दे। दुष्ट घोड़ों को जैसे सारथी सावधानीपूर्वक अपने गन्तव्य स्थान तक ले जाता है उसी तरह साधक को चाहिए कि वह मन को सावधान होकर वश में किये रहे, ताकि वह बिना विघ्नबाधा के अपने लक्ष्य तक पहुँच सके।'[5]

इस उपनिषद् में आगे बड़े सुन्दर ढंग से बताया गया है कि परमदेव अर्थात् ब्रह्म को जान लेने पर जीव के सब बन्धनों का नाश हो जाता है, सभी क्लेश क्षीण हो जाते हैं और आवागमन का चक्र सदा के लिए छूट जाता है। जिस प्रकार मिट्टी से सने हुए स्वर्णपिण्ड को स्वच्छ करने पर वह चमकने लगता है उसी तरह जीवात्मा भी अपने मूल रूप अर्थात् ब्रह्म को जानकर शोकरहित हो जाता है (वही, 2.14)।

यहाँ प्रश्न उठता है कि शरीर में आत्मा का स्थान कहाँ है और कैसे हम उसमें स्थित परमात्मा को देख सकते हैं? इसके उत्तर में श्वेताश्वतर ऋषि अगले मन्त्र में कहते हैं :

'जैसे तिलों में तेल, दही में घी, भूमिगत स्रोतों में जल और काष्ठ में अग्नि रहती है वैसे ही हृदयाकाश के भीतर आत्मा में यह परमात्मा रहता है।[6]

किन्तु इसे देखना सरल नहीं है। इसीलिए तो अधिकांश मनुष्य इससे अनभिज्ञ रहते हैं। इसे इधर-उधर खोजते हैं। इसके साथ ही आगे हमें सावधान भी मुनिगण करते हैं कि इतने करीब होते हुए भी इसे देखना, इसे पाना सहज नहीं है। इसे पाने की शर्त कठोर है। इसे वही पा सकता है जो **सत्येनैनं तपसा योऽनुपश्यति** अर्थात् सत्याचरण एवं तप के द्वारा उसे देखता है (वही, 1.15)। साधक दूध में घी के समान सर्वव्यापक परमात्मा को अपनी आत्मा में उपस्थित जाने। इसके जानने का मूल साधन तप है। उस ब्रह्म की उपासना ही श्रेष्ठ है (वही, 1.16)।'

आगे यहाँ कहा गया है कि यह ब्रह्म मनुष्य के अंगुष्ठमात्र (अँगूठे के बराबर) हृदय में सदा रहता है। वह हृदय और मन से ध्यान लगाये जाने पर प्राप्य है। पर यह ध्यान भी सहज नहीं है। यह परमात्मा तो केवल निर्मल हृदय और विशुद्ध मन द्वारा ही यह प्राप्य है। जो इसको जानते हैं, **अमृता ते भवन्ति** अर्थात् वे अमर हो जाते हैं (वही, 3.13)। वैसे तो यह सारा उपनिषद् ही सुन्दर तात्त्विक विचारों से भरा हुआ है जिसे जिज्ञासु पाठक स्वयं पढ़ सकते हैं, पर इन विचारों की भव्यता बताने के लिए यहाँ हम इसके कुछ सुन्दर श्लोकों को उद्धृत कर रहे हैं–

नवद्वारे पुरे देही हंसो लेलायते बहिः।
वशी सर्वस्य लोकस्य स्थावरस्य चरस्य च॥ (वही, 3.18)

अर्थात् नवद्वार[7] वाले शरीररूपी नगरी में (मानव शरीर में) वह समस्त चर-अचर जगत् के स्वामी प्रकाशमय परमेश्वर स्थित हैं और वही बाह्य जगत् में भी 'लेलायते' अर्थात् लीला कर रहे हैं।

अणोरणीयान् महतो महीयानात्मा गुहायां निहितोऽस्य जन्तोः।
तमक्रतुं पश्यति वीतशोको धातुः प्रसादान्महिमानमीशम्॥ (वही, 3.20)

अर्थात् वह अणु से भी अणु है और महान् से भी महान् है। वह परमात्मा इस जीव की हृदयरूपी गुफा में छिपा हुआ स्थित है। जब जीव उस महिमामय आत्मा को विधाता की कृपा से ईश्वररूप में देखता है (शंकराचार्य के अनुसार **अयम् अहम् अस्मि इति साक्षात् जानाति** अर्थात् यही मैं हूँ इस प्रकार साक्षात् जानता है) तब वह शोकरहित हो जाता है।

ब्रह्म को जान लेनेवाला अर्थात् ब्रह्मज्ञानी कहता है :

वेदाहमेतमजरं पुराणं सर्वात्मानं सर्वगतं विभुत्वात्।
जन्मनिरोधं प्रवदन्ति यस्य ब्रह्मवादिनो हि प्रवदन्ति नित्यम्॥ (वही, 3.21)

अर्थात् मैं जरारहित, सनातन सबकी आत्मा, सर्वव्यापक, सर्वगत, जन्म-मरण के बन्धन से रहित परमेश्वर को जानता हूँ। ब्रह्मवादी निश्चय ही नित्य ब्रह्म का वर्णन करते हैं।

इस उपनिषद् के चौथे अध्याय में परमात्मा और जीवात्मा को दो ऐसे पक्षी बताया गया है जो ऊपरी तौर पर एक समान सुन्दर पंखों से युक्त हैं किन्तु फिर भी दोनों में बहुत अधिक अन्तर है–

द्वा सुपर्णा सयुजा सखाया समानं वृक्षं परिषस्वजाते।

तयोरन्यः पिप्पलं स्वाद्वत्त्यनश्नन्नन्यो अभिचाकशीति। (वही, 4.6)

अर्थात् परस्पर सख्यभाव से सदा साथ-साथ रहनेवाले दो सुपर्ण (सुनहरे पंखों से युक्त) पक्षी एक ही वृक्ष का आसरा लेते हुए रहते हैं। उनमें से एक वृक्ष के फलों को **स्वादु अत्ति** याने स्वाद लेकर खाता है जबकि दूसरा **अश्नन्नन्यो** उनका उपभोग न कर उनको केवल देखता रहता है।

यहाँ शरीर को वृक्ष कहा गया है जिसमें जीवात्मा और ईश्वर दोनों ही रहते हैं। जीवात्मा और परमात्मा दोनों को सुनहरे पंखों से युक्त कहने का तात्पर्य है कि दोनों ही गुणों में समान हैं अर्थात् यहाँ जीवात्मा और परमात्मा को एक ही समान कहा गया है किन्तु दोनों में मुख्य अन्तर यह हो जाता है कि जीवात्मा जहाँ शरीर रूपी वृक्ष के फल के भक्षण के कारण कभी सुख तो कभी दुःख का अनुभव करता है वहाँ आप्तकाम परमात्मा शान्ति से बैठा रहता है।

अगले श्लोक में भी जीव के दुःख की और उसके दुःख-मुक्ति की कहानी कही गयी है :

समाने वृक्षे पुरुषो निमग्नोऽनीशया शोचति मुह्यमानः।

जुष्टं यदा पश्यत्यन्यमीशमस्य महिमानमिति वीतशोकः॥ (वही, 4.7)

अर्थात् उपर्युक्त शरीररूपी एक ही वृक्ष पर आश्रय करनेवाले जीवात्मा और परमात्मा में से जीवात्मा जब तक अपने साथ रहनेवाले परमात्मा को नहीं देखता तब तक इस शरीर में ही आसक्त होकर मोह में निमग्न रहता है तथा शारीरिक भोगों में उलझकर अत्यन्त दीनतापूर्वक (अनीशा) नाना प्रकार के दुःखों को भोगता रहता है। जब कभी वह शान्त (जुष्टं) परमात्मा की आश्चर्यमयी महिमा को पहचान जाता है तब वह शोकरहित हो जाता है।

इसका अर्थ है कि भोगों में लिप्तता जीवात्मा को तत्क्षण तो लुभाती है, सुखकर प्रतीत होती है, किन्तु परिणाम में इनसे मिलनेवाले दुःख और कष्ट जीवात्मा को सताते हैं। ईश्वर की ओर अभिमुख होने पर उसके सारे दुःख, सारे कष्ट, समाप्त हो जाते हैं। वह वीतशोक (शोकरहित) हो जाता है।

यहाँ उपनिषद्कार यह भी कहते हैं कि ईश्वर मनुष्य से कहीं दूर स्वर्ग में या तीर्थस्थलों में नहीं रहता, वह तो उसके साथ ही उसके हृदय में रहता है। हम मद में अन्धे उसे देख नहीं पाते अन्यथा वह तो सूर्य के प्रकाश से भी अधिक प्रकाशवान् है।

सूर्य का प्रकाश एवं अन्य सब रौशनियाँ उसके सामने मद्धिम हैं, अगले सुन्दर श्लोक में यही कहा गया है :

न तत्र सूर्यो भाति न चन्द्रतारकं नेमा विद्युतो भान्ति कुतोऽयमग्निः।
तमेव भान्तमनुभाति सर्वं तस्य भासा सर्वमिदं विभाति॥ (वही, 6.14)

अर्थात् वहाँ (परमात्मा के सामन) न सूर्य चमकता है, न चाँद-तारे। न ही बिजलियाँ उसके सामने अपनी कोई चमक रखती है, अग्नि की तो बात ही क्या है। तात्पर्य यह कि ये सब उसे प्रकाशित नहीं कर सकते। वस्तुतः उसके प्रकाशित होने पर ही यह सूर्यादि चमकते हैं। उसके प्रकाश से ही यह सारा जगत चमकता है। उसके सामने सारी रौशनी फीकी है।

उल्लेखनीय है कि यह सुन्दर श्लोक कठोपनिषद् एवं मुण्डकोपनिषद् में भी है। केनोपनिषद् की प्रसिद्ध इन्द्र एवं यक्ष की कथा भी यही बताती है कि देवतागण उसकी शक्ति से ही प्रकाशित होते हैं, विजयी होते हैं। निम्नलिखित श्लोक में फिर उस सर्वव्यापी अद्वैत सत्ता के ज्ञान को एकमात्र मुक्ति का उपाय बताया गया है।

एको हंसो भुवनस्यास्य मध्ये स एवाग्निः सलिले संनिविष्टः।
तमेव विदित्वाति मृत्युमेति नान्यः पन्था विद्यतेऽयनाय॥ (वही, 6.15)

अर्थात् इस भुवन (ब्रह्माण्ड) के बीच में एक ही हंस अर्थात् परमात्मा परिपूर्ण है। वही अग्नि में स्थित है, वही जल में है। उसे जानकर ही मनुष्य मृत्युरूप समुद्र के पार जा सकता है। मोक्ष के लिए इसके अतिरिक्त और कोई मार्ग नहीं है।

शंकराचार्य के अनुसार यहाँ परमात्मा को हंस इसलिए कहा गया है क्योंकि वह अविद्यादि कारण का हनन करता है। (हंस को नीर-क्षीर विवेक से युक्त कहा जाता है इसीलिए वह विद्या और अविद्या में अन्तर कर पाता है।)

प्रो. सत्यव्रत इस श्लोक की व्याख्या में लिखते हैं कि भुवनरूपी जलाशय के मध्य जो एक हंस है, वही अग्नि होकर जल में भी जा बैठा है। आत्मा से आकाश, आकाश से वायु, वायु से अग्नि और अग्नि से जल–यही तो सृष्टि उत्पत्ति का क्रम है। जल में छिपे हुए अग्निरूपी हंस को जानकर यह जीव मृत्युरूप नदी को पार कर सकता है।

अस्तु, सामान्यतया उपनिषदों के रचयिताओं ने इनमें अपने नामों का उल्लेख नहीं किया है पर इस उपनिषद् के अन्त में श्वेताश्वतर ऋषि के नाम का उल्लेख मिलता है :

तपःप्रभावाद्देवप्रसादाश्च ब्रह्म ह श्वेताश्वतरोऽथ विद्वान्।
अत्याश्रमिभ्यः परमं पवित्रं प्रोवाच सम्यगृषिसंघजुष्टम्॥ (वही, 6.21)

अर्थात् श्वेताश्वतर ऋषि ने तप के प्रभाव एवं परमात्मा के प्रसाद से उस ब्रह्म को जाना (शंकराचार्य के अनुसार 'मैं ब्रह्म हूँ' इस प्रकार का अपरोक्ष ज्ञान प्राप्त किया) और ऋषिसमुदाय से सेवित इस परमपवित्र ब्रह्मतत्त्व का सम्यक् प्रकार से परमहंस संन्यासियों को उपदेश दिया।

श्वेताश्वतर उपनिषद् का शान्तिपाठ है–

ॐ सह नाववतु। सहनौ भुनक्तु। सह वीर्यं करवावहै।

तेजस्वि नावधीतमस्तु। मा विद्विषावहै।
ॐ शान्तिः! शान्तिः!! शान्तिः!!!

ॐ यानी परमात्मा हम गुरु-शिष्य की साथ-साथ सब प्रकार से रक्षा करें, हम दोनों का साथ-साथ समुचित रूप से पालन-पोषण करें, हम दोनों साथ-साथ सब प्रकार से बल प्राप्त करें एवं हम दोनों की अध्ययन की ही हुई विद्या तेजपूर्ण हो। हमारे बीच परस्पर कभी द्वेष न हो।

यह सुन्दर शान्तिपाठ कठोपनिषद् उपनिषद् में भी है। इससे स्पष्ट होता है कि उस काल में गुरु-शिष्य कितने सौहार्दपूर्ण वातावरण में रहते थे।

सन्दर्भ

1. गौतम बुद्ध के बताये चार आर्यसत्य में प्रथम हैं, सर्वं दुःखम्। इस आर्यसत्य में ऐसे ही दुःखों का उल्लेख किया गया है। इनसे मानवजाति सदा से पीड़ित होती आयी है।
2. नारायण स्वामी, उपनिषद् रहस्य, पृ. 454.
3. आग उत्पन्न करनेवाली लकड़ी का टुकड़ा जिससे यज्ञ हेतु अग्नि जलायी जाती थी। सामान्यतया इस हेतु शमी वृक्ष की लकड़ी ली जाती थी। इस कार्य हेतु दो अरणियों की आवश्यकता होती थी जिन्हें एक-दूसरे के ऊपर रखकर आपस में रगड़ा जाता था।
4. तुलनीय-तत्रैकाग्रं मनः कृत्वा यतचित्तेन्द्रियक्रियः। उपविश्यासने युंज्याद्योगमात्माविशुद्धये। अर्थात् आसन पर बैठकर चित्त और इन्द्रियों की क्रियाओं को एकाग्र करके अन्तःकरण की शुद्धि के लिए योग का अभ्यास करें।–भगवद्गीता 6.12
5. प्राणान् प्रपीयेह स युक्तचेष्टः क्षीणे प्राणे नासिकयोच्छ्वसीत। दुष्टाश्वयुक्तमिव वाहमेनं विद्वान् मनो धारयेताप्रमत्तः॥ (श्वेतकेतुता. उप. 2.9) उल्लेखनीय है कि इस तरह की तुलना कठोपनिषद् तथा भगवद्गीता में भी की गयी है।
6. जो तिल माहीं तेल है जो चकमक में आग।
   तेरा साईं तुझ में है जाग सके तो जाग॥
   साहिब तेरी साहिबी सब घट रही समाय।
   ज्यों मेंहदी के पात में लाली लखी न जाय॥ –कबीर
7. दो आँख, दो कान, दो नाक, एक मुख, एक गुदा, एक उपस्थ।

प्रजापति का देव, मानव और दानव से संवाद : दमन, दया और दान का पाठ

पता नहीं कितनी सदियों पुरानी है यह घटना। तब देव और दानव सामान्यतया आपस में एक-दूसरे से भिड़ते रहते थे। मानव प्रायः इनके बीच नहीं आते थे। पर एक बार तीनों ही साथ बैठे। कैसे तो तीनों में कुछ सद्भावना जागी। तीनों को अपनी-अपनी कमियाँ नजर आयीं। पर ठीक-ठीक वे समझ नहीं पा रहे थे कि क्या कुछ करें अपनी कमजोरियों को दूर करने के लिए सो तीनों ने विचार किया कि अपने परमपिता प्रजापति के पास चलकर उनसे ही कुछ सलाह लेते हैं। सो तीनों एक साथ मिलकर प्रजापति के पास पहुँचे। इस तरह दुश्मनों को एक साथ आते देख प्रजापति अत्यन्त प्रसन्न हुए। आख़िर थे तो तीनों उनकी ही सन्तान! आने का कारण पूछा। तब तीनों ने ही बड़ी नम्रता से प्रजापति से उनके अनुकूल शिक्षा की याचना की। प्रजापति के लिए तो यह बहुत सुखद याचना थी! पर ऐसी शिक्षा क्या यूँ ही दे दी जाये? इतनी महत्त्वपूर्ण शिक्षा को ग्रहण करने का समुचित मनस भी तो होना चाहिए न। अतः कुछ सोचकर प्रजापति ने पहले उन्हें ब्रह्मचर्य व्रत का पालन करते हुए कुछ काल तक अपने आश्रम में रहने का आदेश दिया।

पर्याप्त काल तक (कितने काल तक, यह यहाँ नहीं बताया गया है) ब्रह्मचर्यावास करने के अनन्तर तीनों प्रजापति के समक्ष शिष्यभाव से उपस्थित हुए। करबद्ध हो उनसे उपदेश देने की प्रार्थना की। सबसे पहले यह प्रार्थना देवों ने की। **ब्रवीतु नो भवानिति** अर्थात् भगवन् हमें उपदेश करें। इस पर प्रजापति ने उन्हें उपदेश में केवल एक अक्षर कहा और वह था **द**। केवल एक अक्षर में दिये गये उपदेश को समझना सरल नहीं होता इसलिए प्रजापति ने देवताओं से पूछा, 'मेरे कहने का तात्पर्य समझ गये?' देवताओं ने स्वीकृति में सिर हिलाया। इस पर प्रजापति ने एक अच्छे गुरु के समान पूछा, 'अच्छा, समझ गये हो तो बताओ तुम्हारे प्रति कहे गये 'द' अक्षर की शिक्षा क्या है?'

इस पर देवों ने कहा, आपने हमें **दाम्यत इति** यानी 'दमन' करने का उपदेश दिया है। हम देवतागण अत्यधिक भोगविलास के मध्य रहते हैं। यह भोगविलास हमें इन्द्रियसुख में निमग्न कर देते हैं। यह भाव हमारे भीतर वैर और वैमनस्य का कारण बनता है। अतः आपने हमें 'दमन' का उपदेश देकर कृतार्थ किया है। यह सुन प्रजापति प्रसन्न होकर बोल उठे **व्यज्ञासिष्टेति** अर्थात् ठीक है, तुम समझ गये (बृह. उप. 5.2.1)।

अब पारी मानवों की थी। मानवों ने भी उनसे उपदेश की प्रार्थना की, **ब्रवीतु नो भवानिति**। इस पर प्रजापति ने उन्हें भी उपदेश में वही एक अक्षर **द** कहा जो देवों को कहा था। पर क्या केवल एक अक्षर में दिये गये उपदेश को समझना मानव के लिए सरल होगा? शायद नहीं। इसीलिए प्रजापति ने मानवों से पूछा, 'मेरे कहने का तात्पर्य समझ गये?' मानवों ने भी स्वीकृति में सिर हिलाया। इस पर प्रजापति ने पूछा, 'समझ गये हो तो बताओ तुम्हारे प्रति कहे गये **द** अक्षर की शिक्षा क्या है?' उत्तर में मानवों ने कहा, **दत्त इति** अर्थात् 'द' से हमारे लिये आपका उपदेश है, दान करो। तुम स्वभावतः लोभी हो अतः यथाशक्ति दान करो। इसके सिवा आप हमारे हित की और क्या बात कहेंगे? ...यह सुन प्रजापति प्रसन्न होकर बोल उठे **व्यज्ञासिष्टेति** अर्थात् ठीक है, तुम समझ गये (बृह. उप. 5.2.2)।

अन्त में दानवों की पारी आयी। उन्होंने भी करबद्ध हो विनम्रतापूर्वक पूछा, **ब्रवीतु नो भवानिति** अर्थात् भगवन्! हमें भी उपदेश दीजिये। इस पर प्रजापति ने देवों और मानवों के समान उन्हें भी उपदेश में केवल एक अक्षर कहा **द**। पर केवल एक अक्षर में दिये गये उपदेश को समझना क्या दानवों के लिए सम्भव होगा? दानवों के लिए तो यह और भी कठिन होगा। इसीलिए प्रजापति ने उनसे भी पूछा, 'मेरे कहने का तात्पर्य समझ गये?' दानवों ने स्वीकृति में सिर हिलाया। पर सिर हिलाने से क्या होता है। इसीलिए प्रजापति ने उनसे भी पूछा, 'अच्छा, समझ गये हो तो बताओ तुम्हारे प्रति कहे गये द अक्षर की शिक्षा क्या है?' उत्तर में दानवों ने कहा, 'द' से हमारे लिये आपका उपदेश है, **दयध्वं इति** यानी दया करो।...हम लोग स्वभावतः दुष्ट प्रवृत्ति के हैं अतः हमें अपने भीतर दया की भावना जगाते रहना चाहिए। निश्चय ही यही हमारे प्रति 'द' का उपदेश होगा। इसके सिवा आप हमारे हित की और क्या बात कहेंगे? यह सुन प्रजापति प्रसन्न होकर बोल उठे **व्यज्ञासिष्टेति** अर्थात् ठीक है, तुमने ठीक समझा (वही, 5.2.3)।

आगे उपनिषद्कार कहते हैं कि देवों, मानवों और दानवों को दिया गया यह अनुशासन आज भी मेघगर्जना के रूप में दैवी वाक् द्वारा **द द द** इस प्रकार अनुनाद करता है। इस तरह मेघगर्जना मानो देवताओं, मानवों और दानवों को **दाम्यत-दत्त-दयध्वम्**, दमन करो, दान करो, दया करो का उपदेश देती है।

वैसे मानव के सन्दर्भ में यदि हम कहें तो मानव में ही अन्य दो प्रवृत्तियाँ अर्थात् दैवी और दानवी प्रवृत्ति छिपी रहती हैं। देव और दानव ने प्रजापति का उपदेश कितना ग्रहण किया, नहीं मालूम, किन्तु मानव के लिए यह कथा एक सुन्दर सीख देती है, वह यह कि अपने भीतर छिपी दैवी प्रवृत्ति को उभारने के लिए वह भोग-विलास का दमन करें, मानवी प्रवृत्ति को उभारने के लिए दान करें और दानवी प्रवृत्ति को दबाने के लिए अपने से कमज़ोर पर दया करें।

28. बृहदारण्यक उपनिषद् से

याज्ञवल्क्य और राजा जनक के मध्य संवाद : अभय ब्रह्म

बृहदारण्यक उपनिषद् में याज्ञवल्क्य और राजा जनक के मध्य अनेक गूढ़ दार्शनिक प्रश्नों पर सुन्दर ढंग से, सरलता से समझ में आ जानेवाले संवादों के माध्यम से विचार हुआ है। इन्हीं संवादों में से एक संवाद यह भी है।

इस संवाद की विशेषता यह है कि इसमें जनक को शिक्षा देने के पूर्व एक श्रेष्ठ गुरु के समान याज्ञवल्क्य राजा जनक से पहले यह पूछते हैं कि वे अपनी शिक्षा बतायें अर्थात् यह बतायें कि किस गुरु ने उन्हें कौन-सी शिक्षा दी है। याज्ञवल्क्य जानते थे कि राजा जनक के दरबार में अक्सर ज्ञानी तपस्वी आया करते हैं जिनसे जिज्ञासु जनक रुचिपूर्वक तथा ध्यानपूर्वक वार्त्तालाप किया करते हैं, इसीलिए इस बार जब वे राजा के दरबार में आये तो राजा जनक को शिक्षा देने हेतु सबसे पहले राजा से पूछा कि अन्य गुरुओं ने उन्हें क्या बताया है।

पर इससे भी पूर्व यहाँ जनक के दरबार में पधारे महर्षि याज्ञवल्क्य से जनक का हुआ रोचक संवाद उल्लेखनीय है। याज्ञवल्क्य के आने पर उनके आगमन का कारण जानने के लिए जनक उनसे पूछते हैं कि महर्षि किस लिये आये हैं? पशु (धन) की इच्छा से अथवा तात्त्विक ज्ञान प्रदान करने की इच्छा से? इस पर याज्ञवल्क्य कहते हैं **उभयमेव सम्राट्** अर्थात् हे सम्राट्, दोनों की इच्छा से आया हूँ (बृ. उप. 4.1.1)।

अस्तु, इसके बाद याज्ञवल्क्य के कहने पर कि पहले आप अपनी शिक्षा बतायें, जनक एक के बाद एक छह गुरुओं से प्राप्त शिक्षा का उल्लेख करते हैं। सबसे पहले वे कहते हैं कि शिलिन के पुत्र जित्वा ने मुझसे कहा है कि **वाक्** ही ब्रह्म है क्योंकि वाणी अत्यन्त महत्त्वपूर्ण है। जो बोल नहीं पाता उसे क्या लाभ हो सकता है? इस पर याज्ञवल्क्य राजा से पूछते हैं कि क्या जित्वा ने आपको वाक् का **आयतन** (शरीर) और उसकी **प्रतिष्ठा** (जो तीनों कालों में उसका आश्रय हो) बतलायी हैं? राजा द्वारा 'नहीं बतलायी' कहने पर याज्ञवल्क्य कहते हैं कि तब तो उन्होंने आपको एक पादवाला (आंशिक) ब्रह्म ही बतलाया है। वस्तुतः इसका आयतन वाक् ही है पर प्रतिष्ठा आकाश है। उसकी **प्रज्ञा** के रूप में उपासना करें।

इस पर जनक महर्षि से 'प्रज्ञता' के विषय में पूछते हैं। तब याज्ञवल्क्य कहते हैं कि वाक् ही प्रज्ञता है। वाक् से ही बन्धु का ज्ञान होता है। सारे वेद, इतिहास, पुराण, आशित (भूखे को भोजन कराने से होनेवाले धर्म) और पायित (प्यासे को पानी पिलाने से होनेवाले धर्म) का ज्ञान, लोक, परलोक आदि का ज्ञान भी वाणी से ही होता है। हे सम्राट्! वाक् ही परब्रह्म है। इस प्रकार उपासना करनेवाले को वाक् नहीं त्यागता। सम्पूर्ण भूत उसे उपहार देते हैं। जो विद्वान् वाक् की इस तरह उपासना करते हैं वह देव होकर देवों को प्राप्त होते हैं। पर वाक् एक पादवाला ब्रह्म है। सम्पूर्ण ब्रह्म नहीं।

याज्ञवल्क्य की बातों से राजा जनक अत्यन्त प्रभावित हुए। प्रसन्न होकर वे बोल पड़े, 'हे महर्षि! मैं आपको हाथी के समान बैल उत्पन्न करनेवाली सहस्त्र गाएँ देता हूँ।' इस पर याज्ञवल्क्य सुन्दर बात कहते हैं, 'मेरे पिता का विचार था कि शिष्य को उपदेश द्वारा कृतार्थ किये बिना उसका धन नहीं लेना चाहिए (वही 4.1.2)।'

याज्ञवल्क्य फिर जनक से पूछते हैं कि आपको जिस किसी आचार्य ने जो कुछ कहा है, वह हमें बताइये। इस पर जनक बताते हैं कि मुझे शुल्ब के पुत्र उदंक ने कहा है कि **प्राण** ही ब्रह्म है क्योंकि प्राण-क्रिया न करनेवाले को क्या लाभ हो सकता है (हानि ही है)?

यह सुन याज्ञवल्क्य कहते हैं कि उन्होंने ठीक ही कहा है कि **प्राण** ही ब्रह्म है किन्तु क्या उन्होंने इसके आयतन (शरीर) और प्रतिष्ठा (जो तीनों कालों में आश्रय हो) के विषय में भी कुछ कहा है? जनक द्वारा 'ना' कहने पर याज्ञवल्क्य कहते हैं कि ब्रह्म को प्राण कहना एक पादवाले ब्रह्म (आंशिक ब्रह्म) का वर्णन है। प्राण का आयतन प्राण है और उसकी प्रतिष्ठा आकाश है। प्राण की **प्रिय रूप** में उपासना करनी चाहिए।

जनक के पुनः पूछने पर कि प्राण की 'प्रियता' क्या है, याज्ञवल्क्य कहते हैं कि 'प्राण की प्रियता' के कारण ही व्यक्ति अयाज्य से यजन कराते हैं, अर्थात् जो योग्य याज्ञिक नहीं है उससे भी प्राणों की रक्षा के लिए यज्ञ करवाते हैं। प्रतिग्रह न लेने योग्य से प्रतिग्रह लेते हैं अर्थात् जिससे एवं जिस प्रकार का खाद्य सामान्यतया ग्रहण नहीं करते उससे भी प्राण की रक्षा के लिए ग्रहण करते हैं (जैसे छान्दोग्य उपनिषद् की कथा में ऋषि उषस्ति ने प्राणों की रक्षा के लिए महावत से जूठे उड़द खाये थे)[1] तथा जिस दिशा में जाते हैं उसमें ही वध की आशंका करते हैं अर्थात् सदैव शंकालु बने रहते हैं कि कोई प्राणों का हरण न कर ले। अतः प्राण की ब्रह्म रूप में उपासना करनी चाहिए। इस प्रकार उपासना करनेवाले को प्राण नहीं त्यागता। सम्पूर्ण भूत उसे उपहार देते हैं। जो विद्वान् इसकी इस तरह उपासना करते हैं वे देव होकर देवों को प्राप्त होते हैं... पर, जनक को याज्ञवल्क्य फिर सावधान करते हैं, प्राण भी एक पादवाला ब्रह्म है, सम्पूर्ण ब्रह्म नहीं।

याज्ञवल्क्य की बातों से राजा जनक फिर अत्यन्त प्रभावित हुए। प्रसन्न होकर वे बोल पड़े, 'हे महर्षि! मैं आपको हाथी के समान बैल उत्पन्न करनेवाली सहस्त्र गाएँ देता हूँ।' इस पर याज्ञवल्क्य पुनः कहते हैं, 'मेरे पिता का विचार था कि शिष्य को उपदेश द्वारा कृतार्थ किये बिना उसका धन नहीं लेना चाहिए (वही 4.1.3)।'

इसके बाद याज्ञवल्क्य पुनः पूछते हैं कि आपको जिस आचार्य ने जो बताया है, वह अपनी शिक्षा बतायें। इस पर जनक कहते हैं कि वृष्ण के पुत्र बर्कु ने मुझसे कहा है कि **चक्षु** ही ब्रह्म हैं क्योंकि चक्षु अत्यन्त महत्त्वपूर्ण है। जो देख नहीं पाता उसे क्या लाभ हो सकता है? इस पर याज्ञवल्क्य राजा से पूछते हैं कि क्या बर्कु ने आपको चक्षु की प्रतिष्ठा और आयतन (शरीर) बतलाये हैं? राजा द्वारा 'नहीं बतलाये' कहने पर याज्ञवल्क्य कहते हैं कि तब तो उन्होंने आपको एक पादवाला ब्रह्म ही बतलाया है। वस्तुतः इसका आयतन चक्षु ही है और प्रतिष्ठा आकाश है। इसकी **सत्य** के रूप में उपासना करें।

इस पर जनक महर्षि से **सत्यता** के विषय में पूछते हैं। तब याज्ञवल्क्य कहते हैं कि **चक्षु** ही सत्यता है। चक्षु से देखनेवाले से जब पूछा जाता है कि क्या तूने स्वयं देखा और जब वह कहता है कि हाँ, मैंने अपनी आँखों से देखा, तो वह सत्य होता है। अतः हे सम्राट्! चक्षु ही परब्रह्म है। इस प्रकार चक्षु की उपासना करनेवाले को चक्षु नहीं त्यागता। सम्पूर्ण भूत उसे उपहार देते हैं। जो विद्वान् इसकी इस तरह उपासना करते हैं वे देव होकर देवों को प्राप्त होते है, पर चक्षु भी एक पादवाला ब्रह्म है, सम्पूर्ण ब्रह्म नहीं।

याज्ञवल्क्य की बातों से राजा जनक फिर अत्यन्त प्रभावित हुए। प्रसन्न होकर वे बोल पड़े, 'हे महर्षि! मैं आपको हाथी के समान हृष्टपुष्ट बैल उत्पन्न करनेवाली सहस्त्र गाएँ देता हूँ।' इस पर याज्ञवल्क्य पुनः वही सुन्दर बात दोहराते हैं, 'मेरे पिता का विचार था कि शिष्य को उपदेश द्वारा कृतार्थ किये बिना उसका धन नहीं लेना चाहिए (वही, 4.1.4)।'

इसके बाद याज्ञवल्क्य फिर जनक से पूछते हैं कि आपको जिस किसी आचार्य ने जो कुछ कहा है वह हमें बताइये। इस पर जनक बताते हैं कि मुझे भारद्वाज गोत्र में उत्पन्न गर्दभी विपीत ने कहा है कि **श्रोत्र** ही ब्रह्म है। तब याज्ञवल्क्य कहते हैं कि उन्होंने ठीक ही कहा है कि श्रोत्र ही ब्रह्म है किन्तु क्या उन्होंने इसके आयतन और प्रतिष्ठा के विषय में भी कहा है? जनक द्वारा इस बार भी 'ना' कहने पर याज्ञवल्क्य कहते हैं कि ब्रह्म को श्रोत्र कहना एक पादवाले ब्रह्म का वर्णन है। श्रोत्र का आयतन श्रोत्र है और उसकी प्रतिष्ठा आकाश है। इसकी **अनन्त** के रूप में उपासना करनी चाहिए।

जनक के पुनः पूछने पर कि **अनन्तता** क्या है, याज्ञवल्क्य कहते हैं कि श्रोत्र की अनन्तता के कारण ही व्यक्ति जिस किसी दिशा में जाता है वह उसका अन्त नहीं

पाता। अतः हे सम्राट्! दिशाएँ ही श्रोत्र हैं और श्रोत्र ही परब्रह्म हैं। इस प्रकार श्रोत्र की उपासना करनेवाले को श्रोत्र नहीं त्यागता। सम्पूर्ण भूत उसे उपहार देते हैं। जो विद्वान् इसकी इस तरह उपासना करते हैं वे देव होकर देवों को प्राप्त होते हैं, पर, याज्ञवल्क्य पुनः पूर्ववत् दोहराते हैं...श्रोत्र भी एक पादवाला ब्रह्म है, सम्पूर्ण ब्रह्म नहीं।

इस बार भी याज्ञवल्क्य की बातों से राजा जनक पूर्ववत् अत्यन्त प्रभावित हुए और प्रसन्न होकर बोल पड़े, 'हे महर्षि! मैं आपको हाथी के समान हृष्टपुष्ट बैल उत्पन्न करनेवाली सहस्त्र गाएँ देता हूँ।' किन्तु याज्ञवल्क्य पुनः वही सुन्दर बात कहते हैं, 'मेरे पिता का विचार था कि शिष्य को उपदेश द्वारा कृतार्थ किये बिना उसका धन नहीं लेना चाहिए (वही, 4.1.5)।'

इसके बाद याज्ञवल्क्य फिर जनक से पूछते हैं कि आपको जिस किसी आचार्य ने जो कुछ कहा है वह बतायें, हम भी सुनें। इस बार जनक बताते हैं कि मुझे जाबाला के पुत्र सत्यकाम ने कहा है कि **मन** ही ब्रह्म है। तब याज्ञवल्क्य कहते हैं कि उन्होंने ठीक ही कहा है कि मन ही ब्रह्म है किन्तु क्या उन्होंने इसके आयतन और प्रतिष्ठा के विषय में भी कहा है? जनक द्वारा इस बार भी 'न' कहने पर याज्ञवल्क्य कहते हैं कि ब्रह्म को मन कहना एक पादवाले ब्रह्म का वर्णन है। मन का आयतन मन है और उसकी प्रतिष्ठा आकाश है। इसकी **आनन्द** के रूप में उपासना करनी चाहिए।

जनक के पूछने पर कि **आनन्दता** क्या है, याज्ञवल्क्य कहते हैं कि मन की आनन्दता के कारण ही व्यक्ति स्त्री की इच्छा करता है। उससे जब अनुरूप पुत्र उत्पन्न करता है तो उसे आनन्द की प्राप्ति होती है। अतः हे सम्राट! मन ही परब्रह्म है। इस प्रकार मन की उपासना करनेवाले को मन कभी नहीं त्यागता। सम्पूर्ण भूत उसे उपहार देते हैं। जो विद्वान् इसकी इस तरह उपासना करते हैं वे देव होकर देवों को प्राप्त होते हैं पर...मन भी एक पादवाला ब्रह्म है सम्पूर्ण ब्रह्म नहीं, जनक को याज्ञवल्क्य यह बतलाना नहीं भूलते।

इस बार भी याज्ञवल्क्य की बातों से राजा जनक अत्यन्त प्रभावित हुए और प्रसन्न होकर बोल पड़े, 'हे महर्षि! मैं आपको हाथी के समान हृष्टपुष्ट बैल उत्पन्न करनेवाली सहस्त्र गाएँ देता हूँ।' किन्तु याज्ञवल्क्य पुनः वही बात कहते हैं, 'मेरे पिता का विचार था कि शिष्य को उपदेश द्वारा कृतार्थ किये बिना उसका धन नहीं लेना चाहिए (वही 4.1.6)।'

इसके बाद याज्ञवल्क्य फिर जनक से पूछते हैं कि आपको जिस किसी आचार्य ने जो कुछ कहा है वह बतायें, हम भी सुनें। इस बार जनक बताते हैं कि मुझे विदग्ध शाकल्य ने कहा है कि **हृदय** ही ब्रह्म है। तब याज्ञवल्क्य कहते हैं कि उन्होंने ठीक ही कहा है कि हृदय ही ब्रह्म है किन्तु क्या उन्होंने इसके आयतन और प्रतिष्ठा के विषय में भी बताया है? जनक द्वारा 'नहीं बताया' कहने पर याज्ञवल्क्य कहते हैं कि ब्रह्म को हृदय कहना

एक पादवाले ब्रह्म का वर्णन है। हृदय का आयतन हृदय है और उसकी प्रतिष्ठा आकाश है। इसकी **स्थिति** के रूप में उपासना करनी चाहिए।

जनक के पूछने पर कि **स्थितता** क्या है, याज्ञवल्क्य कहते हैं कि हृदय ही स्थितता है। अतः हे सम्राट्! हृदय ही समस्त भूतों का आयतन है, हृदय में ही समस्त भूत प्रतिष्ठित होते हैं। हृदय ही परमब्रह्म है। इस प्रकार हृदय की उपासना करनेवाले को उसका हृदय कभी नहीं त्यागता। सम्पूर्ण भूत उसे उपहार देते हैं। जो विद्वान् हृदय की इस तरह उपासना करते हैं वे देव होकर देवों को प्राप्त होते हैं...पर हृदय भी एक पादवाला ब्रह्म है, सम्पूर्ण ब्रह्म नहीं।

इस बार भी याज्ञवल्क्य की बातों से राजा जनक अत्यन्त प्रभावित हुए और प्रसन्न होकर बोल पड़े, 'हे महर्षि! मैं आपको हाथी के समान हृष्टपुष्ट बैल उत्पन्न करनेवाली सहस्त्र गाएँ देता हूँ।' किन्तु याज्ञवल्क्य पुनः वही बात कहते हैं, 'मेरे पिता का विचार था कि शिष्य को उपदेश द्वारा कृतार्थ किये बिना उसका धन नहीं लेना चाहिए (वही, 4.1.7)।'

हर बार के समान अभी भी याज्ञवल्क्य जनक से उनको प्राप्त शिक्षा के सम्बन्ध में और कुछ पूछते, इसके पहले ही याज्ञवल्क्य के उपदेशों से अत्यन्त प्रभावित विदेहराज अपने सिंहासन पर उठ खड़े हुए। करबद्ध हो वे महर्षि के समीप पहुँचें। शीश झुकाकर उन्हें प्रणाम किया और फिर कहा, 'भगवन् मुझे उपदेश दीजिये।'

वस्तुतः अब तक राजा जनक ने जिन गुरुओं से जो कुछ जाना था, वह सब याज्ञवल्क्य को कह सुनाया था, अब वे अपने इस श्रेष्ठ गुरु से शिक्षा चाहते थे इसलिए वे सिंहासन से उठकर महर्षि के सामने नतमस्तक हो कहते हैं, 'भगवन्! मुझे उपदेश दीजिये।'

इस पर महर्षि ने कहा, 'राजन्! जिस प्रकार लम्बे मार्ग पर जानेवाला पुरुष आवश्यकतानुसार कभी रथ तो कभी नौका का आश्रय लेता है, उसी प्रकार आप इन प्राणादि ब्रह्म की उपासना करके समाहितचित्त हो गये हैं। पर शरीर छोड़ने के बाद आप कहाँ जायेंगे, क्या जानते हैं?' जनक अचम्भित से कहते हैं, 'मुझे नहीं मालूम मैं कहाँ जाऊँगा? कृपया भगवन् मुझे बतायें।'

और तब याज्ञवल्क्य जनक को **अभय ब्रह्म** का ज्ञान कराते हैं। पहले वे शरीर की जागृत अवस्था का वर्णन करते हैं जहाँ आत्मतत्त्व का जागृतस्थान आँखें होती हैं। दूसरी शरीर की स्वप्नावस्था होती है जहाँ आत्मतत्त्व का स्थान होता है, हृदय। तीसरी शरीर की सुषुप्तावस्था होती है, यहाँ आत्मतत्त्व का स्थान प्राण होता है। वस्तुतः आत्मतत्त्व सोता-जागता नहीं है, शरीर ही सोता-जागता है। शरीर की इन अवस्थाओं के अनुसार ही आत्मतत्त्व स्थान बदलते रहता है। इन तीन अवस्थाओं के अतिरिक्त आत्मा की एक चौथी अवस्था भी है। इसमें वह तुरीय अवस्था में होता है। यह आत्मा का अनिर्वचनीय रूप है।

इसीलिए इसे **नेति नेति** (न इति न इति) कहा जाता है। इस तक बिरला ही पहुँच पाता है। इस अवस्था में आत्मा अग्राह्य है, अशीर्य है, असंग है, बन्धनरहित है, नाशरहित और व्यथारहित है।

वस्तुतः आत्मा और परमात्मा के एकत्व का ज्ञान ही मनुष्य को अभय करता है। ईशावास्योपनिषद् में कहा गया है **तत्र को मोहः कः शोक एकत्वमनुपश्यतः ॥ 7 ॥** आत्मा और परमात्मा के एकत्व का अनुभव करनेवाले के लिए कौन-सा मोह और कौन सा शोक रह जाता है? यही अभयता की अवस्था है।

राजा जनक को इतनी शिक्षा देने के बाद याज्ञवल्क्य कहते हैं, 'हे राजन्, आपने उपनिषदों का ज्ञान प्राप्त करके आत्मतत्त्व को पहचान लिया है, अतः यहाँ से छूटकर आप इसी अग्राह्य, अशीर्य, असंग रूप में पहुँच जायेंगे ...आप अभयब्रह्म को प्राप्त करेंगे। अन्त में यह याज्ञवल्क्य यह भी कहते हैं कि आप निश्चय ही अभय को प्राप्त हो गये हैं।

यह सुनकर जनक बोल पड़ते हैं, 'आत्मा का दान करनेवाले आपको मैं इस विद्या के बदले में क्या दूँ? आपने मुझे जिस पद तक पहुँचाया है, आपको भी वह पद प्राप्त हो, मेरा आपको नमस्कार है। यह विदेहराज्य आपका ही है, आप यथेच्छ इसका भोग करें ...और यह मैं भी दासभाव से आपके चरणों में स्थित होता हूँ।'

ऐसा कहते हुए जनक महर्षि के चरणों में अपने राज्य को और स्वयं को भी समर्पित कर देते हैं (वही 4.2.4)।

अस्तु, इस तरह संवाद का सुन्दर अन्त होता है। उपर्युक्त संवाद में ब्रह्म को अन्य मनीषियों द्वारा वाक्, प्राण, चक्षु, श्रोत्र, मन तथा हृदय कहे जाने के सन्दर्भ में प्रो. सिद्धान्तालंकार लिखते हैं कि इस उपदेश में पिण्ड के वाणी–ब्रह्म, प्राण-ब्रह्म, चक्षु-ब्रह्म, श्रोत्र-ब्रह्म, मन-ब्रह्म, हृदय-ब्रह्म से चलकर ब्रह्माण्ड के प्रज्ञा-ब्रह्म, प्रिय-ब्रह्म, सत्य-ब्रह्म, अनन्त-ब्रह्म, आनन्द-ब्रह्म, स्थित-ब्रह्म तक पहुँचने का वर्णन किया गया है। संसार में प्रज्ञता, प्रियता, सत्यता, अनन्तता, आनन्दता एवं स्थितता ब्रह्म के आकाश की तरह सर्वव्यापी रूप हैं। उन्हें पकड़ने की डोरियाँ हैं वाक्, प्राण, चक्षु श्रोत्र, मन और हृदय। वाणी अपनी छोटी-सी प्रज्ञा के सहारे अनन्त प्रज्ञा को ढूँढ़ लेती है। प्राण अपनी छोटी-सी प्रियता के सहारे उस प्रेममय को पा लेता है, चक्षु छोटे-से सत्य का दर्शन करते-करते महान् सत्य तक पहुँच जाता है, श्रोत्र छोटी-छोटी ध्वनि को सुनकर ब्रह्म के अनन्त नाद को सुन लेता है, मन संसार के विषयों में थोड़ा-सा भी आनन्द लेकर आनन्द के उस असीम भण्डार का स्मरण कर लेता है, हृदय चंचलता छोड़कर एक क्षण के लिए भी जब स्थिर होता है तो वह स्थिरता महान् स्थिर ब्रह्म की एक झलक होती है। संसार में जहाँ भी प्रज्ञा है उसी का रूप है, जहाँ भी प्रियता है उसी का रूप है, जहाँ भी सत्य है उसी का रूप है, जहाँ भी अनन्तता है उसी का रूप है, जहाँ भी आनन्द है, उसी का रूप है और जहाँ भी स्थिति है उसी का रूप है। ब्रह्म के इन रूपों कों पकड़ने के लिए

ही वाणी, प्राण, चक्षु, श्रोत्र, मन, हृदय उसी के दिये हुए साधन हैं।[2]

अन्त में हम कहेंगे कि याज्ञवल्क्य का तेज इस पूरे संवाद में दिखायी देता है। जैसा कि हमने देखा, यहाँ वे शिष्य से लगातार उसकी शिक्षा के विषय में पूछते जाते हैं। जिस-जिस ने जनक को जो-जो शिक्षा दी है, उसकी पहले प्रशंसा करते हैं फिर विनम्रतापूर्वक उसकी खामियाँ भी बताते चलते हैं...और सबसे बड़ी बात वे जनक से तब तक कुछ ग्रहण नहीं करते जब तक कि जनक को पूरी तरह सन्तुष्ट नहीं कर लेते।

आधुनिक गुरुजन यहाँ याज्ञवल्क्य से सीख ले सकते हैं।

सन्दर्भ

1. देखिये,संवाद क्र. 8.
2. एकादशोपनिषद्, पृ. 525.

29. बृहदारण्यक उपनिषद् से

याज्ञवल्क्य और अन्य ब्राह्मणों के मध्य संवाद : वृक्ष और मानव में समानता

बृहदारण्यक उपनिषद् में जनक की सभा में महर्षि याज्ञवल्क्य एक स्थान पर वृक्ष और मानव की सुन्दर तुलना करते हैं। यह तुलना बताती है कि प्राचीन काल में जब भारत घने जंगलों से घिरा था, तब भी वृक्षों के प्रति कितनी संवेदना हमारे ऋषियों के मन में थी। वृक्षों को यहाँ मानव के समान ही माना गया है। अवश्य यहाँ यह उल्लेख नहीं है कि वृक्ष को काटने पर उसे भी मानव के समान दर्द होता है, या वे भी सुख और दुःख का अनुभव करते हैं, जैसा कि प्रसिद्ध वैज्ञानिक सर जगदीशचन्द्र बोस[1] ने सिद्ध किया था, किन्तु बृहदारण्यक उपनिषद् में यहाँ दोनों में तुलना यह स्पष्ट करती है कि ऐसा सम्भव है, वृक्ष भी मानव के समान सुख-दुःख का अनुभव करते हैं।

इसी उपनिषद् में आये पूर्व में उल्लिखित संवाद क्र.4 (**महर्षि याज्ञवल्क्य का गार्गी से संवाद**) में जनक की सभा में शाकल्य से हुए संवाद के बाद जब याज्ञवल्क्य कहते हैं कि आप में से जिसकी इच्छा हो मुझसे ब्रह्म विषयक प्रश्न कर सकता है, या आप चाहे तो मैं आपसे प्रश्न करूँ, तब किसी ब्राह्मण ने याज्ञवल्क्य को कोई उत्तर नहीं दिया। इस तरह याज्ञवल्क्य श्रेष्ठ ब्राह्मण घोषित हुए। किन्तु इसके बाद वे अनायास उठकर नहीं चले गये। उन्होंने अपनी ओर से वहाँ उपस्थित ब्राह्मणों को बताया :

यथा वृक्षो वनस्पतिस्तथैव पुरुषोऽमृषा।
तस्य लोमानि पर्णानि त्वगस्योत्पाटिका बहिः॥
त्वच एवास्य रुधिरं प्रस्यन्दित्वच उत्पटः।
तस्मात्तदातृण्णात् प्रैति रसो वृक्षादिवाऽऽहतात् ॥ (बृह. उप. 3.9.1-2)

अर्थात् वनस्पतियों में जैसे वृक्ष होता है, पुरुष भी वैसा ही होता है, यह बिल्कुल सत्य है। वृक्ष के जैसे पत्ते होते हैं और पुरुष शरीर में वैसे ही रोएँ होते हैं। पुरुष के शरीर में जैसे त्वचा होती है, वृक्ष के बाहरी भाग में छाल होती है। पुरुष की त्वचा पर आघात लगने पर उससे रक्त चूता है तो वृक्ष की छाल को काटने पर गीला रस

निकलता है (जो गोंद बनता है)।

आगे वे कहते हैं, 'पुरुष के शरीर में मांस होता है तो वृक्ष के भीतर शकर (छाल के भीतर का नरम अंश) होता है। पुरुष के शरीर के भीतर जैसे शिराएँ (नाड़ियाँ) होती हैं वैसे ही वृक्ष में किनाट (रेशे) होते है जो शिराओं की भाँति ही स्थिर होते हैं। पुरुष के शरीर में जैसे हड्डियाँ होती है इसी प्रकार वृक्ष के भीतर हड्डी के समान कठोर काष्ठ होता है। दोनों के भीतर मज्जा समान ही होती है (वही, 3.9.3)।'

किन्तु अगले श्लोक में महर्षि वृक्ष और मनुष्य में एक बड़ा अन्तर भी बताते हैं। वृक्ष को यदि काट डाला जाये तो वह अपने मूल से और भी नवीन होकर अंकुरित हो जाता है किन्तु यही स्थिति मनुष्य के साथ नहीं दिखायी देती। मनुष्य को काटने पर वह मर ही जाता है। इसके अतिरिक्त मनुष्य का अंग काटने पर वहाँ से नया अंग नहीं निकलता जबकि वृक्ष की शाखा काटने पर नयी शाखा निकल आती है।

यह अन्तर एक नवीन चिन्तन को जन्म देता है। यहाँ प्रश्न उठता है कि क्या मरने पर मनुष्य पूर्णतः नष्ट हो जाता है? किन्तु पुनर्जन्म का सिद्धान्त तो कहता है कि वह पुनः संसार में जन्म लेता है। पर कैसे?

आगे याज्ञवल्क्य ब्राह्मणों से प्रश्न करते हैं कि मृत्यु हो जाने पर वह **कस्मात्मूलात् प्ररोहति** अर्थात् किस मूल से उत्पन्न होगा? ब्राह्मणों के चुप रहने पर वे ही आगे कहते हैं, 'यदि यहाँ ऐसा कहे कि वह वीर्य से उत्पन्न होगा तो यह ठीक नहीं है क्योंकि वीर्य तो जीवित मनुष्य से उत्पन्न होता है, मृत से नहीं। अवश्य वृक्ष भी बीज से उत्पन्न होता है किन्तु बीज से उत्पन्न होनेवाला वृक्ष भी कट जाने पर पुनः अंकुरित होकर उत्पन्न होता है, ऐसा प्रत्यक्ष देखा जाता है। हाँ, यदि वृक्ष को मूल सहित उखाड़ दिया जाये तो वह फिर उत्पन्न नहीं होगा किन्तु मृत्यु द्वारा छेदित होने पर भी मनुष्य पुनः उत्पन्न होता है (शंकराचार्य यहाँ कहते हैं कि मरने के बाद जीवन होता ही है अन्यथा न किये हुए की प्राप्ति और किये हुए के नाश का प्रसंग आ जायेगा)।'

तो यहाँ प्रश्न उठता है कि ऐसी स्थिति में वह किस मूल से उत्पन्न होता है? याज्ञवल्क्य उपस्थित ब्राह्मणों की ओर उत्तर की आशा से देखते हैं किन्तु वे सब-के-सब इस प्रश्न पर भी मौन बने रहे। किसी से उत्तर देते नहीं बना (चूँकि ब्राह्मणगण यहाँ मौन रहे, अतः हम इसे संवाद नहीं कह सकते पर याज्ञवल्क्य ने उनसे प्रश्न तो किया ही था)।

अन्ततः याज्ञवल्क्य स्वयं ही उत्तर देते हुए कहते हैं–

जात एव न जायते कोन्वेनं जनयेत पुनः ।

विज्ञानमानन्दं ब्रह्म रातिर्दातुः परायणं तिष्ठमानस्य तद्विद इति ॥ (वही, 3.9.7)

अर्थात् आत्मा जात ही है यानी सदा बना हुआ है, उत्पन्न नहीं होता। कौन इसे

पुनः उत्पन्न करेगा? ब्रह्म जो विज्ञान है, जो आनन्द है, वही उसका मूल है। यही कर्म करनेवाले (कर्मकाण्डी) यजमान की परमगति है और ब्रह्मनिष्ठ ब्रह्मवेत्ता (ज्ञानकाण्डी) का भी परम आश्रय है।'

सन्दर्भ

1. वनस्पति विज्ञान पर **सर जगदीशचन्द्र बोस** की दो किताबें चर्चित रही है, **रिस्पान्स इन द लिविंग ऐण्ड नॉन लिविंग** तथा द **नर्वस मैकेनिज्म ऑफ प्लाण्ट्स**।

30. कौषीतकी उपनिषद् से

राजा प्रतर्दन एवं इन्द्र के मध्य संवाद : इन्द्र का यथार्थ स्वरूप

कौषीतकी ऋषि द्वारा रचित कौषीतकी उपनिषद् **चार खण्डों** [1]में विभक्त है। **प्रथम खण्ड** में ऋषि आरुणि गौतम एवं उनके पुत्र श्वेतकेतु की वैसी ही कथा है जैसी बृहदारण्यक उपनिषद् में **राजा प्रवाहण का आरुणि एवं श्वेतकेतु से संवाद** (संवाद क्र.25) में पूर्व में हम देख चुके हैं। अन्तर केवल यह है कि यहाँ राजा प्रवाहण के स्थान पर राजा चित्र का उल्लेख है। इसी तरह इस उपनिषद् का **चौथा (अन्तिम) खण्ड** विभिन्न इन्द्रियों का प्राण से संवाद पर केन्द्रित है जहाँ सभी इन्द्रियाँ स्वयं को सर्वश्रेष्ठ कहती हैं। कुछ अन्तर के साथ ऐसी कथा छान्दोग्य उपनिषद्, बृहदारण्यक उपनिषद् तथा प्रश्नोपनिषद् में भी है। इसकी भी चर्चा पूर्व में (संवाद क्र. 3) हो चुकी है। कौषीतकी उपनिषद् की नवीनता **दूसरे और तीसरे** खण्ड में है।

तो पहले हम इस उपनिषद् के **तीसरे खण्ड** में आये देवराज इन्द्र एवं राजा प्रतर्दन में हुए संवाद को देखते हैं।

एक बार देवासुर संग्राम में देवराज इन्द्र असुरों के सामने कुछ कमज़ोर पड़ने लगे। तब राजा प्रतर्दन उनकी सहायता हेतु आगे आये। राजा प्रतर्दन की सहायता से अन्ततः देवराज ने असुरों पर विजय प्राप्त कर ली।[2] इस विजय से देवराज का प्रसन्न होना स्वाभाविक था किन्तु अपनी प्रसन्नता में वे प्रतर्दन का योगदान भूल नहीं गये। प्रतर्दन को प्रेमपूर्वक निहारते हुए इन्द्र ने उनसे कहा, 'प्रतर्दन! बोलो मैं तुम्हें क्या वर दूँ ?'

इस पर प्रतर्दन ने कहा, 'देवराज! मैं आपसे वर नहीं माँगूँगा। आप अपनी ओर से मनुष्यजाति के लिए जो उचित एवं कल्याणकारी समझते हैं, वह वर दे दीजिये।'

यह तो इन्द्र के सामने बड़ी समस्या आ खड़ी हुई! अब चूँकि उन्होंने वर देने का वचन दिया था अतः वर तो उन्हें देना ही था किन्तु वे यह भी कहते हैं कि लोक में कोई दूसरे के लिए वर नहीं माँगता...अतः मैं कैसे तुम्हारे लिये वर निश्चित करूँ? इस पर प्रतर्दन कहते हैं कि ऐसी बात है तो वह समझेंगे कि उनके लिए वर का अभाव ही रह गया।

पर यह भी कैसे हो सकता था! किन्तु इन्द्र तो सत्यस्वरूप है, अतः वर देना उनके लिए आवश्यक हो गया। फिर कुछ सोचकर इन्द्र प्रतर्दन को सुन्दर वर देते हैं। वे कहते हैं, 'प्रतर्दन, तुम्हें मैं **मुझे जानने का वर** देता हूँ। तुम मेरे यथार्थ स्वरूप को समझो। इसे ही मैं मनुष्य जाति के लिए परमकल्याणकारी वर मानता हूँ कि वह मुझे भलीभाँति जाने।'

आगे इन्द्र अपने वीरता के अनेकों काम गिनाते हैं जिसमें अनेकों दानवों और असुरों का नाम भी है जिसका इन्द्र ने वध किया था (वेदों में इनका विस्तार से उल्लेख है) पर फिर कहते हैं कि मेरे स्वरूप का ज्ञान रखनेवाले को बड़े-से-बड़ा पाप भी हानि नहीं पहुँचा सकता। पाप करने की इच्छा रखने पर भी उसका मुख काला नहीं होता है। वस्तुतः इन्द्र के स्वरूप को जाननेवाला कोई व्यक्ति पाप कर्म कर ही नहीं सकता। इन्द्र यह भी कहते हैं, 'मैं प्रज्ञास्वरूप प्राण हूँ। प्राण एवं प्रज्ञास्वरूप में विदित मुझ इन्द्र की तुम आयु और अमृत में उपासना करो अर्थात् जो मृत्यु से रहित अमृतपद है, वह मुझ ब्रह्म से भिन्न नहीं है–यों समझकर मेरी उपासना करो।'

आयु प्राण है और प्राण ही अमृत है। जब तक इस शरीर में प्राण निवास करता है तब तक आयु है। प्राण से ही प्राणी परलोक में अमृतत्त्व के सुख का अनुभव करता है।

प्रज्ञा से मनुष्य सत्य का निश्चय और संकल्प-विकल्प करता है। जो व्यक्ति आयु और अमृत के रूप में मुझ इन्द्र[3] की उपासना करता है वह इस लोक में पूरी आयु तक जीवित रहता है तथा स्वर्गलोक जाने पर अक्षय अमृतत्त्व का सुख भोगता है।

इस उपनिषद् के **दूसरे अध्याय** में कौषीतकी मुनि प्राणोपासना का महत्त्व बताते हैं। उपनिषदों में अनेकों स्थान पर प्राण का महत्त्व तो बताया ही गया है, प्राण की उपासना को भी अत्यन्त महत्त्वपूर्ण कहा गया है। यहाँ ऋषि कौषीतकी **प्राण को ब्रह्म** कहते हैं। उस प्रसिद्ध प्राणमय ब्रह्म की यहाँ राजा के रूप में कल्पना की गयी है। इस राजा का दूत मन है, वाणी रानी है, चक्षु संरक्षक मन्त्री है और श्रोत्रेन्द्रिय सन्देश सुनानेवाली द्वारपाल है। प्राणमय ब्रह्म को ये सभी बिन माँगे ही भेंट दिया करते हैं। जो इस प्राण की उपासना करता है उसे भी यह सम्पूर्ण इन्द्रियाभिमानी देवगण भेंट समर्पित करते हैं–उसके अधीन होकर रहते हैं। अतः उस प्राणोपासक के लिए यह गूढ़ व्रत है कि वह किसी से कुछ भी न माँगे।

(प्राणमय ब्रह्म को राजा तथा मन को दूत, वाणी को रानी, चक्षु को संरक्षक मन्त्री तथा कानों को सन्देश सुनानेवाला द्वारपाल कहना कितनी सुन्दर कल्पना है! इससे हम सीख ले सकते हैं कि हमारे शरीर की इन्द्रियाँ केवल हमारे स्वार्थ सिद्धी का हेतु नहीं है। अतः हम इन्हें केवल इन्द्रिय न मानें, इन्हें अपने भीतर स्थित प्राणमय ब्रह्म के प्रमुख सेवक समझे जो विशेष कार्य हेतु हमसे जुड़े हुए हैं।)

अस्तु, प्राणोपासक के लिए किसी से कुछ भी न माँगने के गूढ़ व्रत की चर्चा के बाद कौषीतकी ऋषि उदाहरण देते हैं कि जिस तरह कोई भिक्षु गाँव में भीख माँगने पर भी जब

कुछ नहीं पाता तो निराश हो बैठ जाता है और प्रतिज्ञा करता है कि अब से इस गाँव के लोगों द्वारा देने पर भी उनका अन्न नहीं खाऊँगा। इसका परिणाम यह होता है कि उस भिक्षु को एक जगह चुपचाप बैठे देख लोग अपनी ओर से भिक्षा ला-लाकर देने लगते हैं, वैसे ही प्राणोपासक को देवगण बिन माँगे ही भेंट समर्पित करते हैं। (जातक कथा में एक ऐसे जातक की कथा है जिसके स्वर्ण के सात सिक्के नदी में नाव उलटने से बह गये थे। ये सिक्के वह गुरु-दक्षिणा देने तक्षशिला ले जा रहा था। सिक्के गुमने के बाद उसे किसी से धन माँगना अच्छा नहीं लगा अतः वह नदी किनारे बिना कुछ खाये-पिये चुपचाप बैठा रहा। उसको इस तरह भूखे-प्यासे बैठे देख राह चलते लोग उसके पास पहुँचकर उससे उसके अनशन का कारण पूछते, पर वह कुछ नहीं कहता। तब वे रोते हुए वहाँ से चले जाते।...कहने का अर्थ कि माँग नहीं करने पर लोग आपकी सहायता करना चाहते हैं। प्रस्तुत जातककथा में अन्ततः राजा आकर उससे उसके अनशन का कारण पूछता है तब वह ब्रह्मचारी अपनी व्यथा-कथा बताता है जिससे पसीजकर राजा उसे सात स्वर्णमुद्राएँ देकर बिदा करता है।)[4]

इस उपनिषद् में इसके पश्चात् महात्मा पैंग्य के कथन **'प्राण ब्रह्म है'** का उल्लेख एवं व्याख्या है। कहा गया है कि उस प्रसिद्ध प्राणमय ब्रह्म के लिए वाणी से परे चक्षु-इन्द्रिय है जो वागेन्द्रिय को सब ओर से व्याप्त करके स्थित है। अतः चक्षु वागेन्द्रिय की अपेक्षा आन्तरिक है। जैसा कहा गया हो वैसा ही नेत्र से भी देख लिया जाये, तो विवाद की सम्भावना नहीं रहती। चक्षु से परे श्रवणेन्द्रिय है जो चक्षु को सब ओर से व्याप्त करके स्थित है। चक्षु से कहीं-कहीं भ्रान्त दर्शन भी हो सकता है, जैसे सींप को चाँदी समझना, किन्तु कान से प्रस्तुत वचन का ही श्रवण होता है। श्रवणेन्द्रिय से परे मन है क्योंकि मन के सावधान रहने पर ही श्रवणेन्द्रिय सुन पाती है। मन से परे प्राण हैं, जो मन को सब ओर से व्याप्त करके स्थित है। प्राण ही मन को बाँधकर रखनेवाला है, यह बात प्रसिद्ध है। प्राण न रहे तो मन भी नहीं रह सकता। उस प्राणमय ब्रह्म को ये सभी देवगण भेंट समर्पित करते हैं। अतः उस प्राणोपासक के लिए यह गूढ़ व्रत बताया गया है कि वह किसी से कुछ भी न माँगे।

इस विषय में पूर्व के समान दृष्टान्त दिया गया है कि जिस तरह कोई भिक्षु गाँव में भीख माँगने पर भी जब कुछ नहीं पाता तो बैठ जाता है और प्रतिज्ञा करता है कि अब से इस गाँव के लोगों द्वारा देने पर भी उनका अन्न नहीं खाऊँगा। इसका परिणाम यह होता है कि उस भिक्षु को एक जगह चुपचाप बैठे देख लोग उसे स्वयं आ-आकर भिक्षा देते हैं।

सभी इन्द्रियों में प्राण की सर्वश्रेष्ठता बतानेवाली कथा यहाँ चौथे अध्याय में थोड़े अन्तर के समान बृहदारण्यक एवं छान्दोग्य उपनषिद् के समान ही यहाँ भी है। पाठकगण चाहें तो इसे संवाद क्रमांक 2 में देख सकते हैं।

कौषितकी उपनिषद् में आयी प्राण विषयक चर्चा के सन्दर्भ में डॉ. रानाडे लिखते हैं कि यहाँ प्राण को प्रथमतः स्पष्ट रूप से आयु से एक रूप किया गया है। यह प्राणिशास्त्र की दृष्टि है। पुनः प्राण को प्रज्ञा से एक रूप बतलाया गया है। यह मनोवैज्ञानिक दृष्टि है। तीसरे प्राण का अजर, अमर, आत्मा से तादात्म्य स्थापित किया गया है यह पर-तत्त्वशास्त्र की दृष्टि है। यह प्राण का दार्शनिक दिव्य-आदर्श-निरूपण है।[5]

सन्दर्भ

1. कौषीतकी उपनिषद के चार खण्डों के सम्बन्ध में आर. डी. रानाडे का कथन उचित ही है कि इसका पहला खण्ड छान्दोग्य और बृहदारण्यक उपनिषद् के देवमार्ग और पितृमार्ग के वर्णनों का विस्तार मात्र है और अन्तिम खण्ड बृहदारण्यक उपनिषद् के बालाकि और राजा अजातशत्रु की कथा की पुनरावृति मात्र है। इसकी मूल सम्पत्ति इसके दूसरे और तीसरे खण्ड हैं। -उपनिषद्-दर्शन का रचनात्मक सर्वेक्षण, पृ. 19.
2. अयोध्या के राजा दशरथ ने भी देवासुर संग्राम में इन्द्र की सहायता की थी, इसका उल्लेख रामायण में मिलता है।
4. शोभानिगम, श्रेष्ठ जातक कथाएँ, पृ. 180, मूलग्रन्थ, अट्ठ जातक कथा, क्र. 474.
5. आर. डी. रानाडे, उपनिषद्-दर्शन का रचनात्मक सर्वेक्षण, पृ. 65.
3. यहाँ उल्लेखनीय है परवर्ती भारतीय पौराणिक साहित्य में इन्द्र का चरित्र बड़ा कमजोर बताया गया है। जहाँ वेदों और उपनिषदों में उसे सर्वोच्च देव कहा गया है, ब्रह्म का रूप कहा गया है वहाँ रामायण-महाभारत काल में उसे अत्यन्त चरित्रहीन बताया गया है। वाल्मीकि रामायण तथा अन्य कई रामकथाओं में उसे 'अहल्यायार' कहा गया है। यहाँ महर्षि गौतम की पत्नी अहल्या से उसके पति का रूप धारण कर इन्द्र छलपूर्वक सहवास करता है जिसका उसे बड़ा कठोर शाप मिलता है, जैसे, सारे शरीर में योनि का चिह्न बन जाना या फिर दोनों अण्डकोश का निकल कर गिर जाना।

   महाभारत में भी इन्द्र की लम्पटता की ऐसी ही कथा है। यहाँ उल्लेख है कि एक ऋषि देवशर्मा की सुंदरी पत्नी रुचि पर आसक्त देवराज एक बार मौका देखकर देवशर्मा की अनुपस्थिति में रुचि के सूने कक्ष में चोरों के समान जाने लगा। इधर ऋषि ने अपने एक शिष्य को पहरेदार बनाकर पत्नी के कक्ष के द्वार पर बैठा रखा था। शिष्य भी इन्द्र की लम्पटता से परिचित था अतः इन्द्र के आने के पूर्व उसने सूक्ष्म रूप में गुरुमाता रुचि के शरीर में प्रवेश किया, हाँ, अपना निश्चेष्ट शरीर उसने द्वार पर ही रहने दिया। इधर इन्द्र ने उसे द्वार पर सोया जान दबे पाँव रुचि के कक्ष में प्रवेश किया...और उसके सौन्दर्य की प्रशंसा करने लगा। रुचि उसके आगमन के लिए उठी तो...किन्तु मर्दानी आवाज में उसे फटकारते हुए बोली, 'कौन हो तुम...मेरे कक्ष में किसलिये आये हो?' इन्द्र को समझते देर नहीं लगी कि यह रुचि नहीं है...और फिर अपनी दिव्य दृष्टि से यह देखकर वह सहम गया कि उसके भीतर तो

एक पुरुष है, बिल्कुल वैसा ही जैसा उसने द्वार पर निश्चेष्ट पड़े देखा था!...और तब सारी बातें समझकर वह उल्टे पैर भाग गया।

वैसे महाभारत में पहले तो विष्णु को उपेन्द्र (इन्द्र का छोटा भाई) कहा गया किन्तु बाद में विष्णु के अवतार कृष्ण को महत्त्व देने के लिए इन्द्र की आलोचना होती गयी है।

केवल चरित्रहीन ही नहीं, इन्द्र को अनेक परवर्ती कथाओं में षड्यन्त्रकारी, लालची तथा स्वार्थी भी बताया गया है। ऐसा उल्लेख अनेक कथाओं में है कि किसी तपस्वी की उग्र तपस्या से अपना आसन डोलते देख इन्द्र चालाकी से किसी अप्सरा को भेजकर उस तपस्वी की तपस्या भंग करवाता है। वाल्मीकि रामायण में उल्लेख है कि विश्वामित्र की तपस्या भंग करने वह अप्सरा रम्भा को उनके पास भेजता है। भागवत् पुराण में कण्डु मुनि की तपस्या भंग करवाने इन्द्र स्वर्ग की अप्सरा प्रमलोचना को भेजता है (5.30)। जातक कथाओं में भी इस तरह की अनेक कथाएँ देखने को मिलती है। इतना ही नहीं पुराणों में इन्द्र को अपनी सौतेली माँ दिति के गर्भ में पल रहे बच्चे का हत्यारा भी कहा गया है। प्राचीन काल में हमारे देश में गर्भ की हत्या बड़ा पाप माना गया है। यह पाप भी इन्द्र पर पुराण काल में लगा। इन्द्र ने यह कृत्य अपनी ही सौतेली माँ दिति के साथ किया ,वह भी छल-पूर्वक। यहाँ उल्लेख है कि अमृतमन्थन में साथ देनेवाले दैत्यों के संहार में इन्द्र की बड़ी भूमिका थी। तब उसका वध करने के लिए दैत्यों की माता दिति अपने पति कश्यप ऋषि से इन्द्र का वध करने में समर्थ पुत्र की याचना करती है। इसके लिए पति के आदेश पर वह एक हजार वर्ष तक तप करने को भी राजी होती है। यह जानकर भयभीत इन्द्र दिति की सेवा-टहल करने लगता है। एक हजार वर्ष की तपस्या में अब केवल दस वर्ष बचे थे। इतने वर्षों से अपनी सेवा करते देख दिति इन्द्र पर पसीजते हुए कहती है कि तुम्हारे विनाश के लिए ही तो मैं पुत्र की इच्छा से हजार वर्षों तक की तपस्या कर रही हूँ पर तुम तो मेरी कब से सेवा कर रहे हो। हजार वर्ष बीतने में केवल 10वर्ष बचे है। पर तुम निश्चित रहो...जब पुत्र होगा तो मैं उसे समझा दूँगी। तुम उसके साथ में राज भोगना। किन्तु इन्द्र का मन तो कुछ और ही सोच रहा था, अतः उसने दिति की बात पर कोई ध्यान नहीं दिया और दिति के पुत्र पैदा होने के पूर्व गर्भ में ही उसके सात टुकड़े कर दिये। भागवत् में इन्द्र को चोर और झूठ बोलनेवाला भी कहा गया है। यहाँ कथा है कि एक बार इन्द्र ने राजा सगर के अश्वमेध यज्ञ के अश्व को चुरा कर कपिल मुनि की कुटिया में बाँध दिया। इधर राजा सगर के पुत्र जब क्रोध में अश्व को ढूँढ़ रहे थे तो उसने उन सगर-पुत्रों को सूचित किया कि राजा का घोड़ा कपिल मुनि के आश्रम में बँधा हुआ है। इस पर साठ हजार सगर-पुत्र कपिल मुनि को मारने दौड़े, तब कपिल मुनि ने आँखें खोली ...सगर पुत्रों को अपने ऊपर मिथ्या आरोप लगाने की बात सुन क्रुद्ध कपिल मुनि ने सगर-पुत्रों को क्रोध से देखा, उनके देखते ही वे सब भस्म हो गये (9.8.12)। भागवत् पुराण में यह भी उल्लेख है कि कृष्ण ने इन्द्रपूजा बंद करवायी थी। इससे कुपित इन्द्र ने जब अतिवृष्टि की तो इससे गोकुलवासियों को बचाने हेतु कृष्ण ने गिरिराज को उँगली में उठाकर

सारे गोकुलवासियों को उसके भीतर आश्रय देकर बचाया था...तब से इन्द्र की पूजा के स्थान पर कृष्ण की पूजा होने लगी। धीरे-धीरे इन्द्र का स्थान निम्न होते गया। कुल मिलाकर आज भारतीय मानस में इन्द्र एक चरित्रहीन देव है। किन्तु वेदों और उपनिषदों में इन्द्र ऐसा नहीं है। भले ही **केनोपनिषद्** में परब्रह्म के सामने इन्द्र को बौना बताया गया है किन्तु उसकी निन्दा नहीं है। इस **कौषीतकी उपनिषद्** में तो उसे ब्रह्मस्वरूप ही बताया गया है। इन्द्र स्वयं प्रतर्दन से कहता है, 'मैंने प्राणब्रह्म के साथ तादात्म्य प्राप्त कर लिया है अतएव मुझमें कर्त्तापन का अभिमान नहीं है, मेरी बुद्धि कहीं भी लिप्त नहीं होती। कर्मफल प्राप्ति की इच्छा भी मेरे मन में कभी उत्पन्न नहीं होती, अतः कोई भी कर्म मुझे बन्धन में नहीं डालता। **ऐतरेयउपनिषद** में उल्लेख है कि इन्द्रियों सहित मानव के अस्तित्व में आने के बाद परमात्मा ने उसके शरीर में प्रवेश किया किन्तु मानव पहले इसे समझ नहीं पाया। तब चारों ओर किसी को न पाकर उसने अपने भीतर देखा तो उसे परमात्मा के दर्शन हुए और वह बोल पड़ा 'इदमदर्शमिति' अर्थात् उस परमात्मा को मैंने देख लिया (प्रश्न उप. 1.3.13)। देख लिये जाने के कारण परमात्मा का नाम इन्द्र हो गया। परोक्ष भाव से इसे ही इन्द्र कहा गया (वही,1.3.14)। **छान्दोग्य उपनिषद्** में इन्द्र को एक सच्चा जिज्ञासु बताया गया है जो आत्मतत्त्व का ज्ञान प्राप्त करने बार-बार प्रजापति के पास लौटता है और कुल 101 वर्ष तक तपस्या करने के बाद आत्मा का सच्चा ज्ञान प्राप्त करता है(8.8-9)।

31. छान्दोग्य उपनिषद् से

शिलक, दाल्भ्य और प्रवाहण के मध्य संवाद : उद्गीथ का आश्रय

छान्दोग्य उपनिषद् के प्रथम अध्याय के प्रथम खण्ड में उद्गीथ का अर्थ एवं उसका महत्त्व बताया गया है। यहाँ इस अक्षर को ही उद्गीथ कहा गया है। यही प्रणव है। इसका महत्त्व वेदों से भी श्रेष्ठ बताते हुए यहाँ एक छोटी-सी सुन्दर आख्यायिका है। कथा है कि पहले देवता अमर नहीं थे। मृत्यु से भयभीत देवताओं ने ऋग्वेद, यजुर्वेद और सामवेद में प्रवेश किया अर्थात् उनका आश्रय लिया। उन्होंने गायत्री आदि छन्दों से अपने को आच्छादित कर लिया, इस तरह उन्होंने इसे कवच बनाया। किन्तु जिस प्रकार धीवर (मछुवारा) पानी में भी मछली को देख लेता है, वैसे ही मृत्यु ने वेदों की ओट में छिपे देवताओं को देख लिया। देवता किसी तरह इस बात को समझ गये अतः वेदों से ऊपर उठकर वे स्वर में अर्थात् ओंकार में प्रविष्ट हुए। इस तरह वे मृत्यु से बच गये और अमर हो गये।

इसी अध्याय के आठवें खण्ड में शिलक, दाल्भ्य और प्रवाहण नामक तीन विद्वानों के मध्य यह संवाद है जो उद्गीथ उपासना की उत्कृष्टता बताता है। उल्लेखनीय है कि ये तीन विद्वान् उद्गीथ विद्या को जानते तो थे, पर इसे लेकर कुछ शंकालु भी थे इसीलिए इसके प्रति ये बड़े जिज्ञासु थे। इसलिए इन तीनों ने इस विषय पर बातचीत करने का निर्णय लिया। वस्तुतः किसी विषय के ज्ञाता यदि आपस में उस विषय पर चर्चा करते हैं तो उससे और भी गहरी बातें निकलकर आती हैं, साथ ही भ्रम का निराकरण भी होता है।

यहाँ प्रवाहण सबसे पहले कहते हैं कि पहले आप दोनों पूज्यवर विषय का प्रारम्भ करें। मैं आप ब्राह्मणों की कही हुई वाणी का श्रवण करूँगा। (यहाँ प्रवाहण को जीवल का पुत्र तो कहा गया है किन्तु उसके वर्ण का उल्लेख नहीं है। वैसे शंकराचार्य यहाँ उसे 'राज्ञः' कहते हैं जिससे ध्वनित होता है कि वह क्षत्रिय है। सम्भवतः इसीलिए वह शेष दोनों को पूज्यवर तथा ब्राह्मण कहता है। वैसे जीवल के पुत्र प्रवाहण के नाम का उल्लेख बृहदारण्यक उपनिषद् में भी है। यहाँ उसे क्षत्रिय राजा बताया गया है जो पांचाल राज्य का अधिपति था। यहाँ भी प्रवाहण को विद्वान् बताया गया है, इतना कि स्वयं ऋषि आरुणि उससे तत्त्व

सम्बन्धी प्रश्नों के उत्तर पूछने आते हैं।[1]) इस संवाद में भी प्रवाहण को शेष दो ब्राह्मणों से अधिक विद्वान् बताया गया है।

अस्तु, इस कथा में दोनों ब्राह्मण प्रवाहण की बातों से सहमत हो जाते हैं और बातचीत प्रारम्भ करते हैं। सबसे पहले शिलक दाल्भ्य से पूछते हैं, 'यदि आपकी अनुमति हो तो मैं आपसे कुछ पूछूँ?' दाल्भ्य द्वारा 'पूछिये' कहने पर दोनों के बीच इस प्रकार वार्त्तालाप होता है :

शिलक–साम (वेद) की गति क्या है? (यहाँ गति का अर्थ आश्रय है।)

(इस पहले प्रश्न के सम्बन्ध में नारायण स्वामी प्रश्न करते हैं कि बात उद्गीथ के सम्बन्ध में चल रही थी फिर साम की गति क्यों पूछी जा रही है? आगे स्वामी स्वयं ही उत्तर देते हैं कि साम का मुख्य विषय उद्गीथ ही है। सामगान और उद्गीथ गान प्रायः एक ही हैं, अतः साम की गति पूछना कुछ अनुचित नहीं है।)

दाल्भ्य–स्वर।

(शंकराचार्य अपने भाष्य में यहाँ कहते हैं कि दाल्भ्य ने ऐसा उत्तर इसलिए दिया क्योंकि साम स्वर-स्वरूप है।)

शिलक–स्वर कहाँ से आता है?

दाल्भ्य–प्राण से।

(शंकराचार्य–स्वर प्राण से ही निष्पन्न होता है इसलिए दाल्भ्य ने ऐसा कहा।)

शिलक–प्राण की गति क्या है?

दाल्भ्य–अन्न।

(प्राण अन्न पर ही आश्रित रहता है। शंकराचार्य यहाँ श्रुति का भी उल्लेख करते हैं जहाँ कहा गया है कि **शुष्यति वै प्राण ऋतेऽन्नात्** अर्थात् अन्न के बिना प्राण सूख जाता है।–(बृ.उप. 5.12.1)

शिलक–अन्न की गति क्या है?

दाल्भ्य–जल।

(शंकराचार्य–अन्न जल से ही उत्पन्न होता है।)

शिलक–जल की गति क्या है?

दाल्भ्य–यह लोक।

(शंकराचार्य–इस लोक से ही वृष्टि होती है।)

शिलक–इस लोक की गति क्या है?

दाल्भ्य–स्वर्गलोक।

आगे दाल्भ्य बात को विराम देते हुए कहते हैं, 'स्वर्गलोक का अतिक्रमण करके कोई साम को किसी दूसरे आश्रय में नहीं ले जा सकता। साम का काम स्वर्गलोक की स्तुति करना है।'

दाल्भ्य के इस उत्तर में शिलक के उस पहले प्रश्न का उत्तर निहित है कि साम की

गति क्या है। वह स्पष्ट कहते हैं कि **स्वर्गं वयं लोकं सामाभिसंस्थापयामः** अर्थात् हम साम को स्वर्गलोक में स्थापित करते हैं क्योंकि साम की स्वर्गरूप में स्तुति की गयी है (छां. उप.1.8.1-5)।

दाल्भ्य ने बड़े आत्मविश्वास से अपनी बात रखी थी किन्तु शिलक इससे सहमत नहीं हुए। उन्होंने जोर देते हुए दाल्भ्य की बात का खण्डन किया कि **अप्रतिष्ठितं वै किल ते दाल्भ्य साम** अर्थात् हे दाल्भ्य! तुम्हारा साम अप्रतिष्ठित है। इस समय यदि कोई साम का ज्ञाता यह कह दे कि शिलक ने मिथ्या बात कही है अतः शिलक का मस्तक पृथिवी पर गिर जाये, तो निश्चय ही ऐसा होगा (वही, 1.8.6)।

(अपने भाष्य में शंकराचार्य यहाँ कहते हैं कि 'तेरा मस्तक गिर जायेगा', का अर्थ पतित हो जायेगा है, **मूर्धा शिरस्ते विपतिष्यति विस्पष्टं पतिष्यतीति**। प्रो. सत्यव्रत इस सन्दर्भ में लिखते हैं कि दालभ्य का शिलक के प्रति यह कहने का अर्थ था कि अल्पज्ञान के लिए यदि तुम्हें कोई धिक्कारे तो लज्जा से तुम्हारा सिर नीचे हो जायेगा।)

अस्तु, वहाँ केवल प्रवाहण मौजूद थे और चूँकि उन्होंने कुछ नहीं कहा, सम्भवतः इसीलिए शिलक का मस्तक गिरने से बच गया !

अब पारी दाल्भ्य के पूछने की थी। उन्होंने प्रश्न करना प्रारम्भ किया–

दाल्भ्य–उस लोक की गति क्या है?

शिलक–यह लोक।

(शंकराचार्य–शिलक ने ऐसा इसलिए कहा क्योंकि यह लोक ही यज्ञ, दान और होम के द्वारा उस लोक का पोषण करता है।)

दाल्भ्य–इस लोक की गति क्या है?

शिलक–इस प्रतिष्ठाभूत लोक का अतिक्रमण करते हुए साम को अन्यत्र नहीं ले जाना चाहिए। हम प्रतिष्ठाभूत इस लोक में साम को स्थित करते हैं।

(शंकराचार्य यहाँ टिप्पणी करते हैं कि चूँकि शिलक का तात्पर्य था कि सम्पूर्ण प्राणियों की प्रतिष्ठा अर्थात् तीनों कालों में आश्रय, पृथ्वी है, अतः साम की भी यही लोक प्रतिष्ठा है।)

शिलक ने इसके बाद कुछ नहीं कहा और दाल्भ्य भी मौन हो गये।

(शिलक और दाल्भ्य के मध्य हुए उपर्युक्त संवाद से स्पष्ट होता है कि यह लोक ही महत्त्वपूर्ण है। साम यानी उद्गीथ कहीं बाहर नहीं इसी लोक में हमारे सामने ही है अर्थात् उसकी उपासना के लिए हमें कहीं और जाने की आवश्यकता नहीं है।)

तो इसका तात्पर्य क्या यह हुआ कि शिलक की बात सच मान ली गयी? नहीं, ऐसा नहीं है। अब तक सारे संवाद में मौन रहे प्रवाहण अब मुखर हुए। उन्होंने शिलक की बात काटते हुए उन्हें वैसा ही कहा जैसा कि शिलक ने दाल्भ्य से कहा था, 'हे शिलक! तुम्हारा साम अन्तवान् है। इस समय यदि कोई साम का ज्ञाता यह कह दे कि शिलक ने मिथ्या कथन किया है, अतः उसका मस्तक पृथ्वी पर गिर जाये, तो निश्चय ही ऐसा

होगा (छां. उप.1.8.8)। '

प्रवाहण की बात कठोर थी किन्तु शिलक नाराज नहीं हुए। एक सच्चे जिज्ञासु के समान उन्होंने प्रवाहण से कहा कि वे इसे श्रीमान् से जानना चाहते हैं।...और फिर उन्होंने प्रवाहण से प्रश्न किया–

'इस लोक की गति क्या है?' ¡¡

इस पर प्रवाहण ने बताया कि इस लोक की गति 'आकाश' है। आकाश से ही यह सारे भूत उत्पन्न होते हैं, आकाश में ही लय को प्राप्त होते हैं। आकाश ही इनसे बड़ा है अतः आकाश ही इनका आश्रय स्थान है (छां. उप.1.9.1)।

(शंकराचार्य–'आकाश' से यहाँ परमात्मा विवक्षित है, **आकाश इति च परमात्मा।** सम्पूर्ण भूतों को उत्पन्न करना, यह उसी का कार्य है और उसी में समस्त भूतों का प्रलय होता है।)

आगे प्रवाहण आकाश संज्ञक उद्‌गीथ की उत्कृष्टता बताते हुए कहते हैं कि यह परम उत्कृष्ट है। जो इसे इस प्रकार जानता है और इस उद्‌गीथ की उपासना करता है उसका जीवन परमोत्कृष्ट हो जाता है और वह उत्तरोत्तर उत्कृष्ट **लोकाञ्जयति** अर्थात् लोकों पर विजय प्राप्त करता है (वही, 1.9.2)। इस प्रकार जाननेवाले पुरुष का जीवन इस लोक में तो उत्कृष्टतम होता ही है, परलोक में भी उसे उत्कृष्टम् लोकों की प्राप्ति होती है (वही, 1.9.4)।

प्रवाहण के इस कथन के बाद दाल्भ्य और शिलक दोनों ही मौन हो गये। इसका अर्थ हुआ कि उन्होंने प्रवाहण के विचारों को सत्य स्वीकार किया।

सन्दर्भ

1. देखिये, संवाद क्रमांक 25

सन्दर्भ ग्रन्थ

ईशादि नौ उपनिषद्, व्याख्याकार हरिकृष्णदास गोयन्दका, गीताप्रेस, गोरखपुर, सं 2040

ईशावास्योपनिषद्, अखण्डानन्द सरस्वती

ईशावास, विनोबा भावे

उपनिषद्–अंक, गीताप्रेस, गोरखपुर, सं 2073

उपनिषद्, चक्रवर्ती राजगोपालाचारी, सस्ता साहित्य मण्डल, सन् 1986

उपनिषदों का बोध, काका कालेलकर, सस्ता साहित्य मण्डल, सन् 1977

उपनिषदों के चौदह रत्न, हनुमान प्रसाद पोद्दार, गीताप्रेस, गोरखपुर

उपनिषदों का सन्देश, राधाकृष्णन्, राजपाल ऐण्ड सन्स, 1995

उपनिषदों का सन्देश, स्वामी रंगनाथानन्द, रामकृष्ण मठ, रामकृष्ण आश्रम मार्ग, धनोली, नागपुर सन् 1919

उपनिषद् दर्शन का रचनात्मक सर्वेक्षण, रामचन्द्र दत्तात्रेय रानाडे, राजस्थान हिन्दी ग्रन्थ अकादमी जयपुर 1971

उपनिषद् रहस्य, नारायण स्वामी

उपनिषदों की शिक्षा-प्रणाली, विद्यासागर शर्मा, आत्माराम ऐण्ड सन्स, कश्मीरी गेट दिल्ली 6 सन् 1963

एकादशोपनिषद्, सत्यव्रत सिद्धान्तालंकार, विद्याविहार बलवीर ऐवेन्यु देहरादून, 1954

तैत्तिरीय उपनिषद्, शांकरभाष्य, सं 2033

प्राचीन भारतीय शिक्षण पद्धति, अनन्त सदाशिव अलतेकर, मनोहर प्रकाशन, वाराणसी, सन् 1980

पौराणिक कोश, राणाप्रसाद शर्मा, वाराणसी ज्ञानमण्डल लिमिटेड, सं 2028

बृहदारण्यक उपनिषद्, शांकरभाष्य, गीताप्रेस, गोरखपुर, सं 2011

भारतीय संस्कृति के आधार, अरविन्द घोष, श्री अरविन्द आश्रम, पाण्डुचेरी, सन् 2002

भारतीय दर्शन, एन. के. देवराज, उ. प्र. हिन्दी संस्थान, लखनउ, सन् 2002

भारतीय प्रज्ञा, मॉरियर विलियम्स, हिन्दी अनु. रामकुमार राय, चौखम्बा प्रकाशन, वाराणसी, सं 2022

माण्डूक्योपनिषद्, शांकरभाष्य, गीताप्रेस, गोरखपुर, सं 2065

छान्दोग्य उपनिषद्, शांकरभाष्य, गीताप्रेस, गोरखपुर, सं 2011

सिर्रे-अकबर, दाराशिकोह, भुवनवाणी ट्रस्ट, लखनउ, सं 1975

श्रेष्ठ जातक कथाएँ, शोभा निगम, लोकभारती, इलाहाबाद, सन् 2019

ऋग्वेद, गंगा सहाय शर्मा, संस्कृत साहित्य प्रकाशन, सन् 1998

विवेकानन्द साहित्य, अद्वैत आश्रम, 5 डिही एण्टाली रोड, कलकत्ता 14, 1985

●●●